Jungfleisch
Kaufleute für Groß- und Außenhandelsmanagement:
Die mündliche Prüfung – der Report

AF706771

Zusätzliche digitale Inhalte für Sie!

Dieses Buch bietet Ihnen mehr als nur eine gedruckte Version! Nutzen Sie die folgenden Möglichkeiten, die Ihnen für dieses Produkt auf mein.kiehl.de zur Verfügung stehen.

Online-Version

Sie haben das gedruckte Exemplar Ihres Buches nicht zur Hand oder möchten etwas schnell recherchieren? Dann nutzen Sie die Online-Version Ihres Buches. Diese steht Ihnen nach Eingabe des folgenden Freischaltcodes direkt zur Verfügung.

Zusatz-Downloads

Weitere nützliche oder ergänzende Inhalte, wie z. B. Checklisten oder Kontenrahmen, stehen als Download zur Verfügung.

Schalten Sie sich Ihre digitalen Mehrwerte direkt frei:

Scannen Sie den QR-Code **oder** rufen Sie die Seite mein.kiehl.de auf.
Geben Sie den Freischaltcode ein und folgen Sie dem Anmeldedialog. Fertig!

Ihr Freischaltcode

BVLB-NQFU-PPIG-WPSV-YSIA-VN

www.kiehl.de

Kaufleute für Groß- und Außenhandelsmanagement: Die mündliche Prüfung – der Report

Beispielreporte zur Prüfungsvorbereitung

Von
Dipl.-Betriebswirtin (FH) Nadine Jungfleisch

kiehl

ISBN 978-3-470-**11231**-2

Kiehl ist eine Marke des NWB Verlags

Satz: SATZ-ART Prepress & Publishing GmbH, Bochum
Druck: mediaprint solutions, Paderborn

Um eine gute Lesbarkeit zu gewährleisten, verwenden wir in Fachtexten in der Regel geschlechtsspezifische Personenbezeichnungen. Selbstverständlich sind damit alle Menschen gleichermaßen gemeint.

Klimaneutral
Druckprodukt
ClimatePartner.com/16605-2106-1001

Scannen Sie den QR-Code oder besuchen Sie **Climate-Partner.com/16605-2106-1001** und erfahren Sie mehr zu unseren klimaneutralen Druckprodukten.

Vorwort

Liebe:r zukünftige:r Kauffrau/-mann für Groß- und Außenhandelsmanagement,

seit der Neuordnung des Berufsbildes im April 2020 besteht die Möglichkeit, im Rahmen der mündlichen Abschlussprüfung zwei verschiedene Fachaufgaben im Ausbildungsbetrieb durchzuführen und darüber die Reporte zu erstellen. Dieses Buch erläutert ausführlich alle wesentlichen Aspekte der „Reportvariante", von der Themenfindung über Inhalt und Aufbau der Reporte bis zur Reflexion und möglichen Fragen im Prüfungsgespräch.

Weiterhin geben **Beispielreporte** zu den unterschiedlichen Themengebieten der beiden Fachrichtungen Großhandel und Außenhandel eine Orientierungshilfe für die eigenen Reporte. Die Reporte sind nach den Richtlinien der zuständigen Kammer aufgebaut und berücksichtigen die aktuelle Ausbildungsverordnung. Jeder Report wird **ausführlich analysiert und besprochen**. Zudem werden **mögliche Fragen der Prüfer** thematisiert. **Tipps** für die Vorbereitung auf das fallbezogene Fachgespräch und für den möglichen Ablauf der mündlichen Prüfung erleichtern die Prüfungsvorbereitung.

Warum wirst Du, liebe:r Auszubildende:r, im Buch mit „Du" angesprochen? Ganz einfach: Um eine persönliche und direkte Verbindung zu Dir herzustellen, um Dir auf Augenhöhe zu begegnen und um Dir die Informationen so zugänglich und verständlich wie möglich zu vermitteln. Dieses Buch soll Dein Interesse für die „Reportvariante" wecken, Dich bei Deiner kompletten Vorbereitung auf den mündlichen Teil Deiner IHK-Abschlussprüfung unterstützen und Dir praktische Hilfe bei Problemen mit Deinen Fachaufgaben oder Reporten bieten.

Checklisten ermöglichen einen schnellen Überblick über wesentliche Aspekte der Reporte, dienen Dir als Gedankenstütze und bieten Dir die Möglichkeit, Deine eigenen Reporte auf Eignung und Vollständigkeit zu überprüfen. Das Thema **„Künstliche Intelligenz"** gewinnt auch in Schule und Ausbildung immer mehr an Bedeutung. Das Buch soll Dir verschiedene Einsatzmöglichkeiten aufzeigen, wie Du **ChatGPT** für die „Reportvariante" und für Deine Prüfungsvorbereitung nutzen kannst, Dir aber gleichzeitig auch die Grenzen dieser neuen Technologie bewusst machen. Für Auszubildende mit der Fachrichtung Außenhandel wird besonders auf das Thema **internationale Berufskompetenz** eingegangen.

Ich freue mich, wenn dieses Buch Dir dabei hilft, Deine betrieblichen Fachaufgaben zu bearbeiten, Deine Reporte zu erstellen und Dich gezielt auf Deine mündliche Prüfung vorzubereiten. Mit diesem Buch möchte ich Dich unterstützen und motivieren, Dich für die „Reportvariante" zu entscheiden, damit Du so Deine berufliche Handlungskompetenz erweitern und viele wertvolle Erfahrungen sammeln kannst.

Liebe Ausbilder:innen,

die Ausbildung von Kaufleuten für Groß- und Außenhandelsmanagement ist eine anspruchsvolle und verantwortungsvolle Aufgabe, die Sie tagtäglich mit großem Engagement und Fachwissen in den Unternehmen meistern. Dieses Buch richtet sich nicht nur an die Auszubildenden, sondern auch an Sie als Ausbilder. Sie geben den Auszubildenden die notwendigen Werkzeuge und Fähigkeiten an die Hand, um erfolgreich in das Berufsleben zu starten. Durch Ihre Anleitung und Unterstützung legen Sie den Grundstein für ihre persönliche und fachliche Entwicklung und tragen dazu bei, dass sie selbstbewusst und kompetent ihren Weg gehen können. Ihre Rolle ist für den erfolgreichen Abschluss der Ausbildung entscheidend.

Die Ausbildung von heute bewegt sich weg vom reinen Vermitteln von Wissen hin zur Förderung von Handlungskompetenz und selbstgesteuertem Lernen. Dieser Wandel spiegelt sich auch in der Neuordnung des Berufsbilds wider, bei der verstärkt darauf geachtet wird, wie die Auszubildenden an Arbeitsprozesse herangehen und diese reflektieren. Dieses Buch soll Ihnen Beispiele und Anregungen liefern, wie Sie eine handlungsorientierte Herangehensweise Ihrer Auszubildenden an die „Reportvariante“ fördern können.

Ich freue mich, wenn Ihnen dieses Buch dabei hilft, Ihre Auszubildenden bei der Bearbeitung Ihrer betrieblichen Fachaufgaben zu begleiten und zu unterstützen.

Liebe Prüfer:innen,

Sie übernehmen durch Ihr Engagement in den Prüfungsausschüssen eine wichtige Funktion bei der Abschlussprüfung der Kaufleute für Groß- und Außenhandelsmanagement. Sie bewerten nicht nur das fachliche Wissen der Prüflinge, sondern auch ihre Fähigkeit, dieses Wissen in der Praxis anzuwenden und komplexe Arbeitsaufträge eigenständig zu bearbeiten.

Ich hoffe, dieses Buch kann Sie bei Ihrer Arbeit als Prüfer:in unterstützen und Ihnen bei der Prüfung der „Reportvariante“ weiterhelfen.

Nadine Jungfleisch
Schwalbach, im August 2024

Benutzungshinweise

Diese Symbole erleichtern Ihnen die Arbeit mit diesem Buch:

TIPP

Nützliche Hinweise und Tipps rund um das ausgeführte Thema.

MERKE

Wichtige Merksätze oder relevante Definitionen.

ACHTUNG

Beachtenswertes, wie z. B. Fehler, die immer wieder vorkommen, typische Stolpersteine oder wichtige Ausnahmen.

INFO

Weitere interessante Zusatz- und Hintergrundinformationen zum Thema.

RECHTSGRUNDLAGEN

Rechtliche Grundlagen, wie z. B. Gesetzestexte oder Rechtsprechungen.

MEDIEN

Hinweis auf ergänzende Medien, wie z. B. Zusatzmaterialien und Audiodateien, die (teils zum Download) kostenfrei auf mein.kiehl.de zur Verfügung stehen.

Feedbackhinweis

Kein Produkt ist so gut, dass es nicht noch verbessert werden könnte. Ihre Meinung ist uns wichtig. Was gefällt Ihnen gut? Was können wir in Ihren Augen verbessern? Bitte schreiben Sie einfach eine E-Mail an: **feedback@kiehl.de**

1. Warum die Reportvariante?

Bei der mündlichen Abschlussprüfung hast Du bzw. Dein Ausbildungsbetrieb die Wahl: Entweder Du entscheidest dich dafür, **zwei** unterschiedliche **Reporte** zu einer jeweils von Dir gewählten, im Ausbildungsbetrieb eigenständig durchgeführten praxisbezogenen Aufgabe zu erstellen. Der Prüfungsausschuss wählt einen Report aus und nutzt diesen als Grundlage für Dein Fachgespräch.

Oder Du wählst die **„klassische Prüfungsvariante"**, d. h. Du bekommst in der mündlichen Prüfung vom Prüfungsausschuss zwei unterschiedliche praxisbezogene Fachaufgaben aus verschiedenen Themengebieten zur Auswahl. Du entscheidest Dich für eine Aufgabe, die dann die Grundlage für Dein Fachgespräch bildet.

Egal, für welche Prüfungsvariante Du Dich entscheidest, der Prüfungsausschuss führt immer ein **30-minütiges fallbezogenes Fachgespräch** mit Dir. Der große Unterschied der beiden Prüfungsvarianten liegt darin, dass Du bei der Reportvariante die möglichen Prüfungsthemen schon kennst und Dich gezielt darauf vorbereiten kannst, wohingegen bei der „klassischen Prüfungsvariante" die beiden möglichen Themen bis zur Prüfung unbekannt sind.

Wichtig ist, dass Du Dich **mit der Anmeldung zur Abschlussprüfung Teil 2** auf eine der beiden Wahlmöglichkeiten **festlegst**. Deine Entscheidung kannst Du im Nachhinein **nicht mehr ändern**, deswegen solltest Du im Vorfeld genau überlegen, welche Variante zu Dir passt. Am besten triffst Du gemeinsam mit Deinem Ausbildungsbetrieb die Entscheidung, da dieser Dich auch zur Prüfung anmelden und die entsprechende Variante angeben muss. Auch ist gerade bei der Reportvariante die Unterstützung Deines Ausbildungsbetriebes sehr wichtig, da Du zusammen mit dem Betrieb die Themen festlegen solltest und dieser Dir auch bei der kompletten Fachaufgabe als Ansprechpartner zur Seite stehen sollte.

Hast Du Dich schon für eine Variante entschieden? Oder bist Du Dir noch unschlüssig? Warum solltest Du Dich überhaupt für die Reportvariante entscheiden? Hier ein paar Gründe, warum der **Report für Dich die geeignete Prüfungsvariante** sein könnte:

- Du hast bereits im Betrieb kleinere Projekte oder Aufgaben eigenständig durchgeführt oder Du planst solche zusammen mit deiner Ausbilderin bzw. deinem Ausbilder?
- Oder Du warst bereits an der Vorbereitung von Projekten oder betrieblichen Entscheidungen beteiligt?
- Bei diesen Projekten oder Aufgabenstellungen handelt es sich nicht um reine Routineaufgaben?
- Die Aufgaben besitzen ein gewisses Maß an Komplexität und bilden einen Geschäftsprozess zumindest teilweise ab?
- Die Aufgaben beziehen sich auf eine konkrete betriebliche (Problem-)Situation, die eine Planungs-, Durchführungs- und Kontrollphase erfordert?

- Du kannst Dein Handeln bewerten und reflektieren und daraus bspw. Verbesserungsvorschläge ableiten?
- Du arbeitest gerne strukturiert und dokumentierst dabei Dein Vorgehen?
- Deine Ausbilderin bzw. Dein Ausbilder unterstützen Dich bei Deiner Fachaufgabe?

Dann solltest Du Dich für die Reportvariante entscheiden!

Damit Dir die Entscheidung etwas leichter fällt, kannst Du in der folgenden Tabelle die **Vor- und Nachteile der beiden Prüfungsvarianten** vergleichen:

	Reportvariante	„Klassische Variante“
Vorteile	► Du kannst Dich gezielt auf die beiden möglichen Themen Deiner mündlichen Prüfung vorbereiten. ► Du hast das, worüber Du in der Prüfung sprichst, tatsächlich praktisch durchgeführt, Du weißt, worüber Du redest, bist authentisch und kannst von Deinem eigenen Vorgehen berichten. ► Du kannst interessante Erfahrungen sammeln, Dich persönlich weiterentwickeln und Deine berufliche Handlungskompetenz erweitern.	► Keine unter Umständen schwierige Themensuche erforderlich. ► Keine aufwändige Reporterstellung notwendig. ► Diese Variante eignet sich besonders, wenn Du überwiegend Routineaufgaben durchführst oder wenig Unterstützung von Deinem Betrieb erhältst.
Nachteile	► Du musst für die Themensuche, die Bearbeitung der beiden betrieblichen Fachaufgaben und die Reporterstellung unter Umständen einen hohen Arbeits- und Zeitaufwand einplanen. ► Dein Report kann von der zuständigen Kammer bzw. vom zuständigen Prüfungsausschuss abgelehnt werden, wenn Dein Thema nicht zu den in der Ausbildungsordnung vorgegebenen Gebieten passt, Du die inhaltlichen und formalen Vorgaben total missachtest oder Du Deinen Report zu spät abgibst.	► Die Themen der mündlichen Prüfung sind nicht genau bekannt. ► Unter Umständen beziehen sich die beiden praxisbezogenen Fachaufgaben auf Themen, die Du selbst nicht im Betrieb bearbeitet hast. ► Oft wird nicht nur reines „Lernwissen“ abgefragt, sondern Du musst für ein betriebliches Problem in relativ kurzer Zeit ein Lösungskonzept erarbeiten. ► Dann könnte es Dir eventuell schwerfallen, eine (prozessorientierte) Lösung zu finden und Dein Vorgehen zu reflektieren.

Egal, für welche Prüfungsvariante Du Dich auch entscheidest, sowohl der Report als auch die „klassische Variante" erfordern eine **intensive Vorbereitung und Lern- bzw. Arbeitsaufwand**. Entscheidest Du Dich für die **Reportvariante**, solltest Du bereits ab Mitte des 2. Ausbildungsjahres Ausschau nach geeigneten Themen für die beiden Reporte halten. Der Großteil der Arbeit findet dann nach der Abschlussprüfung Teil 1 statt, spätestens jedoch mit Beginn des 3. Ausbildungsjahres. Der Vorbereitungsaufwand direkt vor der mündlichen Prüfung ist dann jedoch relativ gering.

Wählst Du die **„klassische Variante"**, hast Du direkt vor dem fallbezogenen Fachgespräch deutlich mehr Lernaufwand. Auch wenn die möglichen Themengebiete bekannt sind und Du diese bereits für die schriftliche Abschlussprüfung vorbereitet hast, solltest Du Dich doch gezielt auf die möglichen Problemstellungen und Situationsaufgaben in der mündlichen Prüfung vorbereiten.

2. Welches Ziel bzw. welche Aufgabe haben die Reporte?

Die eigentliche mündliche Prüfung besteht aus Deinem fallbezogenen Fachgespräch, das Du mit dem Prüfungsausschuss führst. In diesem Gespräch dreht sich alles um einen der beiden Reporte, die Du erstellt hast. Du musst jeweils **zwei** Reporte aus **unterschiedlichen** Gebieten erstellen:

Fachrichtung Großhandel	Fachrichtung Außenhandel
Verkauf und Distribution	Internationaler Handel und Auslandsmärkte
Warensortiment und Marketing	
Einkauf und Beschaffungslogistik	

Der Prüfungsausschuss wählt aus den beiden von Dir eingereichten Reporten einen aus, der die **Grundlage für Dein fallbezogenes Fachgespräch** bildet. Der Report an sich wird nicht bewertet, sondern die Reporte dienen dem Prüfungsausschuss zur Information und zur Vorbereitung auf das Fachgespräch. Auch wenn der **Report nicht bewertet** wird und nicht in Deine Abschlussnote eingeht, solltest Du diesen sorgfältig erstellen und Dich unbedingt an die Vorgaben der IHK halten, sowohl hinsichtlich geeigneter Themen als auch bezüglich der Gliederung und der formalen Richtlinien. Bedenke, dass die Missachtung der Vorgaben dazu führen kann, dass Du im schlimmsten Fall die mündliche Prüfung nicht bestehst! Die Zeit- und Arbeitsleistung, die Du in die Bearbeitung Deiner Fachaufgabe und in das Erstellen der Reporte investierst, kannst Du Dir auch als „persönliche Visitenkarte" vorstellen. Du vermittelst mit Deinen Reporten einen ersten Eindruck von Dir, und dafür gibt es bekanntlich keine zweite Chance.

Die Reporte haben das **Ziel**, relativ detailliert **Dein Vorgehen bei der Bearbeitung Deiner beiden Fachaufgaben zu beschreiben**. Sie bilden somit den **Ausgangspunkt für das fallbezogene Fachgespräch** und ermöglichen es dem Prüfungsausschuss, sich detailliert auf Dein Prüfungsgespräch vorbereiten zu können. Da die Lösung Deiner Fachaufgabe einen **Prozess** erfordern soll, haben die Reporte das Ziel, diesen Bearbeitungsprozess Schritt für Schritt für die Prüfer nachvollziehbar zu erklären und darzustellen. Du beschreibst also in Deinem Report folgende **Prozessschritte**:

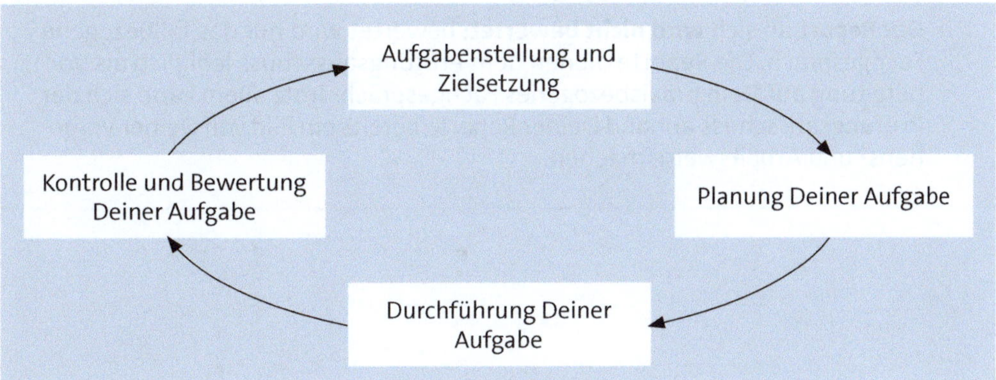

Abb. 1: Die Fachaufgabe als Prozess

Die Reporte haben somit die **Aufgabe**,

- die **Aufgabestellung und die Zielsetzung** Deiner praxisbezogenen Fachaufgabe zu skizzieren und kurz Dein betriebliches Umfeld zu beschreiben, damit sich der Prüfungsausschuss ein Bild von Deinem Unternehmen und dem Sinn und Zweck der von Dir gewählten Aufgaben machen kann. Dieser Punkt ist quasi die Einleitung Deines Reports und Du beschreibst knapp, was Du mit Deiner Fachaufgabe erreichen sollst.
- die **Planung der Fachaufgabe** zu beschreiben. In der Planungsphase kannst Du z. B. beschreiben, ob Du eine bestimmte Zeitvorgabe oder ein bestimmtes Budget für Deine Fachaufgabe zur Verfügung hast, ob Du mit anderen Abteilungen oder Schnittstellen wie bspw. Kunden oder Lieferanten zusammenarbeitest und ob Du Informationen oder rechtliche Vorschriften usw. recherchieren musst.
- die **Durchführung der Fachaufgabe** darzustellen. In dieser Phase beschreibst Du detailliert, wie Du Deine Fachaufgabe löst, welche Schritte erforderlich sind und wie Du genau vorgehst. Die Durchführungsphase ist quasi der Hauptteil Deines Berichts und ist somit i. d. R. auch am umfangreichsten.
- den **Prozess**, der zum **Ergebnis** geführt hat, zu **bewerten und zu kontrollieren**. Hast Du die Fachaufgabe durchgeführt und beendet, kannst Du am Schluss überlegen, ob Du das festgelegte Ziel Deiner Fachaufgabe erreicht hast, welchen Nutzen die Fachaufgabe für Deinen Betrieb hat, ob Du das erreichte Ergebnis mit Kennzahlen oder Ähnlichem messen kannst oder ob es Verbesserungsmöglichkeiten gibt.

Doch später mehr zu Aufbau und Inhalt.

MERKE

Fassen wir noch einmal das Wichtigste zusammen:

- **Ziel** der Reporte ist es, Dein Vorgehen bei der Bearbeitung Deiner beiden Fachaufgaben darzustellen.
- **Aufgabe** der Reporte ist es, die oft recht komplexe gesamte betriebliche Fachaufgabe als Prozess zu betrachten und sie in Teilaufgaben oder Prozessschritte bzw. Prozessphasen zu zerlegen.
- Der **Report** an sich **wird nicht bewertet**; bewertet wird nur das fallbezogene Fachgespräch. Die Reporte dienen dem Prüfungsausschuss lediglich als Vorbereitung auf Dein praxisbezogenes Fachgespräch. Trotz allem kann sich der Prüfungsausschuss anhand Deiner Reporte bereits ein Bild von Deiner Vorgehens- und Arbeitsweise machen.

3. Welche Anforderungen und Vorgaben soll die Fachaufgabe erfüllen?

Die Paragrafen 13 und 21 der Ausbildungsordnung für Kaufleute für Groß- und Außenhandelsmanagement enthalten alle Informationen zum fallbezogenen Fachgespräch, zur betrieblichen Fachaufgabe und zum Report. Laut § 13 Abs. 1 der Verordnung sollst Du im Prüfungsbereich „Fallbezogenes Fachgespräch“, also in Deiner mündlichen Prüfung nachweisen, dass Du in der Lage bist, in einer betrieblichen Fachaufgabe im **Großhandel**

1. *„berufstypische Aufgabenstellungen zu erfassen,*
2. *Probleme und Vorgehensweisen zu erörtern,*
3. *Lösungswege zu entwickeln und zu begründen,*
4. *Geschäftsgespräche kunden-, service- und prozessorientiert zu führen und auszuwerten und dabei Waren-, Dienstleistungs- und Fachkenntnisse einzubeziehen und*
5. *praxisbezogene Aufgaben unter Berücksichtigung wirtschaftlicher und ökologischer Zusammenhänge sowie unter Beachtung rechtlicher Zusammenhänge zu planen, durchzuführen, zu steuern und auszuwerten.“*

Hast Du Dich für die Fachrichtung **Außenhandel** entschieden, sind die Anforderungen dieselben, nur dass Du bei der Bearbeitung Deiner Fachaufgabe zusätzlich noch Deine **internationale Berufskompetenz** unter Beweis stellen solltest.

Weiterhin musst Du laut § 13 Abs. 5 und § 21 Abs. 5 die beiden praxisbezogenen Fachaufgaben eigenständig bearbeiten und zu jeder der beiden Fachaufgaben einen Report erstellen.

Schauen wir uns diese einzelnen Punkte aus der Ausbildungsordnung einmal im Detail an.

3.1 Was sind berufstypische Aufgabenstellungen?

Wie bereits beschrieben, musst Du **zwei** Reporte aus **unterschiedlichen** Gebieten erstellen. Hier noch einmal die verschiedenen Bereiche im Überblick:

Fachrichtung Großhandel	Fachrichtung Außenhandel
Verkauf und Distribution	Internationaler Handel und Auslandsmärkte
Warensortiment und Marketing	
Einkauf und Beschaffungslogistik	

Diese in § 21 Abs. 2 vorgeschriebenen Gebiete für die mündliche Prüfung finden sich auch im Rahmenlehrplan wieder. Am besten schaust Du Dir beides einmal an. Hast Du die Verordnung und den Rahmenlehrplan nicht vorliegen, kannst Du sie unter folgendem Link (unten auf der Seite unter den Punkten Rechtsgrundlagen und Rahmenlehrplan) herunterladen: *https://www.bibb.de/dienst/berufesuche/de/index_berufesuche.php/profile/apprenticeship/87930*

Auf den ersten Blick ist es gar nicht so leicht, Themen zu finden, die zu den vorgegebenen Gebieten passen. Zur besseren Orientierung kannst Du in der folgenden Aufstellung sehen, wo sich die einzelnen Gebiete im Rahmenlehrplan wiederfinden. Bitte beachte den **Aufbau des Ausbildungsrahmenplans**:

Abschnitt A beinhaltet **fachrichtungsübergreifende** berufsprofilgebende Fertigkeiten, Kenntnisse und Fähigkeiten und bezieht sich somit sowohl auf die **Fachrichtung Großhandel** als auch auf die **Fachrichtung Außenhandel**, jedoch beziehen sich **Nr. 5 und Nr. 6** bei der mündlichen Prüfung **nur auf den Großhandel!**

Abschnitt B enthält die berufsprofilgebenden Fertigkeiten, Kenntnisse und Fähigkeiten in der **Fachrichtung Großhandel** und gilt somit nur für diese Fachrichtung.

Abschnitt C beschreibt die berufsprofilgebenden Fertigkeiten, Kenntnisse und Fähigkeiten in der **Fachrichtung Außenhandel** und gilt somit nur für diese Fachrichtung.

Abschnitt D umfasst **fachrichtungsübergreifende**, integrativ zu vermittelnde Fertigkeiten, Kenntnisse und Fähigkeiten. Diese Inhalte des Berufsbildes eignen sich laut Verordnung nicht als Hauptthema für Deine praxisbezogene Fachaufgabe.

Der Rahmenplan bietet Dir einen guten Anhaltspunkt, um geeignete Themen für Deine Praxisaufgaben zu finden.

Für die **Fachrichtung Großhandel** würden sich z. B. folgende Bereiche des Rahmenlehrplans anbieten:

Themengebiet Verkauf und Distribution

- Abschnitt A, Nr. 5: Verkauf kundenorientiert planen und durchführen
- Abschnitt A, Nr. 6: Distribution planen und steuern
- Abschnitt B, Nr. 2: Warenbezogene Rückabwicklungsprozesse organisieren und durchführen

Themengebiet Einkauf und Beschaffungslogistik

- Abschnitt B, Nr. 1: Lagerlogistik planen, steuern und abwickeln
- Abschnitt B, Nr. 2: Warenbezogene Rückabwicklungsprozesse organisieren und durchführen

Für die Fachrichtung Außenhandel: Internationaler Handel und Auslandsmärkte

- Abschnitt C, Nr. 1: Außenhandelsgeschäfte abwickeln und Auslandsmärkte bedienen
- Abschnitt C, Nr. 2: Internationale Berufskompetenz anwenden

Für beide Fachrichtungen:

Themengebiet Warensortiment und Marketing

- Abschnitt A, Nr. 1: Warensortiment zusammenstellen und Dienstleistungen anbieten
- Abschnitt A, Nr. 4: Marketingmaßnahmen planen, durchführen, kontrollieren und steuern
- **Bei Fachrichtung Außenhandel außerdem**
  Abschnitt C, Nr. 2: Internationale Berufskompetenz anwenden

Themengebiet Einkauf und Beschaffungslogistik

- Abschnitt A, Nr. 2: Handelsspezifische Beschaffungslogistik planen und steuern
- Abschnitt A, Nr. 3: Einkauf von Waren und Dienstleistungen marktorientiert planen, organisieren und durchführen
- **Bei Fachrichtung Außenhandel außerdem**
  Abschnitt C, Nr. 2: Internationale Berufskompetenz anwenden

INFO

Wichtig ist, dass Deine Fachaufgabe einen **realen Geschäftsprozess** in Deinem Ausbildungsbetrieb abbildet. Schaue also bei jedem möglichen Thema für Deine Fachaufgabe zuerst nach, ob es sich in eines der vorgeschriebenen Gebiete einordnen lässt! Schaue Dir auch die im Rahmenplan genau aufgeführten zu vermittelnden Fertigkeiten, Kenntnisse und Fähigkeiten an. Dein Thema sollte zu mindestens einem dort genannten Buchstaben passen.

3.2 Wie kannst Du „Probleme und Vorgehensweisen erörtern und Lösungswege entwickeln und begründen"?

Anhand dieser Vorgabe siehst Du schon, dass Du Dein Thema nicht zu „seicht" wählen solltest, da die Aufgabe einen **Lösungsprozess** beinhalten soll. Deine Aufgabenstellung darf nicht linear nach einem vollständig vorgegebenen Muster gelöst werden. Es sollte nicht nur einen möglichen Lösungsweg geben. **Alternative Lösungswege oder Vorgehensweisen** sollten möglich sein. Routineaufgaben oder regelmäßig wiederkehrende Abläufe sind also nicht als Thema Deiner betrieblichen Praxisaufgabe geeignet. Die „Dateneingabe in ein Warenwirtschaftssystem" oder die „Organisation der Lieferscheine" wären also keine gute Themenwahl. Schließlich sollst Du in Deinem Fachgespräch Deine **berufliche Handlungsfähigkeit** unter Beweis stellen und das ist bei stark standardisierten Routineaufgaben schlecht möglich. Zur beruflichen Handlungsfähigkeit erfährst Du später mehr.

Das Thema Deiner Fachaufgabe soll also eine **Herausforderung** für Dich darstellen und auch ein gewisses Maß an **Komplexität** besitzen. Du solltest die Aufgabe also nicht zu leicht lösen können. Es sollen bzw. können auch durchaus einmal Probleme bei der Bearbeitung auftauchen. Es muss auch nicht unbedingt alles rund laufen. Es ist sogar von Vorteil, wenn es bei der Bearbeitung Deiner Fachaufgabe auch **unvorhergesehene Schwierigkeiten oder Probleme** gibt. Dann kannst Du Dein analytisches Vorgehen und Deine Problemlösekompetenz unter Beweis stellen und zeigen, dass Du eine umsetzbare Lösung oder einen Kompromiss gefunden hast. Während Du an Deiner Aufgabe arbeitest, können auch **Konflikte** auftreten oder die **Rahmenbedingungen** können sich ändern. Dies sind ebenfalls neue und ungeplante Herausforderungen, mit denen Du **flexibel** umgehen musst und für die Du einen **geeigneten Lösungsweg** finden sollst. Dann erfordert Dein Lösungsprozess die **Berücksichtigung oder Abstimmung mit verschiedenen internen oder externen Schnittstellen** (z. B. Ausbilder, Kollegen, Kunden, Lieferanten usw.) und Du zeigst, Dass Du über ausgeprägte Kommunikationsfähigkeiten verfügst.

Deine Fachaufgabe sollte also stets einen **Analyse- und Entscheidungsprozess** beinhalten, da sonst der Aufbau des Reports in **Planungs-, Durchführungs- und Kontrollphase** nicht möglich ist. Es ist jedoch vollkommen ausreichend, wenn Du **Lösungsalternativen** für den betrieblichen Entscheider, z. B. Ausbilder, Vorgesetzter, Abteilungsleiter oder für die Geschäftsführung vorbereitest. Du musst nicht unbedingt alle Entscheidungen selbst treffen, sondern Du kannst auch bspw. einen Vorschlag für Deinen Ausbilder oder Deinen Vorgesetzten erarbeiten, der dann über die mögliche Umsetzung entscheidet.

Ein **gewisses Maß an eigenständigen Entscheidungen** muss jedoch immer gegeben sein. Innerhalb Deiner Fachaufgabe solltest Du über gewisse organisatorische Freiheitsgrade oder Verantwortungs- und Entscheidungsspielräume verfügen, die Du natürlich mit Deiner zuständigen Ausbilderin oder Deinem zuständigen Ausbilder abstimmst.

Die Aufgabe ist auch dann herausfordernd, wenn Du sie nicht sofort ohne intensive **Informationsrecherche** lösen kannst. Gerade die Planungsphase kannst Du gut zum Überlegen nutzen, welche Informationen Du für die Fachaufgabe benötigst, wo Du diese Informationen findest oder wer Dir dabei helfen kann.

Auch musst Du die Aufgabe nicht zwangsläufig allein lösen. Es ist auch möglich, dass Du als Mitglied eines (Projekt-)Teams die Fachaufgabe erstellst oder einen externen Berater oder Ähnliches bei einem Projekt begleitest.

Das **Ergebnis** Deiner Fachaufgabe soll eine **Bewertung und Kontrolle** ermöglichen. Am Ende der Aufgabe überlegst Du, welchen **Nutzen** Dein Ausbildungsbetrieb oder Deine Kunden oder Lieferanten von Deiner Fachaufgabe haben oder wie Du das Ergebnis messen und bewerten kannst, z. B. mithilfe von Kennzahlen. Auch kannst Du einen Vorher-Nachher-Vergleich anstellen: Was ist jetzt nach der Aufgabe anders? Gibt es **Verbesserungspotenzial**? Auch muss Deine Fachaufgabe eine Bewertung Deiner Zielerreichung und somit eine **Reflexion** ermöglichen. Es ist nicht zwingend erforderlich, dass Deine Fachaufgabe erfolgreich war. Wenn Du nur Teilziele erreicht hast, ist das auch in Ordnung, nur musst Du dies entsprechend begründen. Eine schlüssige Auseinandersetzung mit einem unerwarteten oder unerwünschten Ergebnis kann ebenso das Fazit sein.

Da betriebliche Maßnahmen und Prozesse immer wieder überprüft werden, musst Du in der Lösung bzw. Durchführung auch nicht unbedingt an alles gedacht haben. Es macht sich immer gut, wenn Du noch Verbesserungen vorschlagen kannst.

3.3 Weitere Anforderungen und Vorgaben

Die Ausbildungsordnung sieht ebenfalls vor, dass Du in Deiner praxisbezogenen Fachaufgabe bzw. in Deinem Fachgespräch „*Geschäftsgespräche kunden-, service- und prozessorientiert führen und auswerten und dabei Waren-, Dienstleistungs- und Fachkenntnisse einbeziehen und praxisbezogene Aufgaben unter Berücksichtigung wirtschaftlicher und ökologischer Zusammenhänge sowie unter Beachtung rechtlicher Zusammenhänge planen, durchführen, steuern und auswerten*“ kannst.

Du sollst also im Rahmen Deiner betrieblichen Fachaufgabe in der Interaktion mit internen und externen Schnittstellen Deine **Kommunikationsfähigkeit** und Deine Kunden-, Service- und Prozessorientierung nachweisen.

Kundenorientierung legt den Fokus auf die Bedürfnisse und Erwartungen der Kunden, um ihre Zufriedenheit zu gewährleisten. Es geht darum, die Produkte und Dienstleistungen an den Kunden anzupassen und eine positive Kundenerfahrung zu schaffen. Durch eine ausgeprägte Kundenorientierung möchte das Unternehmen eine hohe Kundenzufriedenheit und Kundenbindung erreichen und somit Wettbewerbsvorteile gegenüber Mitbewerbern schaffen.

Serviceorientierung konzentriert sich darauf, qualitativ hochwertige Dienstleistungen bereitzustellen. Dies beinhaltet auch einen erstklassigen Service, um die Bedürfnisse der Kunden zu erfüllen, und eine schnelle Lösung bei Problemen und Reklamationen.

Prozessorientierung zielt darauf ab, interne Abläufe und Prozesse in einer Organisation effizient zu gestalten. Es geht um die Optimierung von Arbeitsabläufen, um Ressourcen zu minimieren, die Effizienz zu steigern und die Qualität der Arbeitsleistung zu verbessern. Deine Prozessorientierung zeigst Du auch, indem Du Deine Fachaufgabe in eine Planungs-, Durchführungs- und Auswertungsphase unterteilst und die einzelnen Prozessschritte beschreibst.

Waren-, Dienstleistungs- und Fachkenntnisse bedeuten, dass Du über Dein betriebliches Warensortiment informiert bist, dieses zusammenstellen und die dazugehörigen Dienstleistungen anbieten kannst. Dazu benötigst Du die Fachkenntnisse, die Du Dir während Deiner gesamten Ausbildung angeeignet hast.

Aber warum gehört es zur Prüfungsleistung, Geschäftsgespräche kunden-, service- und prozessorientiert führen und auswerten zu können?

Das Führen von Gesprächen auf der Arbeit, sei es mit Kollegen, Vorgesetzten, Kunden, Lieferanten oder anderen Geschäftspartnern ist von grundlegender Bedeutung. Eine **klare und effektive Kommunikation** ist entscheidend für den Erfolg von Teams, Abteilungen und Unternehmen. Sie erleichtert nicht nur die Verständigung unter Kollegen, sondern auch die Interaktion mit Kunden, Lieferanten und anderen Stakeholdern. Stakeholder sind Anspruchsgruppen, die von den Aktivitäten eines Unternehmens betroffen oder daran interessiert sind. Weitere Stakeholder sind z. B. Öffentlichkeit, Politik und Staat, Banken oder Finanzamt.

Eine fehlende oder unklare Kommunikation kann zu Missverständnissen, Fehlern und Konflikten führen, die die Produktivität des Unternehmens beeinträchtigen und das Arbeitsklima negativ beeinflussen können. **Aktives Zuhören** ermöglicht eine **effektive und respektvolle Kommunikation,** indem es das Verständnis verbessert und die Beziehung zwischen den Gesprächspartnern stärkt.

Kommunikationsfähigkeit wird auch **als Schlüsselkompetenz** betrachtet, da sie einen starken Einfluss auf den beruflichen Erfolg hat. In nahezu allen beruflichen Bereichen ist die Fähigkeit, klar zu kommunizieren, entscheidend.

Ebenfalls sollst Du bei der Bearbeitung Deiner praxisbezogenen Aufgaben *„wirtschaftliche und ökologische Zusammenhänge berücksichtigen sowie diese unter Beachtung rechtlicher Zusammenhänge planen, durchführen, steuern und auswerten“.*

Du berücksichtigst **wirtschaftliche Zusammenhänge**, wenn Du in Deiner Fachaufgabe entstehende Kosten analysierst und ein eventuell vorhandenes Budget in Deine Überlegungen einbeziehst. Auch solltest Du die möglichen Auswirkungen Deiner Entscheidungen hinsichtlich Umsatz, Gewinn und möglicher Kosten bedenken. Dein Ziel sollte es sein, wirtschaftlich effiziente Entscheidungen zu treffen oder vorzubereiten und finanzielle Nachhaltigkeit sicherzustellen.

Ökologische Zusammenhänge beziehen sich auf die Berücksichtigung von Umweltfaktoren und Nachhaltigkeitsprinzipien. Sie umfassen die Analyse der Auswirkungen Deiner Fachaufgabe und Deiner Entscheidungen auf die Umwelt, den Ressourcenverbrauch und Maßnahmen zur Reduzierung des ökologischen Fußabdrucks. Hat Deine Aufgabe z. B. einen direkten Bezug auf umweltschonende Transportmöglichkeiten, einen geringeren Materialverbrauch oder auf die Wiederverwendung von Verpackungsmaterialien? Bedenke aber, dass Du nur die eventuellen Folgen Deiner Fachaufgabe für Umwelt und Nachhaltigkeit beschreibst, dies jedoch nicht Dein Hauptthema sein darf!

In Deiner Fachaufgabe musst Du auch die **rechtlichen Bestimmungen und Vorschriften** berücksichtigen, die für die Aufgabe relevant sind. Dies schließt Gesetze, Vorschriften und Compliance-Anforderungen ein. Zum Beispiel kannst Du je nach gewählter Fachaufgabe die rechtlichen Rahmenbedingungen erwähnen, die Du einhalten musst. Das könnten z. B. Datenschutzbestimmungen, AGB, Liefer- oder Kaufverträge, Arbeitssicherheitsvorschriften oder Umweltauflagen sein.

Eigenständige Arbeitsweise

Weiterhin verlangt die Verordnung in § 13 Abs. 5 und § 21 Abs. 5, dass Du Deine beiden betrieblichen Fachaufgaben *„eigenständig in Deinem Ausbildungsbetrieb durchführst"*. Es würde also nicht ausreichen, einfach einem Kollegen im Betrieb über die Schulter zu schauen und darüber zu schreiben. Auch darfst Du kein theoretisches Beispiel nehmen, da die Ausbildungsordnung eine praxisbezogene, betriebliche Aufgabe vorsieht. Schließlich sollen die Aufgaben auch eine Herausforderung für Dich darstellen. Eigenständig bedeutet, dass Du Deine Aufgabe wirklich selbst allein oder als Projektmitarbeiter mit einem abgegrenzten Aufgaben- und Verantwortungsbereich durchführst. Du bist verantwortlich für die einzelnen Prozessphasen (Planung, Durchführung und Kontrolle) Deiner Fachaufgabe und Du erstellt auch selbst den Report. Das bedeutet aber nicht, dass Du keinerlei Hilfe in Anspruch nehmen darfst. Selbstverständlich kannst Du Deinen Ausbilder, Deinen Vorgesetzten oder Deine Kollegen im Betrieb um Unterstützung bitten, wenn Du einmal nicht weiterweißt. Ein konstruktives Feedback ist immer hilfreich, gerade wenn man selbst vor einer neuen Herausforderung steht oder den Wald vor lauter Bäumen nicht sieht. Ebenso darfst Du alle Hilfsmittel nutzen, die Dir sonst auch auf der Arbeit zur Verfügung stehen. Unter dem Strich musst Du das Ergebnis Deiner Fachaufgabe jedoch selbst durch Deine eigene Arbeitsleistung erzielt haben.

Aber gerade das ist auch der große Vorteil der Reportvariante: Die hohe Praxisorientierung Deiner Fachaufgaben ermöglicht es Dir, Dein in der Berufsschule gelerntes theoretisches Wissen in realen und praktischen beruflichen Situationen anzuwenden. Somit machst Du genau das, was das Ziel Deiner Ausbildung ist: Du erledigst die Arbeit einer Kauffrau oder eines Kaufmanns für Groß- und Außenhandelsmanagement und kannst in Deinem fallbezogenen Fachgespräch authentisch darüber berichten. Zudem fördert eine eigenständige Arbeitsweise ein tieferes Verständnis der fachlichen Zusammenhänge und stärkt Deine praktischen Fähigkeiten und Deine berufliche Handlungskompetenz. So sammelst Du bereits in der Ausbildung wertvolle Erfahrungen und förderst Deine berufliche Entwicklung. Auch schaffst Du eine stärkere Verbindung zur beruflichen Realität. Dies hilft Dir dabei, die Anforderungen und die Dynamik des tatsächlichen Arbeitsumfelds besser zu verstehen. Weiterhin stellen praxisorientierte Aufgaben reale Probleme dar, die gelöst werden müssen. Dadurch werden Deine Fähigkeiten zur Problemlösung und zu einer kreativen Herangehensweise geschärft, da Du lernst, mit unvorhergesehenen Herausforderungen umzugehen. Schließlich förderst Du auch Deine Zusammenarbeit und Kommunikation mit anderen Mitarbeitern im Betrieb und mit externen Stakeholdern.

Zusammenfassend können wir festhalten, dass praxisorientierte Aufgaben im Betrieb einen ganzheitlichen Ansatz darstellen, der das Lernen von Theorie und Praxis miteinander verbindet. Dies trägt dazu bei, Deine berufliche Entwicklung zu forcieren und Dich besser auf die Herausforderungen Deines zukünftigen Arbeitslebens vorzubereiten.

3.4 Checkliste zur Prüfung Deiner Fachaufgabe

Es ist also unter Umständen gar nicht so leicht, eine geeignete betriebliche praxisorientierte Fachaufgabe (und somit ein Thema für Deinen Report) zu finden, die alle Vorgaben und Kriterien der Ausbildungsordnung und der jeweiligen Kammern erfüllt. Damit Du besser entscheiden kannst, ob sich Deine Ideen und Vorschläge als betriebliche Fachaufgaben eignen, findest Du im Folgenden eine Checkliste, mit der Du Deine Themen prüfen kannst.

Die Checkliste orientiert sich am *Leitfaden der IHK zur Erstellung von Reporten im Ausbildungsberuf Kaufmann/-frau für Groß- und Außenhandelsmanagement.*[1]

Checkliste zur Prüfung der Eignung Deiner Fachaufgabe	**Ja**	**Nein**
1. Berufs- und Betriebsbezug		
a) Kannst Du Deine Fachaufgabe in eines der vorgeschriebenen **Gebiete** für Deine Fachrichtung einordnen? → siehe »**Kapitel 3.1**	☐	☐
b) Hat Deine Aufgabe einen konkreten Bezug zu den **Ausbildungsinhalten** im Rahmenplan?	☐	☐
c) Entspricht Deine Aufgabe **mindestens einem Lernziel** im Rahmenplan? → siehe Spalten 2 und 3 des Plans.	☐	☐
d) Bezieht sich Deine Aufgabe auf Lerninhalte, die vorwiegend in der **2. Hälfte Deiner Ausbildung** vermittelt werden?	☐	☐
e) Bildet die Aufgabe **mindestens einen Teilprozess eines realen Geschäftsprozesses** ab?	☐	☐
2. Abbildung einer vollständigen beruflichen Handlung		
a) Kannst Du die gesamte Aufgabe in einzelne Prozessschritte zerlegen und umfasst Deine Aufgabe somit **eine Planungs-, Durchführungs- und Vorbereitungsphase** und einen **Lösungsprozess**?	☐	☐
b) Kannst Du durch die Bearbeitung Deiner Fachaufgabe Deine **berufliche Handlungskompetenz** (Fach-, Methoden-, Sozial- und Selbstkompetenz) unter Beweis stellen?	☐	☐
3. Aufgabenstellung		
a) Stellt die Fachaufgabe aus Deiner Sicht eine **berufliche Herausforderung** für Dich dar? (Es darf sich um **keine Routineaufgabe** handeln!)	☐	☐
b) Können bei der Bearbeitung Deiner Aufgabe **Probleme und Konflikte** (z. B. bei der Kommunikation mit Schnittstellen) **oder veränderte Bedingungen** (z. B. bei der Zeit- oder Budgetplanung) auftreten, auf die Du **flexibel** reagieren musst?	☐	☐
c) Ist für die Erledigung Deiner Fachaufgabe eine **Informationsrecherche** erforderlich?	☐	☐
d) Kannst Du durch die Bearbeitung der Fachaufgabe Deine **fachlichen Kenntnisse vertiefen und verbessern**?	☐	☐

1 Vgl. *https://www.ihk.de/blueprint/servlet/resource/blob/5137036/d61fecb994bca94cb3b892379d3d7269/kaufleute-fuer-gross-und-aussenhandelsmanagement-leitfaden-zur-erstellung-eines-reportes-data.pdf*

Checkliste zur Prüfung der Eignung Deiner Fachaufgabe	Ja	Nein
e) Musst Du bei der Umsetzung Deiner Fachaufgabe **verschiedene Schnittstellen** (z. B. andere Abteilungen, Kollegen, Kunden, Lieferanten usw.) **berücksichtigen**, mit diesen **interagieren** und Dich eventuell mit diesen **abstimmen**?	☐	☐
4. Gestaltungsspielraum		
a) Besitzt Du bei der Bearbeitung Deiner Fachaufgabe in Abstimmung mit Deinem Ausbilder **gewisse organisatorische Freiheitsgrade bzw. Verantwortungs- und Entscheidungsspielräume,** z. B. hinsichtlich Deines Vorgehens, der gewählten Kommunikationsmittel, Terminen oder des Budgets?	☐	☐
b) Gibt es **alternative Lösungswege und Vorgehensweisen**, die Du zur Bearbeitung der Aufgabe wählen bzw. selbstständig (in Absprache mit Deinem Ausbilder) entwickeln kannst?	☐	☐
5. Auswertbarkeit		
a) Kannst Du die **Ergebnisse Deiner Aufgabe bewerten**, z. B. hinsichtlich der Wirtschaftlichkeit oder des Nutzens für Deinen Betrieb oder Deine Kunden?	☐	☐
b) Kannst Du **reflektieren**, inwieweit Du die Ziele Deiner Fachaufgabe erreicht hast und ggf. Verbesserungsvorschläge ableiten?	☐	☐
c) Kannst Du reflektieren, welche **Lernerfolge** Du während der Bearbeitung Deiner Fachaufgabe erzielt hast?	☐	☐

Checkliste Fachrichtung Außenhandel	Ja	Nein
Für die Fachrichtung **Außenhandel** sollten im Gebiet „**Internationaler Handel und Auslandsgeschäfte**" noch zusätzlich folgende Fragen geprüft werden. **Hinweis:** Nicht alle Fragen müssen mit „Ja" beantwortet werden, aber der internationale Bezug der gewählten Fachaufgabe sollte deutlich werden.		
a) Kannst Du international **gebräuchliche Handelsklauseln**, insbesondere die **Incoterms**, bei Handelsgeschäften anwenden?	☐	☐
b) Musst Du **Transportmittel und -wege** im internationalen Warenverkehr bestimmen und dabei ökologische und ökonomische Kriterien berücksichtigen?	☐	☐
c) Kannst Du **Fracht-, Speditions-, Lager- und Logistikverträge** abschließen?	☐	☐
d) Musst Du **Außenhandelsrisiken** berücksichtigen und geeignete Maßnahmen zum **Risikomanagement** auswählen?	☐	☐
e) Kannst Du **Finanzierungsmöglichkeiten** und **Zahlungsbedingungen**, z. B. **Akkreditive**, anwenden?	☐	☐
f) Musst Du **Import- oder Exportbestimmungen** berücksichtigen?	☐	☐
g) Kannst Du **Zollbestimmungen und Zollverfahren** anwenden?	☐	☐
h) Musst Du **staatenspezifische Rahmenbedingungen und rechtliche Anforderungen** bei der internationalen Kooperation und Kommunikation beachten?	☐	☐
i) Kannst Du in Gesprächssituationen **kulturelle Besonderheiten und Verhaltensweisen berücksichtigen** und **interkulturelle Kompetenz** anwenden?	☐	☐
j) Musst Du in einer **Fremdsprache kommunizieren**?	☐	☐

MEDIEN

Die Checkliste findest Du zum Download in mein**kiehl**.

Je mehr Fragen Du mit „Ja" beantworten kannst, desto besser eignet sich Dein Thema als betriebliche praxisbezogene Fachaufgabe. Es ist empfehlenswert, die Aufgabe so zu wählen, dass möglichst viele Fragen bejaht werden können, da die Fragen sowohl die Kriterien und Anforderungen an die betriebliche Fachaufgabe als auch die möglichen Bewertungskriterien Deines Fachgespräches widerspiegeln. Hast Du ein geeignetes Thema gefunden, gehst Du am besten die Checkliste noch einmal zusammen mit Deiner Ausbilderin bzw. Deinem Ausbilder durch. Vier Augen sehen bekanntlich mehr als zwei und eine zweite Meinung ist immer von Vorteil. Bedenke auch, dass Dein Ausbildungsbetrieb Deine Themenwahl unterstützen muss und dass laut Ausbildungsordnung dieser sogar die Themen Deiner betrieblichen Fachaufgaben festlegt.

4. Wie findest Du geeignete Themen für die beiden Reporte?

INFO

Wenn Du Fragen zur Themenfindung hast oder Unterstützung bei Deinen Reporten benötigst, wende Dich an **feedback@kiehl.de**.

Direkt eine passende Fachaufgabe zu finden ist nicht immer leicht. Schließlich muss eine ganze Reihe an Kriterien und Anforderungen erfüllt werden. Wenn Du noch kein geeignetes Thema gefunden hast oder Du Dir mit Deiner Themenwahl noch nicht ganz sicher bist, findest Du hier ein paar Anregungen für die Themensuche.

Da Dein Ausbildungsbetrieb der zuständigen Kammer mit der Anmeldung zur Abschlussprüfung Teil 2 auch mitteilen muss, für welche Variante Du Dich für Dein fallbezogenes Fachgespräch entscheidest, ist es sinnvoll, zunächst mit Deiner zuständigen Ausbilderin oder Deinem Ausbilder zu sprechen. Vielleicht hat sie oder er ja schon eine Idee für ein passendes Thema. Falls nicht, könnt ihr gemeinsam ein paar Ideen sammeln und nach einer möglichen Fachaufgabe im Betrieb Ausschau halten. Auch ein gemeinsamer Blick in den Ausbildungsrahmenplan und die in den vorgeschriebenen Gebieten zu vermittelnden Fertigkeiten, Kenntnisse und Fähigkeiten können neue Impulse für mögliche Themenstellungen liefern.

Überlege auch, in welchen Abteilungen und Unternehmensbereichen Du bisher eingesetzt warst. Welche Aufgaben und Tätigkeiten haben Dir viel Spaß gemacht? Wo liegen Deine persönlichen Interessen, Fähigkeiten und Stärken? Welche Geschäftsprozesse interessieren Dich besonders? Hast Du bereits an Projekten mitgearbeitet oder Veranstaltungen organisiert? Auch eine betriebliche Problemstellung eignet sich ganz gut als praxisbezogene Fachaufgabe. Weitere mögliche Themen wären auch die Verbesserung oder Erweiterung bestehender Geschäftsprozesse oder ein anderes kleines Projekt, das zu den vorgegebenen Gebieten passt und das Du weitgehend eigenständig bearbeiten kannst.

Deine tägliche Arbeit im Ausbildungsbetrieb und die Gespräche mit Vorgesetzten, Kollegen, Kunden und Lieferanten geben Dir viele Gelegenheiten, die betrieblichen Abläufe und Prozesse zu beobachten und eventuell vorhandene Optimierungsmöglichkeiten zu erkennen. Auf diese Weise kannst Du Themen ableiten, die für Deine Fachaufgaben relevant sein könnten. Es lohnt sich also immer, die Augen offen zu halten und über den eigenen Tellerrand zu schauen!

Auch ein Blick in Deine Lehrbücher und Deine Mitschriften von der Berufsschule kann Dir neue Anregungen liefern. Diese können als Ausgangspunkt dienen, um das in der Berufsschule erlernte theoretische Wissen im Rahmen Deiner Fachaufgabe in die Praxis umzusetzen und zu vertiefen.

5. Was versteht man unter der Abbildung einer vollständigen beruflichen Handlung?

Der Ansatz des Abbildens einer vollständigen beruflichen Handlung[2] ermöglicht ein umfassendes und ganzheitliches Verständnis der für die Bearbeitung Deiner Fachaufgabe erforderlichen Arbeitsschritte. Dabei werden verschiedene Dimensionen und Aspekte berücksichtigt, um ein ganzheitliches Bild der Handlung zu vermitteln. Du kannst diesen Ansatz auch als Prozess betrachten, der verschiedene Phasen umfasst und der auch wiederholt und kontinuierlich verbessert werden kann.

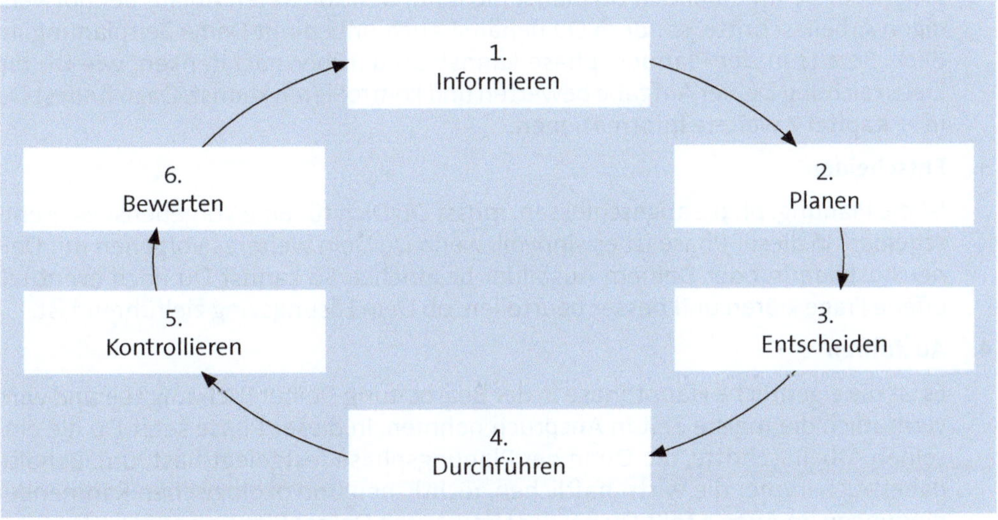

Abb. 2: Modell der vollständigen beruflichen Handlung

Schauen wir uns die einzelnen **Prozessphasen** näher an:

Hast Du Dich bereits für ein geeignetes Thema für Deine Fachaufgabe bzw. für Deinen Report entschieden, beginnst Du, Dein Vorgehen ganzheitlich und vollständig abzubilden und die einzelnen Schritte zur Bearbeitung Deiner Fachaufgabe für den Report zu dokumentieren.

1. **Informieren**

   In der ersten Phase des Modells der vollständigen beruflichen Handlung machst Du Dir zunächst klar, was Du überhaupt mit Deiner Fachaufgabe erreichen willst, d. h. Du konkretisierst Deine Aufgabenstellung und legst fest, welches Ziel oder welche Ziele Du erreichen willst. Anschließend verschaffst Du Dir einen Überblick über die einzelnen Elemente Deiner Aufgabe und die Schritte, die zur Bearbeitung erforderlich sind. Danach legst Du fest, welche Informationen Du für die Aufgabe benötigst und wo Du diese beschaffen kannst. Weiterhin solltest Du Dich in dieser Phase auch über die Rahmenbedingungen informieren, die Du bei Deiner Aufgabe berücksich-

[2] Vgl. *https://aevo-online.com/modell-der-vollstaendigen-handlung/*

tigen musst. Dazu gehören rechtliche und wirtschaftliche Vorgaben und Kriterien, beteiligte Schnittstellen, vor- und nachgelagerte Prozesse und Deine Ressourcenplanung, z. B. zur Verfügung stehende Zeit, vorhandenes Budget usw. Du solltest in der Lage sein, Dir die notwendigen Informationen möglichst selbstständig zu beschaffen (z. B. über interne und externe Informationsquellen) und diese eventuell noch entsprechend aufzubereiten.

2. **Planen**

   In dieser Phase überlegst Du Dir nun, wie Du Deine Aufgabe konkret umsetzen kannst. Du entwickelst möglicherweise unterschiedliche Lösungsansätze und vergleichst diese miteinander. Du planst nicht nur den konkreten Ablauf der notwendigen Arbeitsschritte, sondern Du behältst auch unbedingt Deine Zeitplanung im Blick. Bereits in der Planungsphase kannst Du darüber nachdenken, wie Du die Zielerreichung Deiner Aufgabe bewerten und kontrollieren kannst. Dazu findest Du in » **Kapitel 7** weitere Informationen.

3. **Entscheiden**

   Ist die Planungsphase abgeschlossen, musst Du Dich für eine Vorgehensweise entscheiden. In dieser Phase ist es sinnvoll, wenn Du Dein weiteres Vorgehen mit Deiner Ausbilderin oder Deinem Ausbilder besprichst. So kannst Du noch eventuell offene Frage klären und besser beurteilen, ob Dein Lösungsweg zielführend ist.

4. **Ausführen**

   Es ist die eigentliche Hauptphase in der Bearbeitung Deiner Fachaufgabe und wird vermutlich die meiste Zeit in Anspruch nehmen. In dieser Phase setzt Du die einzelnen Arbeitsschritte, die Du in der Planungsphase festgelegt hast, um. Behalte dabei auch immer die wirtschaftlichen, rechtlichen und ökologischen Rahmenbedingungen im Auge. Stößt Du bei der Umsetzung Deiner Planung auf Hindernisse, Probleme oder Konflikte, auf die Du flexibel reagieren musst? In welchen Punkten musst Du Dich mit anderen Beteiligten abstimmen? Dokumentiere unbedingt Dein Vorgehen, damit Du eventuell auftretende Schwierigkeiten und Deine Lösungswege beschreiben und mögliche Verbesserungsvorschläge ableiten kannst.

5. **Kontrollieren**

   Hast Du Deine Fachaufgabe beendet, kontrollierst Du, ob Du das festgelegte Ziel Deiner Aufgabe vollständig oder teilweise erreicht hast. Hast Du das Ziel verfehlt, ist das auch kein Beinbruch, da Du auch in dieser Situation das Modell der vollständigen Handlung durchführst und Dir an dieser Stelle Gedanken darüber machen kannst, welche Gründe dazu geführt haben, dass das Ziel nicht erreicht werden konnte und welche Schlussfolgerungen Du daraus ziehen kannst. Um den Erfolg Deiner Zielerreichung zu kontrollieren, kannst Du Kennzahlen, Soll-Ist-Vergleiche oder Checklisten verwenden. Hast du Dir bereits in der Planungsphase Gedanken über mögliche Kontrollkriterien gemacht, vergleichst Du jetzt die Situation vor und nach der Bearbeitung Deiner Fachaufgabe.

6. Bewerten

In der letzten Prozessphase sollst Du das Ergebnis Deiner Fachaufgabe bewerten und reflektieren. Am besten nimmst Du die Bewertung zusammen mit Deiner Ausbilderin oder Deinem Ausbilder vor. Ihr könnt gemeinsam überlegen, wie gut die Bearbeitung der Fachaufgabe funktioniert hat, was nach Plan verlief und was nicht, ob eventuell von Dir geplante Maßnahmen auch tatsächlich im Betrieb umgesetzt werden können, ob es Verbesserungspotenzial gibt und was Du vielleicht beim nächsten Mal anders machen würdest. Auch solltest Du beschreiben, welche persönlichen Lernerfolge Du durch die Bearbeitung Deiner Fachaufgabe erzielen konntest und welche Erkenntnisse Du auf zukünftige ähnliche Projekte übertragen kannst.

Die Phasen einer vollständigen beruflichen Handlung im Report

Für Deinen Report fasst Du die sechs Phasen des Modells der vollständigen beruflichen Handlung in vier Phasen zusammen, die auch gleichzeitig die mögliche Gliederung Deines Reportes darstellen. Die einzelnen Prozessschritte haben wir bereits in » **Kapitel 2** und auch jetzt beim Modell der vollständigen beruflichen Handlung ausführlich besprochen.

Die folgende **Checkliste** kann Dir helfen, sicherzustellen, dass Du in Deiner Fachaufgabe eine vollständige berufliche Handlung abbildest. Einige Fragen kannst Du bereits vor der Bearbeitung Deiner Fachaufgabe klären, andere Antworten ergeben sich erst im Arbeitsprozess. Du kannst die Checkliste gerne parallel zu Deiner Arbeitsaufgabe verwenden, um zwischendurch noch einmal zu schauen, dass Du keine wichtigen Punkte vergisst.

Checkliste zum Abbilden einer vollständigen beruflichen Handlung[3]	**Ja**	**Nein**
1. Informieren		
a) Habe ich eine konkrete Aufgabenstellung für meine betriebliche Fachaufgabe definiert, die auch zu einem Gebiet in meiner Fachrichtung passt?	☐	☐
b) Kann ich für meine Fachaufgabe ein konkretes Ziel festlegen? (Es können auch mehrere Ziele oder Teilziele möglich sein.)	☐	☐
c) Sind mehrere Arbeits- oder Prozessschritte zur Bearbeitung meiner Fachaufgabe notwendig?	☐	☐
d) Habe ich die Aufgabenstellung und Zielsetzung meiner Fachaufgabe mit meinem Ausbildungsbetrieb abgestimmt?	☐	☐
e) Muss ich Informationen recherchieren, um meine Aufgabe erledigen zu können?	☐	☐
f) Muss ich rechtliche, wirtschaftliche und/oder ökologische Rahmenbedingungen berücksichtigen?	☐	☐
g) Sind vor- oder nachgelagerte Prozesse an meiner Aufgabe beteiligt?	☐	☐
h) Muss ich weitere interne und/oder externe Schnittstellen berücksichtigen?	☐	☐

[3] In Anlehnung an *www.ihk.de/blueprint/servlet/resource/blob/5137036/d61fecb994bca94cb3b892379d3d7269/kaufleute-fuer-gross-und-aussenhandelsmanagement-leitfaden-zur-erstellung-eines-reportes-data.pdf*

Checkliste zum Abbilden einer vollständigen beruflichen Handlung	Ja	Nein
2. Planen		
a) Muss ich einen festgelegten Zeitplan einhalten?	☐	☐
b) Gibt es ein vorgeschriebenes Budget?	☐	☐
c) Muss ich die Zusammenarbeit mit anderen Personen, Abteilungen oder weiteren Schnittstellen planen?	☐	☐
d) Muss ich mich mit anderen abstimmen?	☐	☐
e) Kann ich bereits jetzt schon Kontrollkriterien für meine Aufgabe einplanen?	☐	☐
f) Muss ich bestimmte Gesetzte und Vorschriften, z. B. über den Datenschutz, einplanen und/oder die Compliance beachten?	☐	☐
3. Entscheiden		
a) Gibt es verschiedene Vorgehensweisen oder Lösungsalternativen, zwischen denen ich mich entscheiden muss?	☐	☐
b) Kann ich mich nachvollziehbar für eine bestimmte Lösung oder Vorgehensweise entscheiden?	☐	☐
c) Gibt es noch offene Fragen oder Unstimmigkeiten, die ich vor meiner Entscheidung und vor der Durchführung klären muss?	☐	☐
d) Habe ich meine Entscheidung mit meiner Ausbilderin/meinem Ausbilder abgesprochen und ein Feedback dazu eingeholt?	☐	☐
4. Ausführen		
a) Kann ich meine geplanten Arbeitsschritte umsetzen oder muss ich meine Planung anpassen?	☐	☐
b) Gibt es Schwierigkeiten oder Konflikte, auf die ich flexibel reagieren muss?	☐	☐
c) Sind weitere Abstimmungen mit Beteiligten erforderlich?	☐	☐
d) Kann ich mein Arbeitsergebnis oder meine Zielerreichung zwischendurch kontrollieren? (Wenn ja, wie mache ich das?)	☐	☐
e) Kann ich meine Zeit- und/oder Budgetvorgaben einhalten oder muss ich meine Planung anpassen?	☐	☐
f) Kann ich meine Fachkompetenz bei der Bearbeitung der Arbeitsaufgabe unter Beweis stellen?	☐	☐
g) Kann ich zeigen, dass ich strukturiert und eigenständig arbeite?	☐	☐
h) Kann ich organisatorische Freiheitsgrade nutzen?	☐	☐
i) Kann ich die Durchführung meiner Fachaufgabe dokumentieren?	☐	☐

Checkliste zum Abbilden einer vollständigen beruflichen Handlung	Ja	Nein
5. Kontrollieren		
a) Habe ich das Ziel meiner Arbeitsaufgabe vollständig oder teilweise erreicht?	☐	☐
b) Wenn nicht, kann ich entsprechende Gründe nennen?	☐	☐
c) Habe ich bereits bei der Planung Kontrollkriterien definiert, die ich jetzt vergleichen kann?	☐	☐
d) Kann ich Checklisten, Kennzahlen oder einen Soll-Ist-Vergleich verwenden, um mein Ergebnis zu kontrollieren?	☐	☐
6. Bewerten		
a) Verlief etwas nicht nach Plan?	☐	☐
b) Konnte ich meine Zeit- und/oder Budgetplanung einhalten?	☐	☐
c) Konnten eventuell von mir geplante Maßnahmen im Unternehmen umgesetzt werden?	☐	☐
d) Gibt es Verbesserungsvorschläge?	☐	☐
e) Würde ich beim nächsten Mal etwas anders machen?	☐	☐
f) Konnte ich persönliche Lernerfolge reflektieren?	☐	☐
g) Konnte ich meine berufliche Handlungskompetenz (Fach-, Methoden-, Sozial- und Selbstkompetenz) erweitern?	☐	☐

MEDIEN

Die Checkliste findest Du zum Download in mein**kiehl**.

6. Wie kannst Du Deine berufliche Handlungsfähigkeit nachweisen?

Als **Handlungskompetenz** oder Handlungsfähigkeit wird die Fähigkeit zum selbstständigen Planen, Durchführen und Kontrollieren von Arbeitstätigkeiten bezeichnet.

Kompetenz ist dabei die Summe aller Fähigkeiten, Fertigkeiten und Kenntnisse, Persönlichkeits- und Verhaltensmerkmale, die Dir als Grundlage dienen, um die in der Ausbildung und späteren Berufspraxis gestellten Anforderungen zu erfüllen. Kompetenz wird durch eigene Erfahrung erworben. Durch die Bearbeitung Deiner betrieblichen Fachaufgaben kannst Du Dein persönliches Kompetenzprofil stetig erweitern und viele wichtige und interessante Erfahrungen sammeln, um Dich kontinuierlich beruflich weiterzuentwickeln.

Hier sind die zentralen **Elemente der beruflichen Handlungskompetenz**. Viele dieser im Arbeitsleben so wichtigen Kompetenzen wirst Du während der Arbeit an Deiner Fachaufgabe benötigen, Dir eventuell aneignen oder steigern und nachweisen können.

1. **Fachkompetenz**

   Die Fachkompetenz umfasst das erlernte Wissen bzw. die einschlägigen Fachkenntnisse im jeweiligen Beruf. Du hast also die Fähigkeit (= Kompetenz), Sach-/Fachaufgaben fachlich korrekt zu lösen[4]. Bei der Bearbeitung Deiner Fachaufgabe musst Du Dein Fachwissen anwenden und erweitern. Fachwissen bezieht sich sowohl auf das theoretisch in der Berufsschule vermittelte Wissen als auch auf die in der Ausbildung vermittelten praktischen Fähigkeiten, Fertigkeiten und Kenntnisse, z. B. EDV-Kenntnisse.

2. **Methodenkompetenz**

   Methodenkompetenz beinhaltet die Fähigkeit, unterschiedliche Methoden, Techniken und Instrumente im beruflichen Kontext anzuwenden. Dies umfasst sowohl die effiziente Nutzung von Arbeits- und Planungsmethoden als auch eine strukturierte Vorgehensweise. Zur Methodenkompetenz gehören bspw.:

   - Analytisches Denken und Problemlösefähigkeit
   - Informationsbeschaffung und Medienkompetenz
   - Konzeptionelles Denken
   - Organisationsfähigkeit und Projektmanagement.

3. **Sozialkompetenz**

   Sozialkompetenz bezieht sich auf die Fähigkeit, erfolgreich mit anderen Menschen zu interagieren.[5] Dies umfasst z. B.

   - Team- und Kommunikationsfähigkeit
   - Empathie (Einfühlungsvermögen)

---

4 Vgl. *https://ada-kompakt.de/frage-im-fachgespraech-aevo/#:~:text=genannt)%20und%20 Sozialkompetenz.-,Fachkompetenz,Fachaufgaben%20fachlich%20korrekt%20zu%20 l%C3%B6sen*

5 Vgl. *https://www.stellenmarkt.de/karrieremagazin/handlungskompetenz*

- Kompromissbereitschaft und Konfliktlösungsfähigkeiten
- Toleranz und die Berücksichtigung von interkulturellen Aspekten.

4. **Persönliche Kompetenz und Selbstkompetenz**

   Diese Kompetenzen umfassen Fähigkeiten, Eigenschaften und Einstellungen, die eine Person repräsentieren und in denen sich ihre innere Haltung zur Welt und insbesondere auch zur Arbeit ausdrückt[6], z. B.

   - Zeit- und Selbstmanagement
   - Belastbarkeit und Stressmanagement
   - Fähigkeit zu Selbstreflexion und Selbstkritik
   - Selbstmotivation und Leistungsbereitschaft
   - Veränderungsbereitschaft und Flexibilität
   - Lernbereitschaft, Lernfähigkeit und Selbstlernkompetenz
   - Sorgfalt und Verantwortungsbewusstsein.

Die berufliche Handlungskompetenz ist dynamisch und kann sich im Laufe der Zeit weiterentwickeln. Sie ist nicht nur auf bestimmte Aufgaben oder Tätigkeiten beschränkt, sondern befähigt eine Person dazu, in verschiedenen beruflichen Kontexten erfolgreich zu agieren. Unternehmen schätzen Mitarbeiter mit hoher beruflicher Handlungskompetenz, da sie in der Lage sind, sich an Veränderungen anzupassen, effektiv zu kommunizieren und erfolgreich in Teams zu arbeiten.

Deine berufliche Handlungsfähigkeit wirkt sich auch auf Dein **persönliches Kompetenzprofil** aus. Während der Bearbeitung Deiner Fachaufgaben kannst Du Deine berufliche Handlungsfähigkeit erweitern und so Dein persönliches Kompetenzprofil schärfen. Methoden-, Sozial- und Selbstkompetenz werden oft auch als **Schlüsselkompetenzen** bezeichnet, da sie oft der „Schlüssel zum Erfolg" in verschiedenen Situationen sein können. Schlüsselkompetenzen beziehen sich nicht ausschließlich auf den beruflichen Kontext. Auch in privaten bzw. sozialen Situationen können diese Kompetenzen hilfreich und sinnvoll sein. Nicht alle diese Fähigkeiten besitzt man von Geburt an, sondern sie müssen (manchmal mühsam) erworben werden. Manche dieser Kompetenzen kannst Du im Rahmen Deiner Ausbildung, z. B. bei der Bearbeitung Deiner beiden Praxisaufgaben, erwerben. Andere Schlüsselkompetenzen eignest Du Dir (mitunter auch unbewusst) im Alltag, beim Zusammensein mit Familie und Freunden, bei Hobbys oder beim Engagement in Vereinen an.

In einer Arbeitswelt, die von ständigen **Veränderungen und einem permanenten Fortschritt** geprägt ist, gewinnen Schlüsselkompetenzen umso mehr an Bedeutung. Sie ermöglichen es Dir, Dich an neue Herausforderungen anzupassen, Dich in verschiedenen Situationen zu behaupten und Dich kontinuierlich weiterzuentwickeln. Zudem bilden Schlüsselkompetenzen die Grundlage für **lebenslanges Lernen und für Deine persönliche Entwicklung**.

6 Vgl. *https://www.versicherungsmagazin.de/lexikon/persoenlichkeitskompetenz-1946123.html*

7. Wie kannst Du die Ergebnisse Deiner Fachaufgabe bewerten und kontrollieren?

Hast Du die Fachaufgabe beendet, sollst Du selbstständig eine Bewertung und Kontrolle des Ergebnisses Deiner Fachaufgabe vornehmen. Aber wie macht man das?

Zuerst überlegst Du, inwieweit Du das festgelegte Ziel Deiner Arbeitsaufgabe erreicht hast. Die Beurteilung der Zielerreichung erfordert jedoch klare Kriterien, damit Du eine objektive und für die Prüfer nachvollziehbare Bewertung vornehmen kannst.

Bevor Du mit Deiner Fachaufgabe beginnst, solltest Du schon überlegen, wie Du am Ende Deine Zielerreichung messen kannst. Das bedeutet, dass Du Deine Aufgabenstellung und Zielsetzung bereits so formulierst, dass die **Messbarkeit** gegeben ist. Das bedeutet, dass es klare und quantifizierbare (also messbare) Indikatoren oder Kriterien geben sollte, um den Fortschritt und das endgültige Arbeitsergebnis zu bewerten. Nur messbare Ziele ermöglichen eine objektive und nachvollziehbare Beurteilung.

Auch solltest Du die **Relevanz der Zielerreichung** berücksichtigen, d. h. Du kontrollierst, ob Deine Fachaufgabe und die dadurch erreichten Ergebnisse tatsächlich zur Lösung des Problems oder der Aufgabenstellung beigetragen haben.

Weiterhin kannst Du kontrollieren, ob Du den vorgegebenen **Zeitrahmen** und/oder das vorgeschriebene **Budget** eingehalten hast. Hast Du mehr Zeit oder mehr Geld zur Bearbeitung der Fachaufgabe benötigt, ist das keine Schande, sondern ein wesentlicher Lerneffekt. Vielleicht hast Du zu Beginn Deiner Fachaufgabe zu wenig Zeit oder ein zu geringes Budget eingeplant? Oder haben sich die Rahmenbedingungen verändert, sodass Du mit unvorhergesehenen Zeitfressern und/oder Ausgaben umgehen musstest? Eine weitere mögliche Erkenntnis könnte es auch sein, dass Du in Zukunft bei ähnlichen Aufgaben zusätzliche Pufferzeiten und/oder finanzielle Reserven einplanst, um für alle Eventualitäten gerüstet zu sein.

Ebenfalls kann die **Qualität** der erreichten Ergebnisse ein entscheidendes Kriterium sein. Hier bewertest Du, ob die Ergebnisse den erwarteten Standards entsprechen, eine hohe Qualität aufweisen und den Anforderungen gerecht werden. Messbare Qualitätsmerkmale könnten z. B. eine höhere Effektivität oder Effizienz, eine gestiegene Kundenzufriedenheit, geringere Reaktionszeiten usw. sein.

Außerdem kannst Du verschiedene **Controlling-Instrumente** nutzen, um das Ergebnis Deiner Fachaufgabe zu bewerten und zu kontrollieren. So könntest Du z. B. selbst erstellte **Checklisten** nutzen. Checklisten sind strukturierte Listen von Aufgaben, Kriterien oder Punkten, die abgearbeitet oder überprüft werden können. Sie dienen der systematischen Kontrolle und Sicherstellung, dass alle relevanten Aspekte berücksichtigt werden. Je nach Themenstellung kannst Du unterschiedliche Checklisten erstellen. So kannst Du z. B. mit der Checkliste kontrollieren, ob sich die Kundenzufriedenheit durch Deine Fachaufgabe erhöht hat, ob die Lieferzeiten verkürzt wurden oder ob die Datenschutzbestimmungen eingehalten wurden.

Eine weitere Möglichkeit, Dein Arbeitsergebnis zu bewerten, sind **Kennzahlen**. Kennzahlen, auch als KPIs (Key Performance Indicators) bekannt, sind quantitative Messgrößen, die verwendet werden, um die Leistung und den Fortschritt in einem bestimmten Bereich zu bewerten. Kennzahlen bieten objektive und messbare Informationen. Folgende Kennzahlen kannst Du je nach Themenstellung verwenden, um das Ergebnis Deiner Fachaufgabe zu messen: Wirtschaftlichkeit, Umsatz- und Gewinnveränderung, Kostenveränderung, Kosten-Nutzen-Verhältnis, Marktanteil, Kundenzufriedenheitsindex, Reklamationsquote, Rücklaufquote bei Befragungen, durchschnittliche Bearbeitungszeit von Kundenanfragen usw.

Der **Soll-Ist-Vergleich** ist eine weitere Möglichkeit, Dein Ergebnis zu bewerten. Der Soll-Ist-Vergleich bezieht sich auf den Abgleich von geplanten (Soll) und tatsächlichen (Ist) Ergebnissen, um Abweichungen zu identifizieren. Dieses Instrument ermöglicht eine Bewertung der Zielerreichung und die Ableitung von Maßnahmen zur Korrektur. Einen Soll-Ist-Vergleich kannst Du bei vielen betriebswirtschaftlichen Problemstellungen anwenden, z. B. um die Umsatzentwicklung, die Kundenzufriedenheit oder die Kostenentwicklung zu beurteilen.

Ein **Vorher-Nachher-Vergleich** ist eine einfache Möglichkeit, den Erfolg Deiner Fachaufgabe zu kontrollieren. Mit diesem Kontrollinstrument bewertest Du die Veränderungen oder Entwicklungen zwischen zwei Zeitpunkten: einmal die Situation bevor und dann die Situation nachdem Du Deine Fachaufgabe durchgeführt hast. Somit kannst Du den Vorher-Nachher-Vergleich auch als retrospektive Analyse nutzen, um den Erfolg oder Misserfolg Deiner Aufgabe im Zusammenhang mit bestimmten Entscheidungen oder Maßnahmen zu bewerten.

Zur Bewertung und Kontrolle Deiner Fachaufgabe kannst Du ebenfalls untersuchen, ob Deine Aufgabe einen **Nutzen** hat. Die Fachaufgabe kann dazu beitragen, die betriebliche Effizienz oder die Wettbewerbsfähigkeit zu steigern, Kosten zu reduzieren, die Qualität von Produkten oder Dienstleistungen zu verbessern und insgesamt zur Erreichung der Unternehmensziele beizutragen. Dann profitiert Dein Ausbildungsbetrieb von Deiner Fachaufgabe und hat einen messbaren Nutzen davon. Auch Kunden können von Deiner Aufgabe profitieren, wenn sie zu einer besseren Produktqualität, verbessertem Kundenservice, kürzeren Lieferzeiten oder anderen Vorteilen führt. Die Ausrichtung auf die Bedürfnisse der Kunden kann zu höherer Zufriedenheit und Kundenbindung führen. Lieferanten und Geschäftspartner können ebenfalls einen Nutzen von Deiner Fachaufgabe haben, wenn sie zu effizienteren Lieferketten oder verbesserten Partnerschaften führt. Deine Fachaufgabe könnte auch positive Auswirkungen auf Gesellschaft, Umwelt und Nachhaltigkeit haben, indem sie ökologische und soziale Verantwortung und Nachhaltigkeitsprinzipien berücksichtigt.

Neben der **Reflexion** über die Bewertung der Arbeitsaufgabe und Deiner Zielerreichung sollst Du auch überlegen, ob Du mögliche **Verbesserungsvorschläge** aus Deiner Aufgabe ableiten kannst. Hierbei kannst Du nicht nur darüber nachdenken, welche Verbesserungsmöglichkeiten das Unternehmen aus Deiner Aufgabe ziehen kann, sondern auch, ob Du für Dich selbst persönliches Verbesserungspotenzial erkennen kannst. Beginne mit der Bewertung des bisherigen Ergebnisses und Deiner positiven Erfahrungen.

Identifiziere, was gut funktioniert hat und welche Erfolge Du erzielt hast. Was lief gut, was war nicht so toll? Analysiere kritisch die Herausforderungen und Schwächen, die Du während der Durchführung Deiner Fachaufgabe erlebt hast. Erkenne mögliche Gründe für Schwierigkeiten. Sammle Feedback von Vorgesetzten, Kollegen, Kunden oder anderen Beteiligten. Externes Feedback kann wertvolle Perspektiven bieten. Untersuche die durchgeführten Prozesse und Arbeitsabläufe. Identifiziere mögliche Engpässe, ineffiziente Schritte oder Missverständnisse, die zu Verbesserungen führen können.

Und führe zum Schluss eine **Selbstreflexion** durch. Ziel dieser Selbstreflexion ist die kritische Auseinandersetzung mit Deiner eigenen Lernerfahrung. Denke über Deine eigene Leistung und Beteiligung an der Fachaufgabe nach. Identifiziere persönliche Stärken, aber auch Bereiche, in denen Du Dich verbessern könntest. So kannst du verschiedene Fähigkeiten und Kompetenzen trainieren und Dein persönliches Kompetenzprofil erweitern. Überlege, wie sich die Bearbeitung Deiner Fachaufgabe auf Deine berufliche Handlungskompetenz auswirkt.

TIPP

- Welche Kompetenzbereiche konntest Du anwenden?
- Was konntest Du an Neuem lernen?
- Welche Erfahrungen hast Du gemacht?
- Welche Fähigkeiten, Kenntnisse und Fertigkeiten konntest Du verbessern?
- Was würdest Du beim nächsten Mal anders machen?
- Wie hat die Zusammenarbeit mit den beteiligten Schnittstellen funktioniert?
- Hast Du vor der Durchführung der Aufgabe etwas nicht bedacht, was im Nachhinein wichtig gewesen wäre? Wenn ja, was? Wie hast Du darauf reagiert?

Folgende Fragen können Dir bei der **Bewertung und Kontrolle Deiner Fachaufgabe** helfen:

- Inwieweit konnte ich meine ursprünglichen Ziele und Zielsetzungen meiner Fachaufgabe erreichen?
- Welche messbaren Ergebnisse, wie Umsatzsteigerungen oder Kosteneinsparungen, habe ich erreicht? Lassen sich diese mit der Fachaufgabe verbinden?
- Wie hat sich die Fachaufgabe auf die Effizienz und Qualität von Prozessen innerhalb des Projekts oder Unternehmens ausgewirkt?
- Welche Maßnahmen habe ich ergriffen, um mögliche Probleme oder Hindernisse während der Durchführung der Fachaufgabe zu überwinden?
- Inwieweit habe ich Kundenfeedback berücksichtigt, und wie hat sich die Kundenzufriedenheit durch die Fachaufgabe entwickelt?

- In welchem Maße habe ich die im Verlauf der Fachaufgabe gesammelten Erkenntnisse und Erfahrungen dokumentiert?
- Wie bewerte ich die Zusammenarbeit mit den unterschiedlichen Schnittstellen, und welche Verbesserungen könnten vorgenommen werden?
- Wie beurteile ich die Kommunikation im Verlauf der Fachaufgabe?

  Könnte die Kommunikation verbessert werden?
- Gab es unerwartete positive oder negative Auswirkungen der Fachaufgabe, die nicht vorhersehbar waren? Wie habe ich darauf reagiert?
- Inwiefern wurden Ressourcen effizient eingesetzt, und wie steht es mit dem Kosten-Nutzen-Verhältnis der Fachaufgabe?

Folgende Fragen können Dir ebenfalls helfen, Deinen **Lernerfolg zu reflektieren**:

- Welche konkreten Ziele hatte ich für die Fachaufgabe, und inwieweit habe ich sie erreicht?
- Welche Herausforderungen sind während der Durchführung der Fachaufgabe aufgetreten, und wie habe ich darauf reagiert?
- Welche neuen Fähigkeiten oder Kenntnisse habe ich während der Bearbeitung der Fachaufgabe erworben?
- Wie gut habe ich mit anderen Beteiligten zusammengearbeitet, und welche Aspekte könnte ich in der Zusammenarbeit verbessern?
- Inwiefern habe ich Kritik oder Feedback von anderen berücksichtigt und umgesetzt?
- Welche Entscheidungen habe ich getroffen, und welche Auswirkungen hatten sie auf den Verlauf der Fachaufgabe?
- Wie gut konnte ich meine Zeit während der Durchführung der Fachaufgabe organisieren und kann ich mein Zeitmanagement in Zukunft verbessern?
- Welche Aspekte der Fachaufgabe haben mir besonders Freude bzw. besondere Schwierigkeiten bereitet?
- Welche persönlichen Stärken konnte ich bei der Bearbeitung der Fachaufgabe anwenden? Wie könnte ich an meinen Schwächen arbeiten, um diese in Zukunft besser zu bewältigen?
- Inwiefern hat die Fachaufgabe mein Verständnis für berufliche Anforderungen und Abläufe in meinem Bereich erweitert?

8. Welche formalen Aspekte müssen beachtet werden?

INFO

Wenn Du Fragen zur formalen Gestaltung hast oder Unterstützung bei Deinen Reporten benötigst, wende Dich an **feedback@kiehl.de**.

Für die Erstellung der Reporte gibt es genaue Vorgaben von den zuständigen Kammern, an die Du Dich unbedingt halten solltest. Diese **Vorgaben können sich je nach Bundesland etwas unterscheiden**, deswegen lohnt sich ein Blick auf die entsprechende Internetseite der jeweiligen IHK. Deine zuständige Kammer findest Du unter *www.ihk.de*. Dort findest Du i. d. R. ausführliche Informationen zu den formalen Kriterien, zur Gliederung und Hinweise zu den Anforderungen an die betrieblichen Fachaufgaben.

Üblich sind folgende **formale Kriterien**:

- Deckblatt mit vollständigem Namen, Ausbildungsbetrieb, Gebiet und Thema der Fachaufgabe (wird als Seitenzahl nicht mitgezählt)
- Umfang: max. 3 Seiten DIN A4
- Schriftgröße: 11 pt, Schriftart Arial
- 1,5-zeilig verfasst
- einseitig beschrieben
- linker und rechter Rand: 2,5 cm
- oberer und unterer Rand: 2 cm
- fortlaufende Seitennummerierung
- Vor- und Zuname auf jeder Seite
- Zusätzliche Anlagen werden nicht zugelassen und dürfen zum Fachgespräch auch nicht mitgebracht werden
- Meist muss am Ende noch eine persönliche Erklärung hinzugefügt werden, in der Du bestätigst, dass Du die Fachaufgabe selbstständig durchgeführt und den Report persönlich erstellt hast. Die Erklärung muss üblicherweise von Dir und Deinem Ausbildungsbetrieb unterschrieben werden.

Noch ein paar **Tipps zu den Formalia**:

- Du kannst bspw. in der **Kopfzeile** das von Dir gewählte Gebiet und Dein Thema angeben. Die **Fußzeile** eignet sich gut zur Angabe von Namen und Seitenzahl.
- Benutze die **automatische Silbentrennung**, um mehr Platz für das Wichtigste zu haben: für Deinen Text. Auch erhältst Du so einen ordentlichen Rand auf der rechten Seite.

- Halte Dich unbedingt an die vorgegebenen Kriterien, auch besonders an die vorgegebene Seitenzahl. Du bekommst keine Pluspunkte, wenn Du mehr Seiten abgibst. Am besten schreibst Du **ziemlich genau drei Seiten**, nicht mehr und nicht weniger. Somit zeigst Du, dass Du den Dir zur Verfügung stehenden Platz voll ausnutzt. Das macht auch Sinn, da Du die Bearbeitung Deiner Fachaufgabe vollständig darstellen sollst.
- Meist wird der Report **online** über das Bildungsportal der zuständigen IHK **eingereicht**.
- Beachte auch unbedingt die **Abgabefrist**. Diese kann sich je nach Bundesland deutlich unterscheiden. Werden die Reporte **zu spät abgegeben**, wird die mündliche **Prüfungsleistung mit 0 Punkten** bewertet.
- Auch wenn der Report nicht bewertet wird und nicht in die Prüfungsleistung eingeht, vermittelt er einen ersten Eindruck von Dir. Dieser Eindruck muss nicht unbedingt der richtige sein, wirkt aber meist nachhaltig. Und die **Optik** Deines Reports wirkt sich auf den ersten Eindruck aus!

9. Wie sollten die Reporte inhaltlich aufgebaut sein?

INFO

Wenn Du Fragen zum inhaltlichen Aufbau hast oder Unterstützung bei Deinen Reporten benötigst, wende Dich an **feedback@kiehl.de**.

9.1 Gliederung

Dein Report soll eine Einordnung Deiner Fachaufgabe in Dein betriebliches Umfeld ermöglichen, Deine Aufgabe beschreiben und die einzelnen **Prozessphasen** Deiner Vorgehensweise darstellen. Meist wird von der IHK eine grobe **Gliederung des Reports** vorgegeben, an deren Struktur Du Dich unbedingt halten solltest. Du kannst Deinen Report folgendermaßen aufbauen, solltest aber die einzelnen Bezeichnungen und Inhalte noch einmal mit Deinen individuellen Vorgaben abgleichen:

- Aufgabenstellung/Arbeitsauftrag/Ausgangssituation/Zielsetzung
- Planung
- Durchführung/Begründung der Vorgehensweise
- Berücksichtigung der Rahmenbedingungen/des Gesamtzusammenhangs
- Kontrolle und Bewertung der Ergebnisse/Reflexion.

Diese Gliederungspunkte kannst Du als Überschrift für die einzelnen Abschnitte Deiner Reporte wählen. Je nach örtlicher Kammer unterscheiden sich die Bezeichnungen; Du solltest Dich jeweils für die für Dich passende entscheiden. Auch verlangt nicht jede Kammer, die Rahmenbedingungen in einem eigenen Gliederungspunkt zu berücksichtigen. Daher ist es auch möglich, die Rahmenbedingungen direkt in die Planungs-, Durchführungs- und Ergebnisphase einzubeziehen, ohne einen eigenen Abschnitt darüber zu erstellen. Wichtig ist jedoch, dass Du alle fünf Gliederungspunkte oder Prozessphasen in Deinen Reporten ansprichst und berücksichtigst, da diese Phasen auch den Inhalt und eventuell die Struktur Deines Fachgespräches bilden. Und dann wäre es ungeschickt, wenn Du nicht erklären könntest, inwieweit Du wirtschaftliche, rechtliche und/oder ökologische Rahmenbedingungen in Deiner Fachaufgabe berücksichtigt hast.

Die einzelnen Phasen haben wir bereits in » **Kapitel 2** und in » **Kapitel 5** ausführlich besprochen.

9.2 Formulierung

Den Report kannst Du gut in der **Ich-Form** schreiben. Durch die subjektive Perspektive wird deutlich, dass Du die Fachaufgabe selbst durchgeführt hast und Deine eigenen Erfahrungen wiedergibst, z. B. „Meine Aufgabe war es …“. Je nach Vorgabe ist es auch möglich, eine neutrale Perspektive (z. B. „Die Aufgabe bestand darin…“) zu verwenden, allerdings merkst Du schon, dass der Report dann eher etwas unpersönlich klingt.

Verwendest Du **Abkürzungen und Begriffe**, die unternehmensintern genutzt werden, aber nicht allgemein verständlich sind, kann dies schnell zu Missverständnissen führen und der Prüfungsausschuss kann dann vielleicht Deinen Ausführungen nicht mehr folgen. Deswegen solltest Du außergewöhnliche Abkürzungen und Fachbegriffe im Report unbedingt erklären oder ganz darauf verzichten.

Du kannst auch **Aufzählungszeichen und Stichpunkte** benutzen, allerdings nehmen diese meist viel Platz in Anspruch und können dazu verleiten, Informationen zu knapp darzustellen.

Achte weiterhin auf einen professionellen Sprachstil und auf **klare, verständliche Formulierungen**. Der Report sollte für jeden Leser, auch wenn er aus einem ganz anderen Berufsbereich kommt, nachvollziehbar sein. Vermeide Schachtelsätze. Beginne besser für jeden Gedanken einen neuen Satz.

Weiterhin ist es sinnvoll, die **Rechtschreibprüfung** am PC zu verwenden und den fertigen Report von jemandem Korrektur lesen zu lassen. So fallen nicht nur eventuell noch vorhandene Tippfehler auf, sondern logische Brüche oder ein fehlender roter Faden werden bemerkt. Man selbst sieht oft irgendwann den „Wald vor lauter Bäumen nicht mehr“, deswegen kann das Korrekturlesen durch eine zweite Person (die selbst nicht unbedingt in dem Thema bewandert sein muss) sehr hilfreich sein. Den fertigen Report stellst Du dann termingerecht im Online-Portal der IHK ein.

9.3 Datenschutz

Sowohl bei der Auswahl der Fachaufgabe als auch in Deinem Report musst Du unbedingt den Datenschutz beachten und darfst keine Betriebsgeheimnisse oder personenbezogenen Daten preisgeben. Auch solltest Du vermeiden, echte Namen oder andere direkt identifizierbare Informationen zu verwenden. Benutze lieber neutrale Formulierungen, wie z. B. meine Ausbilderin/mein Ausbilder, meine Vorgesetzte/mein Vorgesetzter, meine Teamkollegin, der Kollege aus dem Vertrieb, der Datenschutzbeauftragte usw.

Überprüfe noch einmal zusammen mit Deiner Ausbilderin bzw. Deinem Ausbilder, dass bei der Auswahl Deines Themas und in Deinem Report keine schutzwürdigen Betriebs- und Kundendaten betroffen sind. Und vielleicht beschreibst Du auch in Deinem Report, wie Du bei der Bearbeitung Deiner Fachaufgabe den Datenschutz als wichtige rechtliche Rahmenbedingung berücksichtigt hast.

10. Kannst Du ChatGPT zur Prüfungsvorbereitung nutzen?

10.1 Was ist ChatGPT?

ChatGPT ist eine **leistungsstarke Künstliche Intelligenz**, die auf der GPT-3.5 bzw. auf der GPT-4-Architektur beruht. Diese Architektur, „Generative Pre-trained Transformer" genannt, ermöglicht dem Modell eine **komplexe Reaktion auf menschliche Sprache**, sodass der Bot auf natürliche Weise mit Nutzern kommunizieren kann. Die Sprach-KI wurde von **OpenAI**, einem Softwareunternehmen mit Sitz in San Francisco, entwickelt, das sich mit der Erforschung und Entwicklung Künstlicher Intelligenz (KI) beschäftigt.

10.2 Wie funktioniert ChatGPT?

ChatGPT ist eine Technologie, die auf **maschinellem Lernen und Künstlicher Intelligenz** basiert. Somit kann die Sprach-KI aus Daten lernen und ihre Leistung kontinuierlich verbessern, ohne jedes Mal explizit neu programmiert zu werden. ChatGPT wurde mit umfangreichen Textdaten aus verschiedenen Quellen trainiert. Diese Daten bilden ein breites Spektrum an menschlicher Kommunikation ab und ermöglichen es dem Modell, in natürlicher Sprache zu kommunizieren, eine Vielzahl von Fragen zu verstehen, präzise Antworten zu geben und Informationen zu generieren. Während des Trainings hat ChatGPT gelernt, Muster und Zusammenhänge in Texten zu erkennen. Dies ermöglicht ihm, nicht nur isolierte Anfragen zu interpretieren, sondern auch den Kontext einer Konversation zu verstehen. Du solltest jedoch unbedingt beachten, dass ChatGPT **keine eigenständige kognitive Fähigkeit oder ein echtes Verständnis** besitzt. Seine Antworten basieren auf statistischen Wahrscheinlichkeiten und auf den Mustern, die er während des Trainings erlernt hat. Daher solltest Du die **Aussagen des Chatbots immer kritisch betrachten**, hinterfragen und nochmals mit weiteren Quellen vergleichen. Aber dazu später mehr. Wenn Du die kostenfreie Basisversion GPT-3.5 nutzt, basieren die Informationen der KI auf dem **Wissensstand bis Januar 2022**: Deswegen kann es sein, dass die gelieferten Daten unter Umständen nicht mehr aktuell oder nicht vollständig sind. Mit den ursprünglichen Einstellungen kann ChatGPT nicht auf das Internet zugreifen und somit auch keine Echtzeitdaten aus dem Netz liefern. Um das Sprachmodell mit Internetzugriff nutzen zu können, gibt es verschiedene Möglichkeiten, die wir uns gleich genauer anschauen.

10.3 Wie kannst Du ChatGPT nutzen?

Um ChatGPT zu verwenden, kannst Du entweder die OpenAI-Website besuchen und im Menü zu „ChatGPT" und dann zu „Try ChatGPT" navigieren. Oder Du verwendest folgenden Link: *https://chat.openai.com/*. Vor der erstmaligen Nutzung des Bots musst Du Dich jedoch unter dem Punkt „Sign up" mit Deiner E-Mail-Adresse oder einer Drittanbieter-Authentifizierung (z. B. mit Google, Deinem Microsoft-Konto oder Apple) und einem Passwort registrieren. Nachdem Du Deine E-Mail-Adresse bestätigt hast, steht Dir ChatGPT zur kostenlosen Nutzung zur Verfügung. Zusätzlich hast Du die Möglichkeit, die kostenfreie Version von ChatGPT mit der Chrome-Browser-Erweiterung Web-

ChatGPT[7] mit dem Internet zu verbinden. Nach der Installation kannst Du mit dem Toggle Web Access den Internetzugriff aktivieren oder deaktivieren und die Anzahl und Aktualität Deiner Suchergebnisse festlegen. Es ist jedoch fraglich, ob ChatGPT dadurch wirklich vollen Internetzugang erhält oder nur auf beliebte Suchergebnisse zugreifen kann.[8] Jedoch solltest Du auch hier die Aussagen von WebChatGPT unbedingt genau prüfen und der KI nicht blind vertrauen!

Wenn Du das neueste und verbesserte Sprachmodell GPT-4 nutzen möchtest, musst Du ein kostenpflichtiges ChatGPT Plus-Abo abschließen. Das Abo kostet zurzeit 20 US$ monatlich. Diese Version bietet Dir automatisch vollen Internetzugriff und eine höhere Verarbeitungsgeschwindigkeit Deiner Anfragen. Darüber hinaus können Anwender mit ChatGPT Plus zusätzliche Plugins nutzen, um die Funktionalität des Chatbots zu erweitern.

10.4 Wie kannst Du mit der KI kommunizieren?

Um die Konversation mit ChatGPT zu starten, klickst Du einfach auf den Menüpunkt „New Chat". Tippe Deine Frage oder Deinen Text in das Chatfenster ein und drücke Enter, um Deine Anfrage zu senden. Setze Dein Gespräch mit dem Chatbot fort, indem Du auf die Antworten von ChatGPT reagierst oder weitere Fragen stellst. Wenn Du die Konversation beenden möchtest, schließt Du einfach das Chatfenster. Um die Qualität der Antworten der KI zu bewerten, kannst Du am Ende des Dialogs optional ein Feedback geben. In den Einstellungen von ChatGPT kannst Du festlegen, ob Deine Chats gespeichert und für Trainingszwecke verwendet werden oder innerhalb von 30 Tagen gelöscht werden sollen.

10.5 Wie kannst Du nützliche Prompts formulieren?

Mit ChatGPT über verschiedene Themen zu diskutieren, die KI Witze, Gedichte oder einen Programmcode schreiben zu lassen ist schon spannend. Aber wie kannst Du das Sprachmodell zum Lernen nutzen? Hierfür erstellst Du am besten geeignete Prompts.

Ein Prompt ist eine Anweisung oder eine Frage, die Du der KI stellst, damit sie eine bestimmte Aufgabe oder Aktion ausführt.[9] Je klarer und präziser Du den Prompt formulierst, desto zufriedenstellender und qualitativ hochwertiger ist die Antwort von ChatGPT.

---

[7] Vgl. *https://chromewebstore.google.com/detail/webchatgpt-chatgpt-mit-in/lpfemeioodjbpieminkklglpmhlngfcn*

[8] Vgl. *https://www.gamestar.de/artikel/chatgpt-mit-internet-einfacher-trick,3390688.html*

[9] Vgl. *https://digitalzentrum-berlin.de/leitfaden-fur-perfekte-prompts-chatgpt#:~:text=Ein%20guter%20Prompt%20ist%20klar,und%20pr%C3%BCfen%20Sie%20die%20Fakten*

Für das Erstellen von systematischen Prompts ist die **PADS-Regel** hilfreich:[10]

Position (P): Weise der Sprach-KI eine bestimmte Rolle zu, um eine realistische Situation zu simulieren.[11] So erhältst Du spezifischere Informationen und ChatGPT kann besonders auf Deinen Lernkontext (oder andere definierte Anforderungen) eingehen.

Aufgabe (A): Formuliere Deine Zielsetzung zunächst in einem Satz, damit der Chatbot weiß, um welches Thema es geht.

Details (D): Anschließend beschreibst Du Deine Zielsetzung detailliert. Hier gilt die Regel: Je mehr Informationen Du der KI gibst, desto präziser wird sie antworten, da sie die Anfrage dann besser versteht.

Stil (S): Lege die sprachliche Darstellung fest, wie ChatGPT antworten soll. Du kannst z. B. festlegen, dass der Bot in Stichworten, in ein paar kurzen Sätzen oder in einem ausführlichen Text antworten soll. Auch kannst Du die Ergebnisse durchnummeriert, als Tabelle oder als Liste ausgeben lassen.

Bist Du mit dem ersten Ergebnis nicht zufrieden, kannst Du mit **Folgeprompts** nachsteuern. So kannst Du die Antwort von ChatGPT inhaltlich und/oder sprachlich verbessern. Denke daran, **jedes Ergebnis immer kritisch zu überprüfen** und im Zweifelsfall noch einmal mit einer anderen Quelle zu vergleichen. KI-Modelle können manchmal leider völlig falsche Informationen und Fakten liefern, die jedoch komplett überzeugend klingen.[12]

Ebenfalls ist die **folgende Auslegung der PADS-Regel sinnvoll**:

Präzise (P): Formuliere den Prompt präzise und klar, um Missverständnisse zu vermeiden.

Anweisend (A): Verwende klare Anweisungen im Prompt, um die gewünschte Art der Antwort zu lenken.

Detailliert (D): Sei so detailliert wie nötig, um das gewünschte Ergebnis zu erhalten, ohne dabei unnötig komplex zu werden.

Spezifisch (S): Sei spezifisch in der Formulierung, um präzise und relevante Informationen zu erhalten.

Beispiel: Ein Prompt anhand der PADS-Regel könnte folgendermaßen aussehen:

P:	Du bist Lehrer und unterrichtest Außenhandelsprozesse in einer Klasse mit Groß- und Außenhandelskaufleuten im 3. Ausbildungsjahr.
A:	Erstelle mir je eine Definition zu den Fachbegriffen Handelsbilanz, Dienstleistungsbilanz, Übertragungsbilanz und Leistungsbilanz.
D:	Die Definitionen sollen einfach und prägnant sein.
S:	Nummeriere die Definitionen durch.

[10] Vgl. *https://www.biologie-unterricht.com/digitalkonzept/sprachki/*

[11] Vgl. *https://meingpt.com/blog/effektive-nutzung-von-chat-gpt*

[12] Vgl. *https://www.riffreporter.de/de/technik/kuenstliche-intelligenz-openai-chatgpt-gpt4-ki-ai-halluzinationen* und *https://www.computerbase.de/2023 - 06/chatgpt-openai-will-sprachmodellen-das-halluzinieren-abgewoehnen/*

You

Du bist Lehrer und unterrichtest Außenhandelsprozesse in einer Klasse mit Groß- und Außenhandelskaufleuten im 3. Ausbildungsjahr.

Erstelle mir je eine Definition zu den Fachbegriffen Handelsbilanz, Dienstleistungsbilanz, Übertragungsbilanz und Leistungsbilanz.

Die Definitionen sollen einfach und prägnant sein.

Nummeriere die Definitionen durch.

ChatGPT

1. Handelsbilanz: Die Handelsbilanz ist eine Aufzeichnung aller Importe und Exporte von Waren eines Landes über einen bestimmten Zeitraum, wobei die Exporte die Importe übersteigen, um einen Handelsüberschuss zu erzielen oder umgekehrt ein Handelsdefizit zu zeigen.
2. Dienstleistungsbilanz: Die Dienstleistungsbilanz ist eine Zusammenstellung aller Einnahmen und Ausgaben eines Landes im Zusammenhang mit Dienstleistungen, die über die Landesgrenzen hinweg erbracht oder erhalten werden, einschließlich Tourismus, Versicherungen, Transport und anderen Dienstleistungen.
3. Übertragungsbilanz: Die Übertragungsbilanz erfasst alle finanziellen Transaktionen zwischen einem Land und dem Rest der Welt, die nicht durch den Verkauf von Waren oder Dienstleistungen entstehen, wie zum Beispiel internationale Überweisungen, Entwicklungshilfe und Zahlungen von Mieten oder Lizenzgebühren.
4. Leistungsbilanz: Die Leistungsbilanz ist die Gesamtheit der Handelsbilanz, Dienstleistungsbilanz und Übertragungsbilanz eines Landes. Sie zeigt das Ergebnis aller wirtschaftlichen Transaktionen zwischen einem Land und dem Ausland und gibt Aufschluss über den Gesamtwert der Waren, Dienstleistungen und finanziellen Transaktionen, die in einem bestimmten Zeitraum stattgefunden haben.

Für einen ersten Prompt ist das Ergebnis schon nicht schlecht. Um nachzusteuern, kannst Du jetzt z. B. fragen, was ein Leistungsbilanzüberschuss oder ein Leistungsbilanzdefizit ist. Es ist jedoch ratsam, Deine Angaben im Zweifelsfall noch einmal mit anderen Quellen zu vergleichen. Das ist z. B. besonders wichtig, wenn Du ChatGPT Fragen zu rechtlichen Themen stellst, da sich die Gesetzeslage seit dem Trainingsstand der KI ja bereits geändert haben kann. Auch erteilt die KI keine Rechtsberatung und kann keinen Steuerberater oder Rechtsanwalt ersetzen. Nutzt Du den Chatbot mit einer Interneterweiterung, musst du zwar länger auf Dein Ergebnis warten, dafür gibt Dir ChaptGPT aber auch die Internetquellen an, die die Sprach-KI für ihre Antwort verwendet hat. Allerdings zeigt Dir WebChatGPT nicht automatisch alle verwendeten Quellen an. Deshalb ist es sinnvoll, Dir diese noch einmal näher anzuschauen, um die Aktualität oder die Seriosität der gefundenen Informationen zu überprüfen.

ACHTUNG

Nicht alle im Internet verbreiteten Informationen sind aktuell oder faktenbasiert. Auch „erfindet“ ChatGPT manchmal Quellen oder Informationen, die auf den ersten Blick recht plausibel wirken. Deswegen solltest Du die von dem Chatbot gelieferten Informationen nie ungeprüft übernehmen, sondern immer kritisch hinterfragen. Im Zweifelsfall also immer lieber noch einmal ins Lehrbuch schauen oder Deinen Lehrer oder Ausbilder fragen!

Bitte beachte auch, dass der Bot bei der gleichen Eingabe oder Frage unterschiedliche Antworten generieren kann. Die Präzision der Antworten von ChatGPT hängt von verschiedenen Faktoren ab. Dazu gehört z. B. die Fähigkeit von ChatGPT, die Absicht des Nutzers aufgrund des vorangegangenen Chats richtig zu interpretieren. Auch nutzt der Bot eine gewisse Zufälligkeit bei der Generierung von Antworten, was bedeutet, dass er nicht immer exakt die gleichen Worte und Phrasen wählt, selbst wenn die gleiche Frage gestellt wird. Auch wurde das Sprachmodell darauf trainiert, möglichst vielfältige und kreative Antworten zu liefern und sich wie ein „menschlicher Gesprächspartner“ zu verhalten, der auch nicht immer denselben Wortlaut verwendet.

10.6 ChatGPT für die Themensuche einer möglichen Fachaufgabe verwenden

Bist Du noch auf der Suche nach einem geeigneten Thema für Deine betriebliche Fachaufgabe, kannst Du ChatGPT als **Ideengeber für ein Brainstorming** nutzen.

You

Als Auszubildender zum Kaufmann für Groß- und Außenhandelsmanagement mit der Fachrichtung Großhandel bin ich auf der Suche nach Themenvorschlägen für meine betriebliche Fachaufgabe. Bitte nenne mir 5 unterschiedliche Themen aus dem Bereich Marketing, zu denen ich zusammen mit meinem Ausbildungsbetrieb eine betriebliche Fachaufgabe erarbeiten kann.

ChatGPT

Natürlich, hier sind fünf unterschiedliche Themenvorschläge aus dem Bereich Marketing für deine betriebliche Fachaufgabe:

1. **Entwicklung einer Social-Media-Strategie:** Untersuche die aktuellen Social-Media-Kanäle deines Unternehmens und entwickle eine Strategie, wie diese effektiver genutzt werden können, um die Zielgruppe anzusprechen und die Markenbekanntheit zu steigern.
2. **Marktforschung und Zielgruppenanalyse:** Führe eine umfassende Marktforschung durch, um die Bedürfnisse und Präferenzen der Zielgruppe besser zu verstehen. Basierend auf den Ergebnissen kannst du dann Vorschläge für Marketingaktivitäten machen, die gezielt auf diese Zielgruppe abzielen.

3. **Einführung eines neuen Produkts:** Wenn dein Unternehmen plant, ein neues Produkt auf den Markt zu bringen, könntest du eine Fachaufgabe dazu erstellen, wie dieses Produkt am besten eingeführt und vermarktet werden kann. Das könnte beinhalten, eine Produktlaunch-Kampagne zu entwickeln oder potenzielle Vertriebskanäle zu analysieren.
4. **Optimierung der Website und Online-Präsenz:** Untersuche die Website deines Unternehmens und analysiere, wie benutzerfreundlich sie ist und ob sie effektiv genutzt wird, um Kunden zu gewinnen. Entwickle Vorschläge zur Optimierung der Website, einschließlich Verbesserungen im Design, der Navigation und der Inhalte.
5. **Kundenbindung und -loyalität:** Erarbeite Strategien zur Kundenbindung und -loyalität, indem du Programme zur Kundenbindung entwickelst, Treueprämien anbietest oder Feedbacksysteme implementierst, um die Kundenzufriedenheit zu steigern und langfristige Kundenbeziehungen aufzubauen.

Diese Themen bieten eine breite Palette von Möglichkeiten, um deine betriebliche Fachaufgabe im Bereich Marketing zu gestalten und gleichzeitig wertvolle Einblicke in die Marketingpraktiken deines Unternehmens zu gewinnen.

Wichtig ist hier, der KI zunächst möglichst genau zu erklären, worum es eigentlich geht. Vage Formulierungen solltest Du am besten vermeiden. Versuche, Deine Anweisungen eindeutig und deutlich zu formulieren. Denn hier gilt die Regel: Je ausführlicher und detaillierter Du Deine Anweisungen formulierst, desto genauer wird das Ergebnis sein, dass der Chatbot liefert.

Unter Umständen findest Du so neue Ideen, die Du mit Deiner Ausbilderin oder Deinem Ausbilder besprechen kannst. **Das Thema muss immer zu Deinem Unternehmen passen**, deswegen kann der Chatbot Dir nur Impulse oder Themenvorschläge liefern. Manche Themen erweisen sich direkt als ungeeignet und können sofort ausgeschlossen werden. Andere können vielleicht in abgewandelter Form in Erwägung gezogen werden. In der Diskussion mit dem Bot geht es nicht darum, sofort das passende Thema geliefert zu bekommen. Sondern Dein Ziel sollte sein, eine interessante Konversation zu führen, die Dir neue Anregungen und Ansatzpunkte eröffnen kann.

10.7 Mit ChatGPT die Fachaufgabe oder den Report diskutieren

Hast Du bereits ein Thema gefunden, kannst Du mit dem Sprachmodell Deine Fachaufgabe oder Deinen Report diskutieren. So kannst Du bspw. ChatGPT um ein Feedback bitten oder ihn nach Verbesserungsvorschlägen fragen.

„Ich habe meine Fachaufgabe zum Thema „Reduzierung von Kundenreklamationen“ durchgeführt. Diese möchte ich mit dir diskutieren.“

Der Chatbot bittet Dich daraufhin, ihm die wichtigsten Punkte, Ziele, Methoden und Herausforderungen Deiner Fachaufgabe zu nennen. Anhand dieser Stichpunkte kann sich ein spannendes Gespräch entwickeln. Du kannst die KI somit als **virtuellen „Gesprächspartner“** nutzen, um Deine Planung und Dein Vorgehen bei Deiner Fachaufgabe zu besprechen oder um neue Ideen oder Herangehensweisen für eine Problemstellung zu erhalten. Außerdem kannst Du die KI bitten, Dir Fragen zu einem bestimmten Thema Deiner Fachaufgabe bzw. Deiner Reporte zu stellen. Dein Ziel in der Diskussion mit ChatGPT sollte sein, Dich intensiv mit Deiner Fachaufgabe bzw. mit Deinem Report auseinanderzusetzen und Dein Verständnis für die verschiedenen komplexen Zusammenhänge und Problemstellungen Deiner Aufgabe zu vertiefen. Als Nebeneffekt kannst Du so Deine eigenen Kommunikationsfähigkeiten trainieren, indem Du mit dem Bot diskutierst, argumentierst und debattierst. Beachte jedoch auch bei dieser Verwendung von ChatGPT unbedingt die bereits besprochenen Einschränkungen. Sei Dir immer bewusst, dass das Sprachmodell **Fehler machen** und **falsche Informationen** liefern kann!

Behalte bitte auch immer im Hinterkopf, dass ChatGPT meist Inhalte reproduziert und dabei hauptsächlich auf die verwendeten Trainingsdaten zurückgreift. Diese Datenbasis ist jedoch nicht überprüfbar und somit nicht unbedingt verlässlich. Deswegen solltest Du die Ergebnisse immer mit Vorsicht betrachten und bei Unsicherheiten lieber zusätzliche Informationen einholen. Auch gibt ChatGPT die verwendeten Quellen nicht immer an. Deswegen besteht das Risiko, dass Du bei wortwörtlicher Übernahme einer Definition oder eines Textes unabsichtlich ein **Plagiat** begehst und somit das Urheberrecht verletzt.

Auch darfst Du **keine betriebsinternen oder personenbezogenen Daten** im Chat verwenden. Bedenke auch, dass die Aussagen von ChatGPT meist sehr allgemein gehalten sind und sich nicht unbedingt auf Deine persönliche Situation und/oder auf Deinen Ausbildungsbetrieb übertragen lassen. Betrachte ChatGPT als **Ideengeber** und **virtuellen „Gesprächspartner"**, jedoch nicht als vertrauenswürdige Informationsquelle. Um auf der sicheren Seite zu sein, solltest Du die **Verwendung von ChatGPT** vor der Nutzung **mit Deinem Ausbildungsbetrieb abklären**.

Weiterhin kannst Du den Bot nutzen, um Deinen **fertigen Report zu überarbeiten**. Die Sprach-KI kann Dir z. B. helfen, ständige Wortwiederholungen in Deinem Text zu vermeiden. ChatGPT kann Dir **Synonyme** für Begriffe vorschlagen oder alternative Ausdrücke finden. Auch kann Dich das Modell beim Umschreiben oder **Paraphrasieren von Texten** unterstützen. Bist Du mit dem Stil des von Dir verfassten Textes nicht ganz zufrieden, kannst Du die KI um ein **Feedback zu Deinen Formulierungen** bitten. Zwar kann ChatGPT auch den einen oder anderen Rechtschreibfehler erkennen, jedoch ist eine komplette Rechtschreibprüfung Deiner Reporte mit der KI nicht zu empfehlen, da der Bot dafür selbst (noch) zu viele Fehler macht.

ACHTUNG

Natürlich darfst Du Deine Reporte nicht von ChatGPT erstellen lassen! Und selbstverständlich kann der Bot auch keinen menschlichen Gesprächspartner ersetzen. Betrachte die KI als zusätzliche Möglichkeit, Dich intensiv mit Deinen Fachaufgaben und Reporten zu beschäftigen und diese zu reflektieren. Ebenfalls kannst Du die KI nutzen, um dich bewusst kritisch mit den vom Bot generierten Ergebnissen auseinanderzusetzen und somit Deine Medienkompetenz und Dein kritisches Denken zu fördern.

You

Als angehende Kauffrau für Groß- und Außenhandelsmanagement habe ich meine betriebliche Fachaufgabe zum Thema „Reduzierung von Kundenreklamationen" durchgeführt. Ich möchte nun mit dir die wichtigsten Punkte dieser Fachaufgabe diskutieren.

Lass uns über meine einzelnen Arbeitsschritte und meine Vorgehensweise sprechen.

ChatGPT

Natürlich, gerne unterstütze ich dich bei der Diskussion über deine betriebliche Fachaufgabe zur Reduzierung von Kundenreklamationen. Bitte erzähle mir zunächst etwas mehr über deine Arbeitsschritte und deine Vorgehensweise. Welche spezifischen Maßnahmen hast du ergriffen, um Kundenreklamationen zu reduzieren?

You

Zunächst muss ich die Ursachen für die gehäuften Kundenreklamationen herausfinden. Nur wenn die Ursachen behoben werden können, wird es weniger Reklamationen und somit eine größere Kundenzufriedenheit geben.

ChatGPT

Das ist ein sehr wichtiger erster Schritt, um das Problem der Kundenreklamationen anzugehen. Wie hast du die Ursachen für die gehäuften Reklamationen identifiziert? Hast du beispielsweise eine Analyse der häufigsten Reklamationsgründe durchgeführt, Kundenfeedback gesammelt oder interne Prozesse überprüft? Es wäre interessant zu erfahren, wie du vorgegangen bist, um diese Ursachen herauszufinden und zu verstehen.

You

Zunächst muss ich die bisherigen Reklamationen analysieren, um Muster oder wiederkehrende Probleme herauszufinden. Hierfür muss ich mir zunächst die notwendigen Daten von der Vertriebsabteilung beschaffen. Anschließend schaue ich mir alle Reklamationen sorgfältig an und versuche, Gemeinsamkeiten in den Kundenbeschwerden zu finden.

ChatGPT

Das klingt nach einem fundierten Ansatz. Die Analyse der bisherigen Reklamationen und die Identifizierung von Mustern sind entscheidend, um die zugrunde liegenden Probleme zu verstehen. Hast du bei der Analyse der Reklamationen bestimmte Kategorien oder Trends identifiziert? Zum Beispiel könnten bestimmte Produktfehler, Lieferprobleme oder Kommunikationsprobleme mit den Kunden häufige Gründe für Reklamationen sein. Es wäre auch interessant zu wissen, wie du diese Informationen anschließend genutzt hast, um konkrete Maßnahmen zur Reduzierung der Reklamationen zu entwickeln.

You

Ich kann drei Kategorien von Beschwerden ausmachen: Bei meiner Analyse zeigt sich, dass die meisten Reklamationen in den letzten sechs Monaten auf verspätete Lieferungen zurückzuführen sind. Etwa 80 % der Kundenreklamationen beziehen sich auf Lieferverzögerungen, gefolgt von 15 % falsch gelieferter Artikel. Bei 5 % der untersuchten Daten kann ich jedoch keinen konkreten Grund für die Beschwerde erkennen, da diese nur sehr allgemein formuliert sind.

ChatGPT

Vielen Dank für die detaillierte Aufschlüsselung der Reklamationskategorien. Es ist sehr hilfreich, solche klaren Trends zu identifizieren, da sie dir einen klaren Hinweis darauf geben, wo die Hauptprobleme liegen. Dass 80 % der Reklamationen auf verspätete Lieferungen zurückzuführen sind, ist ein deutlicher Hinweis darauf, dass hier Handlungsbedarf besteht.

Um die Lieferverzögerungen zu reduzieren, könntest du beispielsweise folgende Maßnahmen in Erwägung ziehen:

1. Überprüfung der Lieferkettenprozesse, um Engpässe zu identifizieren und zu beheben.
2. Optimierung des Lagermanagements, um sicherzustellen, dass Produkte rechtzeitig verfügbar sind.
3. Verbesserung der Kommunikation mit Lieferanten, um Verzögerungen frühzeitig zu erkennen und zu lösen.
4. Implementierung eines effektiven Monitoring-Systems, um Lieferzeiten genau zu verfolgen und bei Abweichungen schnell zu reagieren.

Für die falsch gelieferten Artikel könntest du ähnliche Maßnahmen ergreifen, wie beispielsweise eine Überprüfung der Bestell- und Versandprozesse sowie Schulungen für Mitarbeiter, um Fehler bei der Auftragsabwicklung zu minimieren.

Für die 5 % der Beschwerden ohne konkreten Grund könntest du möglicherweise Kundenfeedbacksysteme implementieren, um mehr Einblicke in ihre Anliegen zu erhalten und potenzielle Probleme frühzeitig zu erkennen.

Welche Schritte hast du bisher unternommen, um diese Probleme anzugehen? Und welche Lösungsansätze ziehst du in Betracht?

usw.

10.8 Mit ChatGPT das Fachgespräch simulieren

Wichtig ist hier, dem Bot mit klaren und präzisen Prompts mitzuteilen, wie er sich in der Simulation verhalten soll. Die KI soll z. B. immer erst Deine Antwort abwarten, bevor die nächste Frage gestellt wird. Wenn das nicht gleich klappt, kannst Du mit Folgeprompts nochmal näher beschreiben, wie sich ChatGPT als Prüfer verhalten soll. Du kannst den Chatbot auch während des Gespräches bitten, dich zusätzlich nach relevanten Definitionen oder detaillierteren Ausführungen zu fragen.

Natürlich kann der Bot keinen echten Gesprächspartner ersetzen und die Prüfung auch nur in groben Zügen simulieren, aber es ist eine weitere Übungsmöglichkeit, gerade wenn in Schule oder Betrieb eine Prüfungssimulation nicht möglich sein sollte.

ACHTUNG

Mit ChatGPT kannst Du als „virtuellem Lernpartner" auch Deine mündliche Prüfung und somit Dein Fachgespräch, natürlich mit gewissen Einschränkungen, simulieren. Jedoch kann und darf der Austausch mit der Sprach-KI die menschliche Interaktion und Kommunikation nicht ersetzen. ChatGPT besitzt keine eigene Persönlichkeit, keinen eigenen Erfahrungsschatz, keine eigene Moral und keine Emotionen oder sozialen Bindungen. Nur im Umgang, im Gespräch bzw. in der Zusammenarbeit mit Mitschülern, Lehrern, Ausbildern, Kollegen, Freunden und Deiner Familie förderst Du Deine sozialen Kompetenzen und zwischenmenschlichen Beziehungen. Keine Künstliche Intelligenz kann das ersetzen.

You

Handle so, als ob du mit mir die mündliche IHK-Abschlussprüfung für den Ausbildungsberuf „Kauffrau im Groß- und Außenhandelsmanagement" durchführen würdest. Du bist der Prüfer und heißt Herr Müller. Ich heiße Anna Wagner und werde geprüft.

Themen:
- Meine betriebliche Fachaufgabe zum Thema „Reduzierung von Kundenreklamationen"

Beachte:
Warte immer meine Eingabe ab, bevor du die nächste Frage stellst.

Ablauf:
- Typische Begrüßung und Vorstellung
- Frage, ob der Prüfling gesundheitlich in der Lage ist, die Prüfung anzutreten.
- Fragen zur Fachaufgabe

Wichtige Hinweise zum Ablauf:
- Warte immer meine Antwort ab.
- Stelle mir immer nur eine Frage nach der anderen.
- Warte dann immer meine Antwort ab.
- Gib die Antwort nie selbst.
- Stelle erst dann eine weitere Frage.

ChatGPT

Herr Müller: Guten Tag Frau Wagner. Herzlich willkommen zur mündlichen IHK-Abschlussprüfung für den Ausbildungsberuf „Kauffrau im Groß- und Außenhandelsmanagement". Ich bin Herr Müller und werde Sie heute prüfen. Wie geht es Ihnen heute? Sind Sie gesundheitlich in der Lage, die Prüfung anzutreten?

You

Ich bin sehr nervös.

ChatGPT

Herr Müller: Das verstehe ich gut, Frau Wagner. Es ist normal, vor einer Prüfung nervös zu sein. Versuchen Sie einfach, ruhig zu bleiben. Wir werden uns gemeinsam durch die Prüfung arbeiten. Sind Sie bereit, mit der ersten Frage zur betrieblichen Fachaufgabe zu beginnen?

You

Ja.

ChatGPT

Herr Müller: Sehr gut, Ihre betriebliche Fachaufgabe zum Thema „Reduzierung von Kundenreklamationen" klingt interessant. Können Sie zunächst einmal den Hintergrund dieser Aufgabe erläutern und warum Sie sich dafür entschieden haben?

You

Ich habe mich für diese Aufgabe entschieden, da ich als Azubi zur Kauffrau für Groß- und Außenhandelsmanagement gerne die Kundenzufriedenheit in meinem Ausbildungsbetrieb verbessern wollte. Ich fand diese Aufgabe sehr interessant.

In letzter Zeit haben die Kundenbeschwerden und Reklamationen bezüglich unserer Sanitärprodukte deutlich zugenommen. Viele Kunden scheinen mit uns und unseren Leistungen unzufrieden zu sein, sie sind verärgert und bestellen nicht mehr so viel Material wie früher.

ChatGPT

Herr Müller: Vielen Dank für Ihre Erläuterung, Frau Wagner. Es ist wichtig, dass Sie sich aktiv für die Kundenzufriedenheit in Ihrem Ausbildungsbetrieb einsetzen. Können Sie mir nun bitte einige konkrete Maßnahmen beschreiben, die Sie ergriffen haben, um die Kundenreklamationen zu reduzieren?

You

Zunächst muss ich die Ursachen für die gehäuften Kundenreklamationen herausfinden. Nur wenn die Ursachen behoben werden können, wird es weniger Reklamationen und somit eine größere Kundenzufriedenheit geben.

ChatGPT

Herr Müller: Das ist ein wichtiger Ansatz, Frau Wagner. Wie sind Sie konkret vorgegangen, um die Ursachen für die Kundenreklamationen zu identifizieren? Haben Sie bestimmte Analysemethoden oder -werkzeuge verwendet?

You

Zunächst schaue ich mir alle Reklamationen sorgfältig an und versuche, Gemeinsamkeiten in den Kundenbeschwerden zu finden.

ChatGPT

Herr Müller: Das klingt nach einem sinnvollen ersten Schritt, Frau Wagner. Haben Sie dabei bestimmte Muster oder wiederkehrende Probleme identifizieren können, die zu den Kundenreklamationen geführt haben? Und falls ja, welche waren das?

You

Ich kann drei Kategorien von Beschwerden ausmachen: Bei meiner Analyse zeigt sich, dass die meisten Reklamationen in den letzten sechs Monaten auf verspätete Lieferungen zurückzuführen sind. Etwa 80 % der Kundenreklamationen beziehen sich auf Lieferverzögerungen, gefolgt von 15 % falsch gelieferter Artikel. Bei 5 % der untersuchten Daten kann ich jedoch keinen konkreten Grund für die Beschwerde erkennen, da diese nur sehr allgemein formuliert sind.

ChatGPT

Herr Müller: Vielen Dank für diese Analyse, Frau Wagner. Es ist wichtig, dass Sie diese Hauptursachen für die Kundenreklamationen identifiziert haben. Nun da Sie die Problembereiche kennen, können Sie bitte erläutern, welche Maßnahmen Sie ergriffen haben, um diese Probleme anzugehen und die Kundenreklamationen zu reduzieren?

usw.

Des Weiteren kannst Du Dir von ChatGPT **Tipps für Deine mündliche Prüfung** geben lassen. Der Chatbot fasst Dir wichtige Vortragsregeln zusammen und gibt dir hilfreiche Prüfungs-Tipps:

„Wie kann ich in einer mündlichen IHK-Prüfung frei sprechen, ohne von einem Blatt oder einer Karteikarte abzulesen?“

„Wie kann ich in einer mündlichen IHK-Prüfung eine gute Note erreichen?“

You

„Wie kann ich in einer mündlichen IHK-Prüfung eine gute Note erreichen?"

ChatGPT

In einer mündlichen IHK-Prüfung eine gute Note zu erreichen erfordert eine gründliche Vorbereitung sowie einige wichtige Strategien während der Prüfung selbst. Hier sind einige Tipps, die dir dabei helfen können:

1. **Gründliche Vorbereitung:** Stelle sicher, dass du den Prüfungsstoff gründlich beherrschst. Gehe alle relevanten Themenbereiche durch und übe das Beantworten von Fragen mithilfe von Beispielen, Fallstudien oder praktischen Anwendungen.
2. **Verstehe die Prüfungsanforderungen:** Kläre im Voraus, welche Schwerpunkte und Anforderungen die Prüfung haben wird. Verstehe, welche Kompetenzen und Fähigkeiten du demonstrieren musst.
3. **Kommunikationsfähigkeiten:** Sei klar, präzise und deutlich in deinen Antworten. Achte darauf, dass du dich gut ausdrücken kannst und benutze berufstypische Fachbegriffe und Bezeichnungen.
4. **Strukturierte Antworten:** Organisiere deine Antworten klar und strukturiert. Vermeide es, von einem Thema zum anderen zu springen. Eine klare Einleitung, ein Hauptteil und eine Zusammenfassung können helfen, deine Gedanken zu ordnen.
5. **Höflichkeit und Respekt:** Behandle die Prüferinnen und Prüfer sowie deine Mitprüflinge respektvoll. Höflichkeit und professionelles Verhalten können einen positiven Eindruck hinterlassen.
6. **Beispielorientierte Antworten:** Unterstütze deine Aussagen mit konkreten Beispielen, Fallstudien oder persönlichen Erfahrungen. Das macht deine Antworten anschaulicher und überzeugender.
7. **Zeige Selbstvertrauen:** Auch wenn du nervös sein magst, versuche selbstbewusst aufzutreten. Eine aufrechte Haltung, Augenkontakt und eine klare Stimme können dazu beitragen, deine Glaubwürdigkeit zu stärken.
8. **Aktives Zuhören:** Höre genau zu, was die Prüfer fragen, und beantworte ihre Fragen direkt. Falls du unsicher bist, frage höflich nach, um sicherzustellen, dass du ihre Frage richtig verstanden hast.
9. **Bleibe ruhig:** Falls du eine Frage nicht sofort beantworten kannst oder Unsicherheiten hast, bleibe ruhig und überlege dir eine angemessene Antwort. Es ist besser, kurz zu pausieren und eine überlegte Antwort zu geben, als sich zu verstricken oder ungenaue Informationen zu liefern.
10. **Feedback annehmen:** Falls die Prüfer Rückmeldungen geben oder zusätzliche Fragen stellen, nimm diese konstruktiv an und versuche, daraus zu lernen.

Indem du diese Tipps befolgst und dich gründlich vorbereitest, kannst du deine Chancen auf eine gute Note in der mündlichen IHK-Prüfung deutlich verbessern.

10.9 Fazit ChatGPT: Wie kannst Du die KI sinnvoll beim Lernen nutzen und was solltest Du unbedingt beachten?

Der ChatBot von OpenAI kann Dich definitiv beim Lernen und auch bei Deiner Prüfungsvorbereitung unterstützen und eine Ergänzung für Deinen Lernprozess sein. Die KI kann recht gut komplexe Sachverhalte relativ einfach erklären und sich dabei auf ein vorgegebenes Niveau einstellen. Auch kannst du den Bot gut nutzen, um Dir zunächst einmal einen groben Überblick über ein bestimmtes Thema zu verschaffen und dieses dann in weitere Unterpunkte gliedern zu lassen. So kannst Du eine Themenstruktur erarbeiten, die Dir beim Lernen hilft. Die Sprach-KI kann somit zum besseren Verständnis des Unterrichtsstoffes beitragen[13] und helfen, Wissenslücken zu schließen. Auch macht die Interaktion mit ChatGPT einfach Spaß und kann das Interesse an einzelnen Fachthemen und die Lernmotivation deutlich steigern. Zudem gehört der Umgang mit Künstlicher Intelligenz mittlerweile zu unserem Alltag dazu. Egal ob Navigationssystem, Smartphone, soziale Medien oder Voicebot – KI ist aus unserem Leben nicht mehr wegzudenken. Umso wichtiger ist ein kompetenter, manchmal aber auch kritischer Umgang mit dieser relativ neuen Technologie. Und Medienkompetenz wird fraglos auch in beruflicher Hinsicht immer wichtiger.

Allerdings solltest Du beim Umgang mit ChatGPT einige wichtige Punkte beachten. Der Bot kann **verzerrte Informationen oder falsche Fakten** liefern, die aber absolut überzeugend klingen.[14] Man sagt, die KI „halluziniert". Deswegen solltest Du die Antworten des Tools immer unbedingt kritisch prüfen und bei Unsicherheiten andere Informationsquellen nutzen. Das trifft besonders auf Themen zu, bei denen Du Dich selbst nicht so gut auskennst oder Du Dir nicht ganz sicher bist. Zudem können die von ChatGPT gelieferten Informationen ungenau, unvollständig oder bereits veraltet sein, da der letzte Wissensstand der Technologie auf Anfang 2022 beruht, wenn keine Interneterweiterung genutzt wird. Jedoch führt der Internetzugriff nicht unbedingt zu besseren oder richtigen Ergebnissen. Der Bot gibt auch nicht automatisch alle Quellen an, die er verwendet, was schnell zu **Verstößen gegen das Urheberrecht** führen kann.

Nutze das Tool **nicht zum Bilden oder Üben von Buchungsätzen**, da die Fehleranfälligkeit hier sehr hoch ist!

Auch kann ChatGPT selbst **nicht kritisch oder logisch** denken und versteht auch nicht immer die Absicht, die hinter einer Frage steht. Der Bot greift nur auf bereits bestehende Informationen zurück und versucht, diese in einen geeigneten Kontext zu bringen, was aber nicht immer gelingt. Die KI kann **keine persönlichen Erfahrungen** wiedergeben oder individuelle Ratschläge erteilen. Sie kann **kein menschliches Feedback geben** und ersetzt nicht die Rückmeldungen von anderen. Deswegen bitte stets auch Deine Mitschüler, Lehrer, Kollegen und Ausbilder um eine konstruktive Rückmeldung oder um konkrete Hilfe bei Problemen.

---

[13] Vgl. *https://www.institut-bildung-coaching.de/wissen/chat-gpt-der-schule-risiko-oder-chance*

[14] Vgl. *https://www.lehrer-online.de/unterricht/sekundarstufen/faecheruebergreifend/artikel/fa/chatgpt16-wege-zur-nutzung-im-unterricht/*

Denke bei der Nutzung von ChatGPT auch immer an den **Datenschutz**, die Einhaltung der geltenden Datenschutzrichtlinien und an Deine eigene **Privatsphäre**. So solltest Du keine persönlichen, personenbezogenen oder betriebsinternen Daten eingeben. Da Du bei der Anmeldung auch eine aktuelle E-Mail-Adresse angeben musst, ist eine vollkommen anonyme Nutzung nicht möglich.[15] OpenAI ist ein amerikanisches Unternehmen mit Sitz in San Francisco, woraus sich weitere Einschränkungen ergeben.

Auch können die Antworten, die der Bot erzeugt, **Bias** enthalten. So können die Ergebnisse bestehende Vorurteile, Stereotype, Neigungen, Vorlieben oder auch unbeabsichtigte diskriminierende Äußerungen enthalten.

Schlussfolgerung: ChatGPT ist ein hilfreiches und nützliches Werkzeug, das Dich beim Lernen und sogar bei der Prüfungsvorbereitung unterstützen kann. Allerdings solltest Du der KI nie blind vertrauen, sondern deren Antworten immer kritisch bewerten, überprüfen und logisch hinterfragen. Recherchiere selbstständig und nutze weitere Informationsquellen. Sieh ChatGPT auch als Chance, Dein kritisches Denken und Deine eigenen Recherchefähigkeiten zu trainieren und Dein persönliches Kompetenzprofil zu erweitern.

INFO

Das Kapitel zu ChatGPT ist im Januar 2024 entstanden, deswegen können einige Informationen, Wissensstände und Vorgehensweisen mittlerweile durch neuere Erkenntnisse und Ansätze verbessert oder erweitert worden sein.

[15] Vgl. *https://www.manuelflick.de/blog/chatgpt-grenzen*

11. Was bedeutet internationale Berufskompetenz?

11.1 Definition

Als Azubi zur Kauffrau bzw. zum Kaufmann für Groß- und Außenhandelsmanagement mit der Fachrichtung Außenhandel benötigst Du laut Ausbildungsrahmenplan neben den fachrichtungsübergreifenden Fertigkeiten und Fähigkeiten und der Kenntnis von Außenhandelsgeschäften ebenso internationale Berufskompetenz. Diese sollst Du auch in Deinen betrieblichen Fachaufgaben unter Beweis stellen. Aber was ist das eigentlich?

Vereinfacht ausgedrückt könnte man sagen: Internationale Berufskompetenz bezeichnet die Fähigkeit, in einem internationalen Arbeitsumfeld erfolgreich zu agieren. Neben den erforderlichen Fremdsprachenkenntnissen benötigst Du auch interkulturelle Kompetenzen und das entsprechende Fachwissen, um z. B. rechtswirksam internationale Verträge schließen zu können.

Internationale Berufskompetenz

Internationales Fachwissen	**Interkulturelle Kompetenzen**	**Fremdsprachen-kenntnisse**
► Außenhandels-geschäfte	► Interkulturelles Bewusstsein und Wissen	► Sprechfertigkeiten (mündliche Kommunikation)
► Internationale Handelsklauseln	► Empathie und Sensibilität	► Hör- und Leseverstehen
► Zollverfahren und Zollvorschriften	► Akzeptanz und Toleranz	► Schreibfertigkeiten und Handelskorrespondenz
► Außenhandelsrisiken	► Kulturübergreifende Teamfähigkeit	► Grammatik und Wortschatz
► Außenhandels-spezifische Zahlungs-bedingungen	► Flexibilität und Anpassungsfähigkeit	► Kulturelles Verständnis
► Internationale Trans-portmittel und -wege	► usw.	► usw.
► Außenhandels-finanzierung		
► usw.		

Abb. 3: Übersicht internationale Berufskompetenz

11.2 Warum brauchen Azubis heute internationale Berufskompetenz?

1. **Globalisierung und Internationalisierung**

   Wir leben in einer Welt, die zunehmend von internationalem Handel und weltweiter Vernetzung geprägt ist. Die Unternehmen müssen vermehrt weltweit agieren, um konkurrenzfähig zu bleiben und sich immer neuen globalen Herausforderungen stellen. Die Fähigkeit, auch mit ausländischen Geschäftspartnern erfolgreich zusammenzuarbeiten, wird nicht nur zu einem Vorteil, sondern zu einer notwendigen Qualifikation auf dem Arbeitsmarkt. Gerade bei der Fachrichtung Außenhandel solltest Du auch als Azubi in der Lage sein, in multikulturellen Teams zu arbeiten und mit Kunden oder Kollegen aus verschiedenen Ländern zu interagieren und zu kommunizieren.

2. **Steigerung der persönlichen Wettbewerbsfähigkeit**

   In einer globalisierten Arbeitswelt ist die Fähigkeit, in einem internationalen Umfeld zu arbeiten, ein wichtiger Wettbewerbsvorteil. Arbeitnehmer, die über internationale Berufskompetenz verfügen, sind attraktiver für Unternehmen, die global agieren oder internationale Kunden und Partner haben. Somit steigerst Du Deine individuellen Chancen und Karrieremöglichkeiten auf dem Arbeitsmarkt nach Deiner erfolgreichen Ausbildung.

3. **Persönliche und berufliche Entwicklung**

   Die Auseinandersetzung mit anderen Kulturen und Arbeitsweisen fördert Deine persönliche Entwicklung. Du lernst, flexibel zu sein, neue Herausforderungen anzunehmen und Dich schnell an verschiedene Situationen anzupassen. So kannst Du Dein persönliches Kompetenzprofil erweitern und wertvolle Erfahrungen sammeln.

4. **Erweiterung des eigenen Horizonts und des interkulturellen Verständnisses**

   Internationale Berufskompetenz ermöglicht es Dir, über den eigenen Tellerrand hinauszuschauen und unterschiedliche Perspektiven und Sichtweisen kennenzulernen. Du entwickelst ein besseres Verständnis für kulturelle Vielfalt, Toleranz und Respekt gegenüber anderen Menschen und Arbeitsweisen.

11.3 Welche Dimensionen beinhaltet internationale Berufskompetenz?

Internationale Berufskompetenz umfasst ein breites Spektrum an Fähigkeiten und Qualifikationen. Diese benötigst Du, um effektiv in einem globalen Umfeld arbeiten zu können. Zu den wichtigsten Bausteinen internationaler Berufskompetenz gehören:

1. **Internationale Fachkenntnisse**

   Hierzu zählen bspw. die Kenntnis von geltenden Import- und Exportvorschriften, von internationalem Recht sowie die Fähigkeit, sich Informationen im internationalen Kontext zu beschaffen. Du kannst z. B. Außenhandelsgeschäfte abwickeln und kennst international gebräuchliche Handelsklauseln und Zollverfahren. Du verfügst somit über das notwendige Fachwissen, Import- und Exportgeschäfte zu planen, durchzuführen und zu kontrollieren.

2. **Interkulturelle Kommunikation**

   Darunter versteht man die Fähigkeit, erfolgreich mit Menschen aus unterschiedlichen Kulturen zu kommunizieren. Dazu gehört auch das Verständnis von nonverbalen Signalen und kulturell bedingten Kommunikationsstilen. Dein Ziel sollte es sein, Missverständnisse zu vermeiden und kulturelle Nuancen zu verstehen.

3. **Fremdsprachenkenntnisse**

   Wer über Fremdsprachenkenntnisse verfügt, kann internationale Geschäftspartner und Kunden besser betreuen und somit die Umsatz- und Gewinnmöglichkeiten des eigenen Unternehmens steigern. Somit unterstützt Du Deinen Ausbildungsbetrieb beim Aufbau globaler Geschäftsbeziehungen und bei der Erschließung neuer Märkte.[16]

4. **Interkulturelle Sensibilität**

   Dies bezieht sich auf die Fähigkeit, sich in verschiedene kulturelle Kontexte einzufühlen, kulturelle Unterschiede zu respektieren und sich entsprechend anzupassen. Eine hohe interkulturelle Sensibilität erleichtert Dir nicht nur den interkulturellen Austausch, sondern trägt auch zur Vermeidung von Missverständnissen und Konflikten bei.

5. **Anpassungsfähigkeit und Flexibilität**

   In einem globalen Arbeitsumfeld ist Veränderung eine Konstante. Mitarbeiter mit internationaler Berufskompetenz sind in der Lage, sich schnell an neue Situationen anzupassen, unerwartete Herausforderungen zu bewältigen und flexibel zu handeln, um effektive Lösungen zu finden.

6. **Kenntnisse über internationale Geschäftspraktiken**

   Dies umfasst das Verständnis der globalen Wirtschaft, internationaler Handelsabkommen, rechtlicher Rahmenbedingungen und kultureller Geschäftspraktiken. Ebenfalls gehört hierzu das Wissen über kulturell unterschiedliche Verhandlungstechniken, Hierarchie- und Führungsverständnis, Entscheidungsfindung und Konfliktlösung.

7. **Teamarbeit in multikulturellen Umgebungen**

   Um effektiv in multikulturellen Teams arbeiten zu können, benötigst Du nicht nur die erforderlichen Fremdsprachenkenntnisse und die Fähigkeit zur interkulturellen Kommunikation, sondern auch Empathie, Respekt, Toleranz und die Fähigkeit, unterschiedliche Sichtweisen und Standpunkte zu verstehen und zu akzeptieren. Die Fähigkeit zur Zusammenarbeit erfordert ebenfalls die Bereitschaft, Konflikte konstruktiv und diplomatisch zu bewältigen.

---

[16] Vgl. *https://jobs.aachener-zeitung.de/themen/weiterbildung/fremdsprachen-im-beruf/#:~:text=Wer%20%C3%BCber%20Fremdsprachenkenntnisse%20verf%C3%BCgt%2C%20hat,Gewinnm%C3%B6glichkeiten%20des%20Unternehmens%20steigern%20kann*

11.4 Wie kannst Du internationale Berufskompetenz entwickeln?

Internationale Berufskompetenz zu entwickeln ist ein fortlaufender Prozess. Die Beschäftigung mit den einzelnen Bausteinen hilft Dir, Dein persönliches Kompetenzprofil zu erweitern und zu verbessern. Hier sind einige Tipps, die Dir dabei helfen können, Deine internationale Berufskompetenz gezielt zu trainieren und weiterzuentwickeln:

1. **Auslandspraktika**

   Durch Praktika im Ausland kannst Du wertvolle Erfahrungen sammeln, interkulturelle Kompetenzen entwickeln und Deine Fachkenntnisse in einem internationalen Umfeld anwenden. So kannst Du Dich mit unterschiedlichen Arbeitskulturen vertraut machen und Deine interkulturelle Sensibilität stärken.

2. **Sprachkenntnisse**

   Die Beherrschung einer oder mehrerer Fremdsprachen ist entscheidend für eine internationale Kommunikation. Das Erlernen von Sprachen, auch wenn es nur Grundkenntnisse sind, hilft Dir bei Deiner täglichen Arbeit in einem globalen Unternehmen und fördert Dein Verständnis für andere Kulturen.

3. **Interkulturelle Schulungen und Workshops**

   Ebenfalls kannst Du an interkulturellen Trainingsprogrammen, Workshops oder Schulungen teilnehmen, gerade auch, wenn ein Kontakt mit ausländischen Kunden oder ein Projekteinsatz im Ausland anstehen. Solche Seminare können Dir helfen, die Herausforderungen der jeweiligen Kultur besser zu verstehen und darauf einzugehen.

4. **Teilnahme an internationalen Projekten und Teams**

   Engagiere Dich in globalen Projekten oder arbeite mit internationalen Teams zusammen. So kannst Du lernen, mit Menschen aus verschiedenen Kulturen effektiv zusammenzuarbeiten und Deine interkulturellen Fähigkeiten verbessern.

5. **Auslandsaufenthalte**

   Wenn Du viel reist, sammelst Du praktische Erfahrungen in verschiedenen Ländern oder Du nutzt die Möglichkeit, berufsbedingt einige Zeit im Ausland zu verbringen, z. B. bei einem Projekteinsatz.

6. **Austauschprogramme**

   Nimm an interkulturellen Austauschprogrammen teil. Der direkte Kontakt mit Menschen aus unterschiedlichen Weltregionen fördert Dein Verständnis für andere Kulturen und Geschäftspraktiken.

7. **Lernen von erfahrenen Kollegen**

   Tausche dich mit erfahrenen Kollegen aus, um von deren Kenntnissen und Erfahrungen im internationalen Geschäftsbereich zu profitieren und praktische Tipps zu erhalten.

8. **Recherche im Internet**

   Im Internet findest Du viele interessante Webseiten und Beiträge, um Dich näher über die Gemeinsamkeiten und Unterschiede globaler Geschäftsmethoden und kultureller Besonderheiten zu informieren.

11.5 Internationale Berufskompetenz in Fachaufgabe und Report

Hast Du Dich für die Fachrichtung Außenhandel entschieden, solltest Du unbedingt darauf achten, auch bei Deinen betrieblichen Fachaufgaben und in Deinen Reporten internationale Berufskompetenz anzuwenden. Aber wie kannst Du diese Vorgabe umsetzen? Im Folgenden findest Du ein paar Vorschläge und Beispiele, wie Du Deine internationale Berufskompetenz nachweisen kannst.

1. **Themenwahl**

   Achte unbedingt bei der Auswahl Deiner betrieblichen Fachaufgabe darauf, dass Dein Thema bereits einen internationalen Bezug hat. So kannst Du praxisnahe Erfahrungen im Umgang mit internationalen Geschäftsthemen sammeln. Auch wird es sonst schwer, die Vorgaben für die Fachrichtung Außenhandel zu erfüllen.

2. **Planungsphase**

   Bereits bei der Informationsrecherche kannst Du Deine internationale Berufskompetenz unter Beweis stellen. Informiere Dich umfassend über die **rechtlichen Anforderungen** im Land bzw. in den Ländern der Geschäftspartner und Kunden, die für Deine Fachaufgabe eine Rolle spielen. So kannst Du Dich z. B. über Handels- und Zollbestimmungen, Regulierungen, Arbeitsgesetze und Steuervorschriften kundig machen. Hierfür kannst Du Unternehmenswebsites, Pressemitteilungen, Branchenberichte, internationale Handelskammern, Regierungsbehörden oder Kontakte der jeweiligen Handelskammern nutzen, z. B. unter *https://www.ihk.de/stuttgart/fuer-unternehmen/international/internationale-firmenkontakte-im-in-und-ausland-675880*

   Ebenfalls ist es hilfreich, sich bereits im Vorfeld über die **kulturellen Unterschiede und Geschäftsetiketten** der Zielländer zu informieren. Recherchiere die geltenden kulturellen Gewohnheiten und Geschäftspraktiken, z. B. gesprochene Sprachen, Zeitunterschiede, Zeitwahrnehmung, Hierarchieverständnis, Verhandlungsstile und Sprachnuancen.

3. **Durchführungsphase**

   Führst Du im Rahmen Deiner Fachaufgabe Geschäftsgespräche mit ausländischen Partnern und Stakeholdern, solltest Du diese *„situations- und adressatengerecht führen und dabei kulturelle Identitäten und Verhaltensweisen berücksichtigen"*. Bereits vor den Gesprächen solltest Du Deine **Fremdsprachenkenntnisse eventuell auffrischen** und Dich mit dem **spezifischen Vokabular und der entsprechenden Fachterminologie** vertraut machen. Auch kannst Du verschiedene Kommunikationsmittel wie E-Mails, Telefonate, Videokonferenzen usw. nutzen, um Informationen in der Fremdsprache einzuholen oder um Gespräche zu führen. Die gewählten Kommunikationsmittel hängen dabei natürlich von Deiner Aufgabe ab.

   Sei Dir stets bewusst, dass verschiedene Kulturen **unterschiedliche Werte und Normen** haben können und respektiere diese. Auch bei guter Vorbereitung kann man nicht jede Reaktion des Gesprächspartners vorhersehen. Versuche, möglichst flexibel zu sein und Dich an unerwartete Situationen und kulturelle Unterschiede anzupassen. **Höre bewusst aktiv zu** und stelle Dich auf Deinen Gesprächspartner ein.

Sei offen für unterschiedliche Ansichten und begegne Deinem Gegenüber stets mit Respekt und Toleranz.

Kommunizierst Du schriftlich in einer Fremdsprache, kannst Du gut Übersetzungshilfen verwenden. Im Internet findest Du neben Online-Wörterbüchern wie z. B. *https://leo.org* auch Online-Übersetzer wie *https://translate.google.com* oder *https://www.deepl.com/de/translator*. Beachte auch hier unbedingt den Datenschutz und eventuelle Vertraulichkeitsvereinbarungen. Gib keine firmeninternen oder personenbezogenen Daten im Internet preis.

Führst Du **Telefongespräche oder Videokonferenzen mit ausländischen Gesprächspartnern**, solltest Du zunächst unbedingt eventuelle Zeitunterschiede zwischen den Ländern beachten. Auch wenn Du Dich gründlich auf das Gespräch vorbereitet hast, können sprachliche Barrieren oder Missverständnisse entstehen. Es ist kein Beinbruch, bei Bedarf noch einmal nachzufragen oder zuzugeben, dass Du etwas nicht verstanden hast. Ebenfalls sind technische Störungen bei Telefongesprächen oder Videokonferenzen immer möglich. Mach Dir während des Gesprächs Notizen, um wichtige Informationen festzuhalten und um sicherzustellen, dass nichts übersehen oder vergessen wird. Diese Notizen kannst Du später gut verwenden, um eine Zusammenfassung des Gesprächs zu erstellen. Nach dem Gespräch kannst Du eine Dankes-E-Mail oder ein Dankesschreiben senden, um Deine Wertschätzung auszudrücken und die besprochenen Punkte zu bestätigen. Vereinbare klare Folgeschritte und halte Dich unbedingt an eventuelle Zusagen. Sonst verspielst Du unter Umständen die Glaubwürdigkeit und das Ansehen Deines Betriebes im Ausland.

4. Ergebnisphase/Reflexionsphase

In der letzten Phase Deiner Fachaufgabe bzw. Deines Reports kannst Du reflektieren, wie gut die Kommunikation und Zusammenarbeit mit den ausländischen Partnern funktioniert hat. Was lief gut, was lief weniger gut? Gibt es etwas, was Du in Zukunft besser machen könntest? Haben Deine Fremdsprachenkenntnisse ausgereicht oder solltest Du diese noch weiter ausbauen? Konntest Du Deine internationalen Fachkenntnisse erweitern? Wie gut bist Du mit der Mentalität und den kulturellen Besonderheiten der internationalen Kunden, Lieferanten oder Partner klargekommen? War es schwierig, einen Konsens, Kompromiss oder ein gemeinsames Ergebnis zu finden? Kannst Du Deine Erfahrungen z. B. in Form einer Checkliste zusammenstellen? So kannst Du wichtige Punkte für andere Kollegen oder neue Projekte festhalten und strukturieren. Ebenfalls dient die Checkliste der Qualitätssicherung und hilft, Arbeitsabläufe zu optimieren. Auch kannst Du in Deiner Ergebnisphase einen Vorher-Nachher-Vergleich durchführen. Wie war die Kommunikation oder Zusammenarbeit mit den internationalen Stakeholdern vor Deiner Fachaufgabe? Was hat sich durch Deine Fachaufgabe verändert oder verbessert? Und was hast Du persönlich über internationale Berufskompetenz gelernt? Wo konntest Du sie gezielt anwenden? Solche und ähnliche Fragen helfen Dir, Dir über das Ergebnis Deiner Fachaufgabe bewusst zu werden und Deine internationale Berufskompetenz miteinzubeziehen.

12. Reporte

Grundlegende Informationen und Hinweise

Die folgenden Reporte sind Beispiele, welche Themen sich für die betrieblichen Fachaufgaben der unterschiedlichen Fachrichtungen und Gebiete der Ausbildung eignen könnten und wie ein Report inhaltlich und formell aufgebaut sein kann. Da sich Geschäftsprozesse jedoch von Unternehmen zu Unternehmen unterscheiden können und nie vollkommen identisch ablaufen, kann die Vorgehensweise zur Bearbeitung der Fachaufgaben stark von der hier vorgestellten abweichen. Bei einigen Themen wäre je nach Sichtweise und Schwerpunkt unter Umständen auch eine andere Einordnung entsprechend des Rahmenlehrplans möglich.

Weiterhin können die formellen Vorgaben der Kammern je nach Bundesland leicht variieren. Deswegen wurde bewusst kein identischer Aufbau der Reporte gewählt. Aus diesem Grund ist es besonders wichtig, bei der Anfertigung der eigenen Reporte die Kriterien der entsprechenden Kammer unbedingt zu berücksichtigen.

Ebenfalls ist zu beachten, dass die formalen Vorgaben für die Erstellung eines Reports, z. B. Schriftart, Seitengröße, Seiten- und Zeilenabstände aufgrund des Formats dieses Buches nicht mit denen der Kammern übereinstimmen.

12.1 Großhandel

12.1.1 Verkauf und Distribution

12.1.1.1 Reduzierung von Kundenreklamationen

ACHTUNG

Die formalen Vorgaben für die Erstellung eines Reports, z. B. Schriftart und -größe, Seitengröße, Seiten- und Zeilenabstände stimmen aufgrund des Formats dieses Buches nicht mit denen der Kammern überein.

Ausgangssituation

Im August 2020 habe ich meine Ausbildung bei der Sani Saar GmbH begonnen, einem mittelständischen Großhandelsunternehmen im Bereich Sanitär. Das Unternehmen ist auf den Vertrieb von hochwertigen Sanitärprodukten, von Armaturen und Badmöbeln bis zu umweltfreundlichen Wasser- und Energiesparlösungen spezialisiert.

Aufgabenstellung und Zielsetzung

In letzter Zeit haben die Kundenbeschwerden und Reklamationen bezüglich unserer Sanitärprodukte deutlich zugenommen. Viele Kunden scheinen mit uns und unseren Leistungen unzufrieden zu sein, sie sind verärgert und bestellen nicht mehr so viel Material wie früher. Auch sind erste Kunden bereits zur Konkurrenz abgewandert. Die Reklamationen wurden bisher zwar bearbeitet, jedoch ohne eine tiefergehende Analyse der Ursachen. Von meinem Ausbilder erhalte ich den Auftrag, an einer Lösung zu arbeiten, um die Kundenreklamationen deutlich zu reduzieren. Auch sollen als Folge die Kundenzufriedenheit und die Kundenbindung verbessert werden.

Planung

Nachdem ich diese Aufgabe erhalten habe, überlege ich zunächst die einzelnen Schritte, die zur Durchführung notwendig sind. Zunächst muss ich die Ursachen für die gehäuften Kundenreklamationen herausfinden. Nur wenn die Ursachen behoben werden können, wird es weniger Reklamationen und somit eine größere Kundenzufriedenheit geben.

Als Erstes muss ich die bisherigen Reklamationen analysieren, um Muster oder wiederkehrende Probleme herauszufinden. Hierfür muss ich mir zunächst die notwendigen Daten von der Vertriebsabteilung beschaffen. Im nächsten Schritt möchte ich Vorschläge erarbeiten, wie man die Zahl der Kundenreklamationen reduzieren kann. Das heißt, ich muss überlegen, was genau wir wie besser machen müssen. Dafür muss ich auch die Bedürfnisse unserer Kunden besser verstehen. Vielleicht kann ich den ein oder anderen Kunden persönlich auf seine Erwartungen an uns ansprechen, um zukünftige Beschwerden zu vermeiden.

Durchführung

Als Erstes vereinbare ich einen Termin mit der Kollegin aus dem Vertrieb, die die Kundenreklamationen bearbeitet und dokumentiert. Sie bildet die Schnittstelle zwischen dem Kunden und dem Unternehmen. Ihre Aufgabe beinhaltet die Erfassung der eingehenden Reklamationen, die Kategorisierung nach Art und Ursache sowie die Weiterleitung an die entsprechenden Abteilungen zur Lösung. Die Kunden haben bei uns die Möglichkeit, ihre Reklamationen über E-Mail, Telefon oder Online-Formulare einzureichen. Zunächst schaue ich mir alle Reklamationen sorgfältig an und versuche, Gemeinsamkeiten in den Kundenbeschwerden zu finden. Ich erstelle hierfür eine Exceltabelle, in die ich Kundenname und -nummer, Reklamationsgrund und Reklamationszeitpunkt eintrage. Anschließend stelle ich die Daten in einem Diagramm dar. Ich kann drei Kategorien von Beschwerden ausmachen: Bei meiner Analyse zeigt sich, dass die meisten Reklamationen in den letzten sechs Monaten auf verspätete Lieferungen zurückzuführen sind. Etwa 80 % der Kundenreklamationen beziehen sich auf Lieferverzögerungen, gefolgt von 15 % falsch gelieferter Artikel. Bei 5 % der untersuchten Daten kann ich jedoch keinen konkreten Grund für die Beschwerden erkennen, da diese nur sehr allgemein formuliert sind. Bei diesen Kunden möchte ich noch einmal gezielt nachfragen.

Für diese telefonische Kundenbefragung erstelle ich einen strukturierten Fragebogen, um gezielte Informationen zu den Reklamationsursachen zu erhalten. Neben den Gründen für die Beschwerden möchte ich auch wissen, wie zufrieden die Kunden mit unserer Kommunikation sind, ob sie rechtzeitig über Lieferungsverzögerungen informiert wurden und was wir in Zukunft besser machen können. Ein Großteil der Kunden gab an, dass sie bei Lieferproblemen oder verspäteten Lieferungen nicht ausreichend von uns informiert wurden. Auch hatten einige Kunden Schwierigkeiten, den aktuellen Status ihrer Bestellungen zu verfolgen. Auf die Frage, was wir in Zukunft besser machen können, gaben fast alle Kunden an, dass neben dem Vermeiden von Lieferverzögerungen eine klare und rechtzeitige Benachrichtigung über mögliche Verzögerungen ihre Unzufriedenheit erheblich reduzieren würde.

Nach der Analyse der Kundenreklamationen und der telefonischen Kundenbefragung konnte ich also drei Hauptursachen für die Beschwerden ausmachen: Kunden reklamieren Lieferungsverzögerungen, falsch gelieferte Artikel und eine fehlende oder unzureichende Kommunikation bei Lieferproblemen.

Als Nächstes muss ich jetzt einen Vorschlag erarbeiten, wie wir diese Probleme in Zukunft vermeiden können. Hierfür erstelle ich für meinen Ausbilder eine Liste mit Vorschlägen und Ideen. Zuerst möchte ich feststellen, welche Gründe zu den Lieferverzögerungen führen. Ich gehe in die Versandabteilung, schaue mir vor Ort unsere Lieferprozesse an und rede dort mit dem Versandleiter und den Mitarbeitern. Im Gespräch stellt sich heraus, dass es in den letzten sechs Monaten einen hohen Krankenstand in der Versandabteilung gibt. Es fehlen Mitarbeiter in der Kommissionierung und Lkw-Fahrer. Der Versandleiter sucht schon seit Monaten neue Mitarbeiter, konnte aber bisher kein geeignetes Personal finden. Nach einigem Überlegen notiere ich nach Rücksprache mit dem Versandleiter die Möglichkeit, eine Zeitarbeitsfirma zu beauftragen, um die fehlenden Mitarbeiter kurzfristig ersetzen zu können. Mehr Mitarbeiter im Versand würden die Versandprozesse definitiv beschleunigen und die Kunden müssten dann nicht mehr so lange auf ihr Material warten. Die Einstellung von neuen Mitarbeitern oder der Einsatz von Zeitarbeitern wären eine Option, künftige Kundenreklamationen wegen Lieferverzögerungen zu reduzieren oder zu vermeiden. Auch der Einsatz einer Spedition zum Transport der Artikel zum Kunden könnte die Situation in unserer Versandabteilung verbessern.

Im nächsten Schritt schaue ich mir die Reklamationen über die falsch gelieferten Artikel genauer an. Auch hier erstelle ich wieder eine Liste mit Kundenname, Lieferdatum, Artikelbezeichnung und Artikelnummer. Ich stelle fest, dass immer der gleiche Artikel von den Kunden reklamiert wurde. Bestellt wurde eine „Hansgrohe Raindance Select E 120 Handbrause", reklamiert und geliefert wurde jedoch eine „Grohe Power&Soul Cosmopolitan 160 Massage Handbrause". Nach einem Blick in die Artikeldatei unseres Warenwirtschaftssystems stelle ich fest, dass dort die Artikelnummer der beiden Produkte vertauscht ist. Diese Entdeckung teile ich umgehend dem Versandleiter mit, der mich bittet, die Artikel im Warenwirtschaftssystem richtig einzupflegen. Nachdem ich die entsprechenden Änderungen vorgenommen habe, sollte es in Zukunft keine diesbezüglichen Kundenreklamationen mehr geben.

Als letzten Punkt auf meiner Liste mit den Reklamationsursachen habe ich die unzureichende Kommunikation mit den Kunden bei Lieferverzögerungen notiert. Auch für dieses Problem möchte ich eine Lösung erarbeiten. Ich erstelle eine Checkliste zur Kundenkommunikation, die unsere Mitarbeiter sofort beim Auftreten von Lieferproblemen ausfüllen können. In die Checkliste können Informationen zum Kunden und zu den bestellten Produkten, zum geplanten und zum voraussichtlichen neuen Liefertermin eingetragen werden. Neben dem Grund für die Verzögerung soll auch dokumentiert werden, wann, wie und von wem der Kunde über die voraussichtliche Lieferverzögerung informiert wurde.

Kontrolle und Bewertung

Nachdem ich nun die Ursachen für die Kundenreklamationen analysiert habe, schlage ich meinem Ausbilder die von mir erarbeiteten Lösungen vor. Der Vorschlag, den Mitarbeiterengpass im Versand vorübergehend durch den Einsatz einer Zeitarbeitsfirma zu lösen, wurde von der Geschäftsleitung umgesetzt. Dadurch konnten wir die Effizienz beim Versand unserer Produkte deutlich steigern und die Versandzeiten reduzieren. Die Kundenreklamationen wegen verspäteter Lieferungen sind deutlich zurückgegangen. Nach der Änderung der fehlerhaften Artikelzuordnung im Warenwirtschaftssystem gibt es kaum noch Beschwerden über Falschlieferungen. Auch die von mir erarbeitete Checkliste zur Kundeninformation bei Lieferproblemen wird erfolgreich eingesetzt. Um festzustellen, ob diese Maßnahmen erfolgreich waren, wurde ein halbes Jahr nach Umsetzung der Verbesserungsmaßnahmen nochmals eine Kundenbefragung durchgeführt. Hier konnten wir feststellen, dass die Kundenzufriedenheit nachweislich gestiegen ist und Kunden, die Reklamationen eingereicht haben, erneut bei uns bestellen. Auch wandern kaum noch Kunden zur Konkurrenz ab. Um den Erfolg unserer Maßnahmen besser beurteilen zu können, wurde noch die Reklamationsquote ermittelt: Der Anteil der Kunden, die eine Reklamation eingereicht haben, ist im Verhältnis zu den Gesamtverkäufen deutlich gesunken. Somit habe ich meine Fachaufgabe erfüllt.

Reflexion

Mir persönlich hat die Fachaufgabe sehr viel Freude bereitet. Besonders interessant war die Zusammenarbeit mit den unterschiedlichen Abteilungen und Schnittstellen im Unternehmen. Ich kann jetzt besser nachvollziehen, dass sich die Kundenzufriedenheit auf alle Abteilungen und Prozesse im Unternehmen auswirkt. Und es ist eine tolle Erfahrung, dass ich durch meine Fachaufgabe zur Verbesserung der Kundenzufriedenheit und somit zu einer Verringerung der Reklamationen beigetragen habe.

Analyse des Reports zur Reduzierung der Kundenreklamationen

1. **Berufs- oder Betriebsbezug**

   Hat die Aufgabe Bezug zu den Ausbildungsinhalten des Berufsbildes Kaufmann/ -frau für Groß- und Außenhandelsmanagement?

   Ja, hat sie. Die Fachaufgabe bezieht sich auf § 4 Abs. 2 Nr. 5 der Verordnung (Verkauf kundenorientiert planen und durchführen), auf Abschnitt A Nr. 5 c) (durch eigenes Verhalten zur Kundenzufriedenheit und Kundenbindung beitragen) und auf Abschnitt A Nr. 5 k) des Ausbildungsrahmenplans (Kundenreklamationen erfassen und nach rechtlichen Regelungen und betrieblichen Vorgaben bearbeiten sowie Kulanzregelungen anwenden).

   Erfordert die Aufgabe einen Lösungsprozess?

   Nachdem die Auszubildende die Zielsetzung ihrer Fachaufgabe festgelegt hat, muss sie zunächst ihr weiteres Vorgehen planen, ihre geplanten Handlungsschritte umsetzen und den Erfolg ihrer Aufgabe kontrollieren und reflektieren, um eventuelle Veränderungen oder Verbesserungen ableiten zu können.

   Bildet die Aufgabe mindestens einen Teilprozess eines Geschäftsprozesses ab?

   Die Analyse und Reduzierung von Kundenreklamationen ist ein realer Geschäftsprozess. Unternehmen sind bestrebt, die Zufriedenheit ihrer Kunden sicherzustellen, die Kundenbindung zu erhöhen und ihre Geschäftsprozesse stetig zu verbessern. Die effektive Bearbeitung von Kundenreklamationen spielt dabei eine entscheidende Rolle.

2. **Abbildung einer vollständigen beruflichen Handlung**

   Umfasst die Aufgabe eine Planungs-, Vorbereitungs-, Durchführungs- sowie eine Auswertungsphase?

   Ja, die Auszubildende beschreibt in ihrem Report ausführlich ihre Vorgehensweise unter Berücksichtigung der einzelnen Aufgabenphasen.

   Kann der Auszubildende durch die Bearbeitung der Aufgabe seine berufliche Handlungsfähigkeit unter Beweis stellen?

   Die Auszubildende benötigt zum Ausführen der Fachaufgabe alle Kompetenzen, die in Summe die berufliche Handlungskompetenz ergeben:

Fachkompetenz	► Welche Gründe führen zu den gehäuften Kundenreklamationen? ► Durch welche betrieblichen Maßnahmen können die Kundenreklamationen reduziert werden? ► Welche Bedürfnisse und welche Erwartungen haben die Kunden? ► Wie können Kundenbeschwerden effektiv bearbeitet und kundenorientierte Lösungen gefunden werden? ► Wie kann eine telefonische Kundenbefragung durchgeführt werden? ► Welche Ursachen können zu den Lieferungsverzögerungen führen? ► usw.

Methodenkompetenz	► Welche Aufgaben- oder Problemstellung soll durch die Fachaufgabe gelöst werden? ► Welche Informationen werden benötigt? ► Wie und wo kann der Auszubildende diese Informationen recherchieren? ► Welche Personen oder Schnittstellen müssen bei der Bearbeitung der Fachaufgabe miteinbezogen werden? ► Wie ist die Fachaufgabe strukturiert? ► Welche Ziele sollen mit dem Report erreicht werden? ► Wie können die Informationen für den Vorgesetzten/Ausbilder aufbereitet werden?
Sozialkompetenz	► Welche Erwartungen hat der Ausbilder oder Vorgesetzte? ► Wie erfolgt die Kommunikation: persönlich, per Mail oder per Telefon? ► Wie ist das Verhalten des Auszubildenden gegenüber Kollegen, Vorgesetzten, Lieferanten, Kunden oder anderen Gesprächsteilnehmern? ► Arbeitet der Auszubildende mit anderen Kollegen oder Schnittstellen innerhalb oder außerhalb des Betriebs zusammen?
Selbstkompetenz	► Arbeitet der Auszubildende eigenverantwortlich und gewissenhaft an der Erfüllung der Fachaufgabe? ► Muss der Auszubildende bei der Fachaufgabe Selbst- und Zeitmanagement beachten? ► Kann der Auszubildende die Fachaufgabe reflektieren? ► Musste der Auszubildende unvorhergesehene Probleme lösen? ► Stellt die Fachaufgabe einen Mehrwert für den Auszubildenden dar? ► Was konnte der Auszubildende durch die Bewältigung der Fachaufgabe lernen? ► Konnte der Auszubildende sein Selbstbewusstsein stärken?

3. Aufgabenstellung

Stellt die Aufgabe aus Sicht des Auszubildenden eine Herausforderung und keine Routineaufgabe dar?

Ja, die Analyse und Reduzierung von Kundenreklamationen ist für die Auszubildende eine Herausforderung und keine Routinetätigkeit. Die Auszubildende muss in der Lage sein, die verschiedenen Aspekte der Reklamationen zu analysieren und passende Lösungen zu entwickeln. Dies erfordert ein Verständnis für Geschäftsprozesse und die Fähigkeit, Verbesserungspotenziale zu identifizieren. Auch muss sie in der Lage sein, effektiv mit Kunden zu interagieren, ihre Bedenken zu verstehen und Lösungen klar zu kommunizieren.

Können bei der Bearbeitung der Aufgabe Probleme und Konflikte bzw. veränderte Bedingungen auftreten, die eine flexible Reaktion des Auszubildenden erforderlich machen?

Die Fähigkeit der Auszubildenden, flexibel auf solche Herausforderungen zu reagieren, ist entscheidend, um eine effektive Reduzierung von Kundenreklamationen zu erreichen und gleichzeitig die Kundenzufriedenheit aufrechtzuerhalten. Die Fachaufgabe erfordert eine proaktive und lösungsorientierte Herangehensweise, bei der es immer wieder zu Problemen und Konflikten mit Kunden oder anderen Schnittstellen innerhalb und außerhalb des Unternehmens kommen kann.

Ist zur Bearbeitung der Aufgabe eine Recherche und ggf. eine Vertiefung fachlicher Kenntnisse durch den Auszubildenden erforderlich?

Ja, die Auszubildende muss die Gründe für die gestiegenen Kundenreklamationen analysieren und einen Fragebogen zur telefonischen Kundenbefragung entwickeln. Die Recherche und Vertiefung ihrer fachlichen Kenntnisse helfen der Auszubildenden, ein umfassendes Verständnis für die Herausforderungen im Zusammenhang mit Kundenreklamationen zu entwickeln und fundierte Lösungen zu erarbeiten. Dies trägt dazu bei, dass die Auszubildende besser auf die komplexen Aspekte der Aufgabe vorbereitet ist und qualitativ hochwertige Ergebnisse erzielen kann.

Erfordert die Umsetzung des Lösungsprozesses die Berücksichtigung verschiedener Schnittstellen und ggf. eine Abstimmung mit diesen?

Die Auszubildende muss sich mit verschiedenen Schnittstellen abstimmen:

- Vorgesetzter
- zuständige Kollegin für die Reklamationsbearbeitung
- Versandleiter und Mitarbeiter der Versandabteilung
- Kunden
- usw.

4. Gestaltungsspielraum

Bietet die Aufgabe in Abstimmung mit Verantwortungsträgern oder Prozessverantwortlichen organisatorische Freiheitsgrade bzw. Verantwortungs- und Entscheidungsspielräume für den Auszubildenden?

Die Auszubildende kann eigenständig die Ursachen der Kundenreklamationen analysieren und in Zusammenarbeit mit den Verantwortungsträgern Lösungsvorschläge für die Reduzierung der Reklamationen entwickeln. Auch hat die Auszubildende zusammen mit dem Vorgesetzten und den anderen Schnittstellen im Betrieb den Freiraum, die implementierten Maßnahmen zu koordinieren und sicherzustellen, dass sie effektiv umgesetzt werden. Bei der Durchführung der telefonischen Kundenbefragung kann die Auszubildende eigenständig mit Kunden interagieren und kommunizieren.

Gibt es alternative Lösungswege und Vorgehensweisen, die der Auszubildende zur Bearbeitung der Aufgabe wählen bzw. selbstständig (in Absprache mit dem Ausbilder) entwickeln kann?

Anstatt die Kundenbeschwerden manuell zu sichten und einen standardisierten Fragebogen für die Telefoninterviews mit den Kunden zu erstellen, hätte die Auszubildende auch bspw. Kundenfeedback-Tools, Datenanalyse-Software oder Qualitätsmanagement-Systeme nutzen können. Auch weitere Lösungsmöglichkeiten wie ein Vergleich des eigenen Unternehmens mit Branchenstandards und Best Practices oder die Implementierung von Kundenbindungsmaßnahmen wären denkbar gewesen.

5. **Auswertbarkeit**

Ermöglichen die Ergebnisse der Aufgabe eine Bewertung, die der Auszubildende selbstständig vornehmen kann?

Die Auszubildende kann den Erfolg der eingeführten Maßnahmen bewerten, indem sie die Anzahl der Kundenreklamationen vor und nach der Umsetzung vergleicht. Auch die positiven Rückmeldungen der Kunden nach der Umsetzung der Maßnahmen zeigen, dass sich die Kundenzufriedenheit verbessert hat.

Kann der Auszubildende reflektieren, inwieweit die Ziele der Aufgabe erreicht wurden und ggf. Verbesserungsvorschläge ableiten?

Die Auszubildende kann anhand der ermittelten Kennzahlen reflektieren, dass die Ziele ihrer Fachaufgabe erreicht wurden. Der Anteil der Kunden, die eine Reklamation eingereicht haben, ist im Verhältnis zu den Gesamtverkäufen deutlich gesunken. Auch wandern kaum noch Kunden zur Konkurrenz ab.

Ermöglicht die Aufgabe eine Reflexion der während der Aufgabenbearbeitung erzielten Lernerfolge durch den Auszubildenden?

Die Auszubildende kann reflektieren, welche neuen Kompetenzen sie während der Bearbeitung der Fachaufgabe erworben hat. Sie konnte ihre Problemlöse- und Kommunikationsfähigkeiten verbessern, selbstständig arbeiten und Eigeninitiative entwickeln. Auch konnte sie ihre Fachkompetenz weiter ausbauen.

Was können die Prüferinnen und Prüfer zum Report fragen?

Fragen zur Planung des Vorgehens

- Warum haben Sie dieses Thema als betriebliche Fachaufgabe gewählt?
- Welche wesentlichen Prozessschritte waren bei der Planung Ihrer Fachaufgabe zu berücksichtigen?
- Warum haben Sie sich für diesen Lösungsweg entschieden?
- Welche alternativen Lösungen wären möglich gewesen?
- Anhand welcher Kriterien haben Sie die Kundenreklamationen analysiert?
- Gibt es spezifische Kundenreklamationen oder Produktbereiche, die priorisiert werden sollten?
- Welche Ressourcen werden für die Durchführung der Analyse benötigt?
- Wie haben Sie die Zeit für die Aufgabenbearbeitung strukturiert?

Fragen zur Durchführung der betrieblichen Fachaufgabe

- Wie genau wurden die einzelnen Prozessschritte umgesetzt?
- Was verlief nach Plan, was nicht?
- Welche Analysemethoden haben Sie angewendet, um die Ursachen der Kundenreklamationen zu identifizieren?
- Wie wird die Zusammenarbeit im Team während der Durchführung der Aufgabe koordiniert?
- Wie werden Kunden und andere relevante Stakeholder in den Prozess einbezogen?
- Wie erfolgt die Umsetzung der entwickelten Maßnahmen zur Reklamationsreduktion?
- Welche Abstimmungen sind notwendig, um die Maßnahmen in den operativen Betrieb zu integrieren?
- Welche Instrumente werden verwendet, um den Fortschritt der Maßnahmen zu überwachen?
- Wie erfolgt die Dokumentation des gesamten Prozesses, einschließlich der durchgeführten Analysen und implementierten Maßnahmen?

Fragen zur Berücksichtigung der Rahmenbedingungen

- Welche rechtlichen und wirtschaftlichen Vorgaben und Kriterien waren zu berücksichtigen?
- Mit welchen Personen mussten Sie sich abstimmen?
- Welche vor- und nachgelagerten Prozesse sind zu berücksichtigen?
- Gibt es spezifische Gesetze oder Vorschriften, die bei der Bearbeitung von Kundenreklamationen beachtet werden müssen?
- Inwiefern können neue Technologien zur Verbesserung der Kundenkommunikation und Reaktion auf Reklamationen genutzt werden?
- Inwiefern spielten wirtschaftliche Faktoren eine Rolle bei der Umsetzung von Maßnahmen zur Reduzierung von Kundenreklamationen?
- Wie wurden die Bedürfnisse und Erwartungen der Kunden in den Analyseprozess integriert?

Fragen zur Kontrolle und Bewertung der Ergebnisse

- Welche konkreten Ergebnisse wurden erzielt?
- Inwieweit wurden die zu Beginn der Fachaufgabe festgelegten Ziele erreicht?
- Wurden die entwickelten Maßnahmen vollständig und wie geplant umgesetzt?
- Sind unvorhergesehene Probleme und Schwierigkeiten aufgetreten?
- Konnten Sie eventuelle Probleme eigenständig lösen?
- Wie hat die Zusammenarbeit mit den verschiedenen Schnittstellen funktioniert?
- Was könnte zukünftig verbessert oder optimiert werden?

- Inwiefern konnten Ihre vorgeschlagenen Lösungen im Betrieb umgesetzt werden?
- Haben Sie vor der Durchführung Ihrer Aufgabe etwas nicht bedacht, was im Nachhinein wichtig gewesen wäre? (Wenn ja, was? Wie haben Sie darauf reagiert?)
- Wie wurde die Reklamationsquote ermittelt?
- Welche persönlichen und beruflichen Lernerfolge haben sich aus der Durchführung der Aufgabe für Sie ergeben?
- Welche Erkenntnisse können Sie für zukünftige ähnliche Projekte nutzen?

12.1.1.2 Einführung von Handscannern im Versand

ACHTUNG

Die formalen Vorgaben für die Erstellung eines Reports, z. B. Schriftart und -größe, Seitengröße, Seiten- und Zeilenabstände stimmen aufgrund des Formats dieses Buches nicht mit denen der Kammern überein.

Aufgabenstellung und Zielsetzung

Mein Ausbildungsunternehmen Blitz-Logistik hat sich im Januar 2021 dazu entschlossen, die Versandabteilung zu modernisieren und den Kommissionierprozess zu beschleunigen. Auch sollen Kommissionierfehler zukünftig vermieden werden. Aus diesem Grund sollen moderne Handscanner eingeführt werden. Bei der Kommissioniermethode „Pick-by-Scan" werden Barcodes und Markierungen mithilfe von (Hand-)Scannern eingelesen. Angeschlossene Softwaresysteme sorgen dann automatisch für die Abarbeitung von Kommissionierlisten, die Dokumentation oder das Bestellwesen. Vom Leiter der Versandabteilung erhalte ich den Auftrag, die Einführung der Scanner und der zugehörigen Software zu planen und die Umsetzung als Ansprechpartner für den externen Berater in unserem Unternehmen zu begleiten.

Planung

Nachdem sich die Unternehmensleitung für ein entsprechendes Scanner-Modell entschieden hat, konnte ich mit meinen Planungen beginnen. Für die Implementierung der Scanner habe ich drei Monate Zeit. Hierbei arbeite ich eng mit dem Softwareunternehmen zusammen, das die Implementierung begleitet. Zunächst muss ich einen Termin mit meinem Ansprechpartner bei dem IT-Dienstleister vereinbaren, um mit ihm zusammen die weiteren Schritte zu planen. Da wir bisher noch keine Erfahrungen mit Pick-by-Scan-Systemen haben, wird vermutlich nicht alles von Anfang an reibungslos verlaufen. Es ist möglich, dass es technische Schwierigkeiten zwischen den Scannern und unserem Warenwirtschaftssystem gibt. Diesen Punkt muss ich detailliert mit dem Berater besprechen. Auch müssen die Kommissionierer in der Versandabteilung über den Einsatz der Scanner informiert und im Umgang mit diesen geschult werden. Auch hierbei kann mir der externe Berater helfen. Ebenso muss ich das Thema Datenschutz und Datensicherheit mit dem Berater besprechen, da beim Scanprozess auch sensible Informationen oder personenbezogene Daten übermittelt werden können.

Durchführung

Ich vereinbare telefonisch einen Termin mit dem Berater des externen Softwareunternehmens für nächsten Mittwoch in unserer Firma. Bei unserem Treffen sprechen wir die Punkte durch, die ich vorab notiert habe und schauen uns zusammen die bisherigen Prozesse in der Versandabteilung und unser Warenwirtschaftssystem an. Der Berater versichert mir, dass die Scanner bereits vor dem Einsatz auf unsere Lagerhaltungssoftware abgestimmt wurden und es somit relativ geringe Fehler geben sollte. Auch wird von dem externen Softwareunternehmen sichergestellt, dass die geltenden Datenschutzbestimmungen eingehalten werden. Für die Schulung der Mitarbeiter planen wir etwa vier Wochen ein. Weiterhin bittet mich der Berater, folgende Daten zur Verfügung zu stellen:

Wir benötigen die Inventardaten unserer Artikel als Excel-Tabelle mit den Produktcodes, Produktbeschreibungen, aktuellen Lagerbeständen und Lagerorten. Diese Informationen kann ich aus unserem Warenwirtschaftssystem als Excel-Liste exportieren.

Weiterhin brauchen wir eine Mitarbeiterliste mit Personalnummern, Abteilungszugehörigkeit und den notwendigen Berechtigungen für die Verwendung der Handscanner. Zum Beispiel kann ein Kommissionierer andere Berechtigungen haben als ein Lagerverwalter. Diese Informationen erhalte ich vom Versandleiter und stelle sie in einer Worddatei zusammen.

Als Nächstes erstelle ich eine Liste der Mitarbeiter, die an den Schulungen zum Umgang mit den Scannern teilnehmen sollen. Nach Rücksprache mit dem Versandleiter sollen alle Mitarbeiter, die in der Kommissionierung arbeiten, an den Schulungen teilnehmen. Die Schulungen finden sowohl in einem speziell eingerichteten Schulungsraum als auch direkt im Lager statt und werden von dem externen Berater durchgeführt, den ich unterstützen darf. Jeder Lagermitarbeiter erhält intensive praktische Schulungen im Umgang mit den Scannern. Zum Beispiel zeige ich ihnen, wie sie Barcodes scannen, Produktinformationen abrufen und Fehlermeldungen interpretieren können. Die Schulungen beinhalten auch eine ausführliche Information zu den aktualisierten Arbeitsabläufen.

Des Weiteren benötigen wir eine Datenbank mit Barcodes für jedes Produkt im Lager, inklusive Barcodenummern, Artikelinformationen und Lagerplatzangaben. Da wir bisher keine Barcodes im Unternehmen benutzt haben, muss ich diese zunächst erstellen. In Absprache mit dem externen Berater erstelle ich mithilfe unseres Warenwirtschaftssystems zuerst eine Artikeldatenbank, die alle vorhandenen

Produkte im Lager enthält. Jeder Artikel besitzt eine eindeutige Produktkennung und relevante Informationen wie Produktbeschreibung, Lagerbestand und Lagerort werden erfasst. Basierend auf den erstellten Artikeldaten generiere ich mithilfe eines Barcode-Generators die Barcodes für jeden einzelnen Artikel. Hierbei orientiere ich mich am GS1-Standard, um eine reibungslose Lesbarkeit der Etiketten durch die Handscanner sicherzustellen. Dann drucke ich die generierten Barcodes auf Etiketten. Die ausgedruckten Etiketten bringe ich anschließend zusammen mit den Lagermitarbeitern an den entsprechenden Produkten im Lager an. Die erstellten Barcodes werden in der Artikeldatenbank hinterlegt, um eine Verknüpfung zwischen den im Lager vorhandenen Produkten und ihren entsprechenden Barcodes herzustellen. Diese Datenbank muss immer wieder aktualisiert werden, um sicherzustellen, dass sie stets den aktuellen Lagerbestand und die zugehörigen Barcode-Informationen enthält.

Um die Funktionalität der Handscanner in einer realistischen Umgebung zu überprüfen, brauchen wir auch einen Testdatensatz mit verschiedenen Artikeln. Ich erstelle eine Liste mit 200 Artikeln aus unterschiedlichen Produktbereichen und Lagerstandorten, die auch die unterschiedlichen Barcode-Formate und Größen umfassen.

Zum Schluss erstelle ich zur besseren Übersicht noch eine Liste mit Informationen über die physische Anordnung des Lagers, einschließlich Regalstandorten, Gangbreiten und speziellen Bereichen für bestimmte Produktkategorien. Dies erleichtert die räumliche Orientierung in der großen Lagerhalle und im Außenlager und kann auch zur Einarbeitung neuer Mitarbeiter genutzt werden.

Als letzten Punkt stelle ich zusammen mit dem externen Berater einen Wartungsplan für die Handscanner auf, der regelmäßige Überprüfungen, geplante Wartungszeiträume und die Kontaktdaten für den technischen Support enthält. So sind z. B. monatliche Überprüfungen und jährliche Wartungen vorgesehen.

In der Testphase wird die Funktionalität der Scanner in einem kleinen Lagerbereich mit fünf Mitarbeitern getestet. Die Scanner zeigen eine beeindruckende Genauigkeit von 99,5 %, was zu einer sofortigen Reduzierung von Fehlern führt. Während der Testphase sammle ich auch Feedback von den Kommissionierern. Zum Beispiel bemerkte ein Mitarbeiter, dass die Scanner den Arbeitsprozess beschleunigten, während ein anderer darauf hinwies, dass die ergonomische Gestaltung der Scanner seine Arbeit erleichtert.

Kontrolle und Bewertung

Die schrittweise Integration begann mit der Implementierung der Scanner in der Versandabteilung, wo eine hohe Genauigkeit und Schnelligkeit entscheidend waren. Innerhalb von zwei Monaten wurde die Technologie auf die komplette Lagerhaltung ausgeweitet. Während der schrittweisen Integration wurde ein umfassendes Monitoring durchgeführt. Die Daten zeigten eine sofortige Effizienzsteigerung von 30 % und eine Reduzierung von Fehlern um 40 %.

Die Rückmeldungen der Mitarbeiter halfen dabei, Details zu verbessern. Zum Beispiel wurde festgestellt, dass einige Mitarbeiter besondere Schulungsbedürfnisse hatten, die dann individuell angegangen wurden. Dies trug dazu bei, die Akzeptanz der neuen Technologie zu fördern. Die Implementierungsphase wurde als abgeschlossen betrachtet, als die Scanner nahtlos in die täglichen Arbeitsabläufe integriert waren und die beabsichtigten Verbesserungen erreicht wurden. Jedoch hat das Generieren der Barcodes und das Anbringen der Etiketten auf den Produkten wesentlich mehr Zeit erfordert, als ich dafür eingeplant hatte.

Mir persönlich hat die Fachaufgabe viel Spaß gemacht. Besonders interessant war die Zusammenarbeit mit dem externen Berater und meinem Versandleiter. Es war eine tolle Erfahrung, ein komplettes Projekt von Anfang bis Ende miterleben und begleiten zu können. Auch finde ich gut, dass man anhand der ermittelten Kennzahlen direkt nachvollziehen kann, dass sich der Einsatz von Scannern für das Unternehmen trotz der hohen Investitionskosten gelohnt hat.

Analyse des Reports zur Einführung von Handscannern im Versand

1. **Berufs- oder Betriebsbezug**

   Hat die Aufgabe Bezug zu den Ausbildungsinhalten des Berufsbildes Kaufmann/-frau für Groß- und Außenhandelsmanagement?

   Ja, hat sie. Die Fachaufgabe bezieht sich auf § 4 Abs. 2 Nr. 6 der Verordnung (Distribution planen und steuern) und auf Abschnitt A Nr. 6 c) des Ausbildungsrahmenplans (Liefertermine vereinbaren, Warenversand planen und veranlassen).

   Erfordert die Aufgabe einen Lösungsprozess?

   Nachdem der Auszubildende die Zielsetzung seiner Fachaufgabe festgelegt hat, muss er zunächst sein weiteres Vorgehen planen, seine geplanten Handlungsschritte umsetzen und den Erfolg seiner Aufgabe kontrollieren und reflektieren, um eventuelle Veränderungen oder Verbesserungen ableiten zu können.

   Bildet die Aufgabe mindestens einen Teilprozess eines Geschäftsprozesses ab?

   Die Einführung von Scannern kann als Teilprozess des kompletten Versandprozesses im Unternehmen betrachtet werden. Durch den Einsatz von Scannern wird die Kommissionierung beschleunigt und sichergestellt, dass die richtigen Produkte ausgewählt werden. Zudem unterstützt die Scannertechnologie die Vorbereitung von Versandaufträgen, optimiert den Versandprozess und ermöglicht die nahtlose Integration von Daten in das übergeordnete Warenwirtschafts- oder ERP-System.

2. **Abbildung einer vollständigen beruflichen Handlung**

   Umfasst die Aufgabe eine Planungs-, Vorbereitungs-, Durchführungs- sowie eine Auswertungsphase?

   Ja, der Auszubildende beschreibt in seinem Report ausführlich seine Vorgehensweise unter Berücksichtigung der einzelnen Aufgabenphasen.

Kann der Auszubildende durch die Bearbeitung der Aufgabe seine berufliche Handlungsfähigkeit unter Beweis stellen?

Der Auszubildende benötigt zum Ausführen der Fachaufgabe alle Kompetenzen, die in Summe die berufliche Handlungskompetenz ergeben:

Fach-kompetenz	► Wie können Logistik- und Versandprozesse durch den Einsatz von Scannern optimiert werden? ► Wie kann sichergestellt werden, dass die Scanner mit der vorhandenen Lagerhaltungssoftware kompatibel sind? ► Müssen Datenschutzbestimmungen berücksichtigt werden? Wenn ja, welche? ► Müssen die Mitarbeiter im Versand für den Einsatz von Scannern geschult werden? ► Welche unternehmensinternen Daten werden für den Einsatz der Scanner benötigt? ► Wie können die benötigten Barcodes generiert werden? ► usw.
Methoden-kompetenz	► Welche Aufgaben- oder Problemstellung soll durch die Fachaufgabe gelöst werden? ► Welche Informationen werden benötigt? ► Wie und wo kann der Auszubildende diese Informationen recherchieren? ► Welche Personen oder Schnittstellen müssen bei der Bearbeitung der Fachaufgabe miteinbezogen werden? ► Wie ist die Fachaufgabe strukturiert? ► Welche Ziele sollen mit dem Report erreicht werden? ► Wie können die Informationen für den Vorgesetzten/Ausbilder aufbereitet werden?
Sozial-kompetenz	► Welche Erwartungen hat der Ausbilder oder Vorgesetzte? ► Wie erfolgt die Kommunikation: persönlich, per Mail oder per Telefon? ► Wie ist das Verhalten des Auszubildenden gegenüber Kollegen, Vorgesetzten, Lieferanten, Kunden oder anderen Gesprächsteilnehmern? ► Arbeitet der Auszubildende mit anderen Kollegen oder Schnittstellen innerhalb oder außerhalb des Betriebs zusammen?

Selbst-kompetenz	► Arbeitet der Auszubildende eigenverantwortlich und gewissenhaft an der Erfüllung der Fachaufgabe? ► Muss der Auszubildende bei der Fachaufgabe Selbst- und Zeitmanagement beachten? ► Kann der Auszubildende die Fachaufgabe reflektieren? ► Musste der Auszubildende unvorhergesehene Probleme lösen? ► Stellt die Fachaufgabe einen Mehrwert für den Auszubildenden dar? ► Was konnte der Auszubildende durch die Bewältigung der Fachaufgabe lernen? ► Konnte der Auszubildende sein Selbstbewusstsein stärken?

3. **Aufgabenstellung**

Stellt die Aufgabe aus Sicht des Auszubildenden eine Herausforderung und keine Routineaufgabe dar?

Ja, die Einführung von Scannern im Versand ist für den Auszubildenden eine Herausforderung und keine Routinetätigkeit. Die Aufgabe erfordert eine sorgfältige Planung und Koordination der einzelnen Prozessschritte. Der Auszubildende muss in der Lage sein, die Arbeitsabläufe an den Scannereinsatz anzupassen und sich mit den Erfordernissen der neuen Technologie auseinanderzusetzen. Auch muss der Auszubildende seine Fachkompetenzen erweitern und im Team mit dem externen Berater agieren und kommunizieren.

Können bei der Bearbeitung der Aufgabe Probleme und Konflikte bzw. veränderte Bedingungen auftreten, die eine flexible Reaktion des Auszubildenden erforderlich machen?

Der Auszubildende muss flexibel auf technische Probleme bei der Implementierung reagieren können und diese zusammen mit dem externen Berater lösen. Auch kann es Konflikte mit den Versandmitarbeitern bezüglich der Scannereinführung geben. Zudem muss der Auszubildende sein Zeitmanagement bei knappen Zeitvorgaben anpassen können.

Ist zur Bearbeitung der Aufgabe eine Recherche und ggf. eine Vertiefung fachlicher Kenntnisse durch den Auszubildenden erforderlich?

Ja, der Auszubildende muss diverse Daten für den externen Berater zur Verfügung stellen. Er muss diese Informationen im Betrieb recherchieren und nach den Vorgaben des Beraters entsprechend aufbereiten. Auch muss er seine Kenntnisse der Logistik- und Versandprozesse vertiefen und neue Fähigkeiten erlernen, z. B. wie Barcodes generiert werden können.

Erfordert die Umsetzung des Lösungsprozesses die Berücksichtigung verschiedener Schnittstellen und ggf. eine Abstimmung mit diesen?

Der Auszubildende muss sich mit verschiedenen Schnittstellen abstimmen:

- Vorgesetzter
- externer Berater

- Mitarbeiter der Versandabteilung
- usw.

4. **Gestaltungsspielraum**

   Bietet die Aufgabe in Abstimmung mit Verantwortungsträgern oder Prozessverantwortlichen organisatorische Freiheitsgrade bzw. Verantwortungs- und Entscheidungsspielräume für den Auszubildenden?

   Der Auszubildende kann in Absprache mit dem externen Berater eigenständig die für die Einführung der Scanner notwendigen Daten vorbereiten und die Barcodes generieren. Auch darf er eigenständig einen kleinen Teil der Mitarbeiterschulungen übernehmen. Weiterhin führt der Auszubildende selbstständig Feedbackgespräche mit den Lagermitarbeitern und betreut die Testphase des Projekts.

   Gibt es alternative Lösungswege und Vorgehensweisen, die der Auszubildende zur Bearbeitung der Aufgabe wählen bzw. selbstständig (in Absprache mit dem Ausbilder) entwickeln kann?

   Bei dieser Aufgabe wären auch andere Lösungswege denkbar. In Absprache mit dem Ausbilder oder dem externen Berater hätte der Auszubildende auch zunächst ein Pilotprojekt planen oder einen agilen Ansatz wählen können. Sowohl die Vorgehensweise als auch die Umsetzung des Projekts im Betrieb könnten variieren. Die Lösung ist daher völlig offen.

5. **Auswertbarkeit**

   Ermöglichen die Ergebnisse der Aufgabe eine Bewertung, die der Auszubildende selbstständig vornehmen kann?

   Der Auszubildende kann bewerten, inwieweit die definierten Ziele erreicht wurden. Er kann anhand der ermittelten Kennzahlen und anhand der Rückmeldungen der Versandmitarbeiter beurteilen, dass seine Fachaufgabe erfolgreich war.

   Kann der Auszubildende reflektieren, inwieweit die Ziele der Aufgabe erreicht wurden und ggf. Verbesserungsvorschläge ableiten?

   Der Auszubildende kann anhand der ermittelten Kennzahlen reflektieren, dass die Ziele seiner Fachaufgabe erreicht wurden. Dies umfasst die Verbesserung der Kommissioniergeschwindigkeit, die geringere Fehlerquote und die Steigerung der Effizienz im Versand.

   Ermöglicht die Aufgabe eine Reflexion der während der Aufgabenbearbeitung erzielten Lernerfolge durch den Auszubildenden?

   Der Auszubildende kann reflektieren, welche neuen Kompetenzen er während der Bearbeitung der Fachaufgabe erworben hat. Er konnte sein analytisches Denken und seine Kommunikationsfähigkeiten verbessern, Probleme selbstständig lösen und sein Selbstvertrauen stärken. Auch konnte er seine Fachkompetenz weiter ausbauen.

Was können die Prüferinnen und Prüfer zum Report fragen?

Fragen zur Planung des Vorgehens

- Warum haben Sie dieses Thema als betriebliche Fachaufgabe gewählt?
- Welche wesentlichen Prozessschritte waren bei der Planung Ihrer Fachaufgabe zu berücksichtigen?
- Warum haben Sie sich für diesen Lösungsweg entschieden?
- Welche alternativen Lösungen wären möglich gewesen?
- Wie erfolgte die Integration der Scanner in das bestehende IT-System und welche Anpassungen waren erforderlich?
- Welche zeitlichen, personellen oder finanziellen Ressourcen wurden geplant?
- Wie haben Sie die Zeit für die Aufgabenbearbeitung strukturiert?

Fragen zur Durchführung der betrieblichen Fachaufgabe

- Wie genau wurden die einzelnen Prozessschritte umgesetzt?
- Was verlief nach Plan, was nicht?
- Gab es Probleme bei der Integration der Scanner?
- Wie wird die Zusammenarbeit mit dem externen Berater während der Durchführung der Aufgabe koordiniert?
- Wie werden die betroffenen Mitarbeiter in den Prozess miteinbezogen?
- Wurden Maßnahmen zur Qualitätssicherung und Qualitätskontrolle durchgeführt?
- Welche Abstimmungen sind notwendig, um die Maßnahmen in den operativen Betrieb zu integrieren?
- Welche Instrumente werden verwendet, um den Fortschritt der Maßnahmen zu überwachen?
- Wie erfolgt die Dokumentation der Fachaufgabe?

Fragen zur Berücksichtigung der Rahmenbedingungen

- Welche rechtlichen und wirtschaftlichen Vorgaben und Kriterien waren zu berücksichtigen?
- Mit welchen Personen mussten Sie sich abstimmen?
- Welche vor- und nachgelagerten Prozesse sind zu berücksichtigen?
- Gibt es spezifische Gesetze oder Vorschriften, die beachtet werden müssen?
- Wie wurden die geltenden Datenschutzbestimmungen berücksichtigt?
- Inwiefern kann die Scannertechnologie den Versandprozess verbessern?
- Spielten wirtschaftliche Faktoren eine Rolle bei der Scannereinführung?
- Wie wurden die Bedürfnisse und Erwartungen der Mitarbeiter in den Prozess integriert?

Fragen zur Kontrolle und Bewertung der Ergebnisse

- Welche konkreten Ergebnisse wurden erzielt?
- Inwieweit wurden die zu Beginn der Fachaufgabe festgelegten Ziele erreicht?
- Wurden die entwickelten Maßnahmen vollständig und wie geplant umgesetzt?
- Sind unvorhergesehene Probleme und Schwierigkeiten aufgetreten?
- Konnten Sie eventuelle Probleme eigenständig lösen?
- Wie hat die Zusammenarbeit mit den verschiedenen Schnittstellen funktioniert?
- Was könnte zukünftig verbessert oder optimiert werden?
- Wie haben Sie die Scangenauigkeit, die Fehlerquote und die Effizienzsteigerung ermittelt?
- Haben Sie vor der Durchführung Ihrer Aufgabe etwas nicht bedacht, was im Nachhinein wichtig gewesen wäre? (Wenn ja, was? Wie haben Sie darauf reagiert?)
- Wie können Sie die Überprüfbarkeit Ihrer Ergebnisse gewährleisten?
- Welche persönlichen und beruflichen Lernerfolge haben sich aus der Durchführung der Aufgabe für Sie ergeben?
- Welche Erkenntnisse können Sie für zukünftige ähnliche Projekte nutzen?

12.1.2 Warensortiment und Marketing

12.1.2.1 Planung eines Online-Shops für die Unternehmenshomepage

ACHTUNG

Die formalen Vorgaben für die Erstellung eines Reports, z. B. Schriftart und -größe, Seitengröße, Seiten- und Zeilenabstände stimmen aufgrund des Formats dieses Buches nicht mit denen der Kammern überein.

Aufgabenstellung und Zielsetzung

Mein Ausbildungsbetrieb, ein Großhandelsunternehmen für Haushaltswaren, plant seine Homepage um einen Webshop zu ergänzen, um seinen Kunden die Möglichkeit zu geben, rund um die Uhr einkaufen zu können. Auch soll der Umsatz gesteigert und der Bestell- und Zahlungsprozess automatisiert werden. Von meinem Ausbilder erhalte ich den Auftrag, eigenständig einen Anforderungskatalog für den Webshop zu erstellen und einen Vorschlag für das Design der Benutzeroberfläche zu erarbeiten.

Planung

Zunächst überlege ich mir, welche Funktionen der Webshop unseren Kunden bieten soll. Die Kunden sollen schließlich auch mit dem Shop zufrieden sein und gerne online bei uns einkaufen. Auch kann mir unser Vertrieb bestimmt gute Anregungen liefern. Um mich über die unterschiedlichen Anforderungen zu informieren, schaue ich mir im Internet verschiedene Webshops an. Ich besuche sowohl die Shops unserer Konkurrenten als auch die Homepage des Deutschen Instituts für Service-Qualität, um mir die besten Webshops in Deutschland anzusehen. Weiterhin muss ich das Design und die Benutzeroberfläche des Webshops planen. Letztlich muss der Shop auch optisch zu unserer Website passen und unserem Corporate Design entsprechen. Für meine Fachaufgabe habe ich vier Wochen Zeit.

Durchführung

Nach einer detaillierten Online-Recherche und einem ausführlichen Gespräch mit unserem Vertriebsleiter überlege ich mir die Funktionen, die der Webshop haben sollte und erstelle den Anforderungskatalog an unseren Webshop:

- Wir sollten jedes Produkt auf unserer Website mit aussagekräftigen Bildern, umfassenden Beschreibungen und klaren Preisangaben vorstellen, um den Kunden eine fundierte Kaufentscheidung zu ermöglichen.
- Außerdem sollten wir auf die Benutzerfreundlichkeit achten. Der Webshop sollte eine intuitive Navigation und eine einfache Bedienbarkeit ermöglichen. Wichtig ist auch, dass der Shop klar strukturiert ist und über ein gut sichtbares Menu verfügt.
- Weiterhin sollten wir verschiedene Zahlungsoptionen wie Vorkasse, Bankeinzug, Kreditkartenzahlung und digitale Zahlungsmethoden wie PayPal usw. anbieten, um möglichst viele potenzielle Kunden anzusprechen.
- Kunden sollten die Möglichkeit haben, Produkte zu bewerten und ihre Erfahrungen zu teilen, um ein Vertrauensverhältnis zu schaffen und anderen Kunden bei ihrer Entscheidungsfindung zu helfen.
- Auch sollten die Kunden ein persönliches Kundenkonto anlegen können, um ihre Rechnungen und die Bestellhistorie einzusehen, persönliche Präferenzen zu speichern und den Bestellprozess zu beschleunigen.
- Außerdem ist eine leistungsstarke Suchfunktion mit verschiedenen Filtern wichtig, damit unsere Kunden schnell und effizient die Produkte finden, die zu ihnen passen.

Neben den funktionalen Anforderungen sollte der Webshop aber auch verschiedene administrative Anforderungen erfüllen und mit dem vorhandenen ERP-System verknüpft sein, um einen reibungslosen betriebswirtschaftlichen Ablauf im Unternehmen zu ermöglichen:

- Eine Automatisierung der Bestandsverwaltung ermöglicht es dem Online-Nutzer, Echtzeitinformationen über die Produktverfügbarkeit zu erhalten. Das ist für den Kunden sehr praktisch, da er direkt sieht, ob das gewünschte Produkt überhaupt auf Lager ist.

- Weiterhin sollte der Webshop regelmäßig Berichte über Verkaufszahlen, Kaufverhalten und den Lagerbestand liefern. Ebenfalls wäre es sinnvoll, wenn der Webshop eine automatische Bestellung auslöst, sobald der Mindestbestand eines Produkts erreicht wird.
- Ebenso macht es Sinn, den Webshop mit einem Analysetool zu verbinden, um Besucherzahlen, Verweildauer, beliebte Produkte und die Warenkörbe der Kunden zu analysieren.
- Auch sollten wir eine rollenbasierte Benutzerverwaltung einrichten und unterschiedliche Zugriffsrechte vergeben, da nicht alle Mitarbeiter, die den Online-Shop betreuen, über die gleichen Rechte verfügen sollen.
- Zum Schluss müssen wir noch klären, welche Mitarbeiter intern für die Betreuung des Webshops zuständig sein werden.

Weiterhin sollte der Shop aber auch unterschiedliche technische Anforderungen erfüllen:

- Besonderes Augenmerk sollten wir auf die Sicherheit legen und hochmoderne Verschlüsselungstechnologien und Sicherheitsprotokolle einsetzen, um Kunden- und Transaktionsdaten bestmöglich zu schützen.
- Weiterhin sollte der Online-Shop mit dem Wachstum des Kundenstamms mithalten können und ständig erweiterbar sein, wenn z. B. neue Produkte oder Funktionen dazukommen.
- Auch sollte der Shop für verschiedene Bildschirmgrößen und Geräte optimiert sein, um eine einheitliche und angenehme Benutzererfahrung auf allen Plattformen zu bieten. Eine mobile Optimierung ist unbedingt erforderlich, denn es wäre sehr ärgerlich, wenn unser Online-Auftritt auf dem Handy nicht gut lesbar wäre.
- Zudem sollten wir den Webshop barrierefrei gestalten, um sicherzustellen, dass auch Menschen mit Sehschwächen uneingeschränkten Zugang haben.
- Außerdem müssen wir die technischen Möglichkeiten schaffen, um sichere Zahlungsoptionen anbieten und Zahlungs-Gateways wie z. B. PayPal, Klarna oder Stripe nutzen zu können. Diese Dienstleister ermöglichen es, elektronische Zahlungen zwischen Käufern und Verkäufern sicher und effizient abzuwickeln.

Neben dem Anforderungsprofil soll ich auch einen Vorschlag für das Design und die Benutzeroberfläche des Webshops erarbeiten. Damit der E-Shop auch die Vorgaben unseres Corporate Design erfüllt, ist es wichtig, dass auf der Website und im Webshop die gleichen Farben, Schriftarten und Logos einheitlich verwendet werden. Somit wird den potenziellen Kunden immer ein einheitliches Bild und eine gleichbleibende Botschaft von unserem Unternehmen vermittelt und unsere Markenidentität wird gestärkt.

Berücksichtigung der Rahmenbedingungen

Bei der Planung eines Webshops sind viele rechtliche Anforderungen und Vorgaben zu beachten:

- Wir müssen laut Telemediengesetz ein Impressum veröffentlichen, das die erforderlichen Angaben wie Firmenname, Adresse, Kontaktinformationen und das zuständige Registergericht enthält.
- Ebenfalls müssen wir die Datenschutzbestimmungen einhalten und unseren Kunden erklären, wie ihre Daten gesammelt, verwendet und geschützt werden. Besonders die Anforderungen der Datenschutzgrundverordnung (DSGVO) müssen bei der Verarbeitung personenbezogener Daten eingehalten werden.
- Weiterhin müssen wir unsere AGB veröffentlichen und unsere Kunden klar darüber informieren, wie sie Waren zurückgeben können und welche Fristen gelten.
- Auch muss laut Preisangabenverordnung im Online-Shop der Gesamtpreis der Produkte inkl. Umsatzsteuer und sonstiger Preisbestandteile angegeben werden.
- Um mich ausführlich über die rechtlichen Rahmenbedingungen zu informieren, wende ich mich an unseren Datenschutzbeauftragten.
- Für die Klärung der technischen Anforderungen unterstützt mich unsere IT-Abteilung.
- Mit dem Vertriebsleiter halte ich Rücksprache, um die Erwartungen unserer Kunden an den Webshop zu klären.

Kontrolle und Bewertung

Als Abschluss meiner Fachaufgabe präsentiere ich meinem Vorgesetzten, dem Vertriebsleiter und unserem Geschäftsführer mein Anforderungsprofil und meinen Vorschlag für das Design der Benutzeroberfläche des Webshops. Meine Vorschläge werden in die Gestaltung des neuen Shops einbezogen und zum großen Teil auch umgesetzt. Nach der Einführung des Webshops konnte mein Ausbildungsbetrieb seinen Umsatz um 20 % steigern. Durch die Automatisierung des Zahlungs- und Bestellprozesses arbeitet unser Unternehmen insgesamt effizienter. Zudem zeigt die letzte Kundenbefragung eine Erhöhung der Kundenzufriedenheit um 25 %. Ich bin mit der Lösung meiner Aufgabe sehr zufrieden. Ich habe viel über die Anforderungen gelernt, die ein Webshop erfüllen muss. Auch die Zeitvorgabe konnte ich einhalten und meine Aufgabe weitgehend eigenständig bearbeiten. Nachdem der Webshop jetzt schon länger online ist, sind mir noch mehrere Verbesserungsmöglichkeiten aufgefallen: Wir könnten bspw. noch eine intelligente Empfehlungsfunktion in den Shop integrieren, die unseren Kunden auf der Grundlage ihres bisherigen Einkaufsverhaltens oder ihrer Interessen passende Produkte vorschlägt. Ebenfalls könnten wir einen Chat-Support einrichten, um Kunden in Echtzeit bei Fragen oder Problemen zu unterstützen. Das könnte die Kundenzufriedenheit weiter steigern.

Analyse des Reports zur Planung eines Online-Shops für die Unternehmenshomepage

1. **Berufs- oder Betriebsbezug**

   Hat die Aufgabe Bezug zu den Ausbildungsinhalten des Berufsbildes Kaufmann/-frau für Groß- und Außenhandelsmanagement?

   Ja, hat sie. Die Fachaufgabe bezieht sich auf § 4 Abs. 2 Nr. 4 der Verordnung (Marketingmaßnahmen planen, durchführen, kontrollieren und steuern) und auf Abschnitt A Nr. 4 g) des Ausbildungsrahmenplans (die Weiterentwicklung und Optimierung des Onlineauftrittes unterstützen).

   Erfordert die Aufgabe einen Lösungsprozess?

   Nachdem der Auszubildende die Zielsetzung seiner Fachaufgabe festgelegt hat, muss er sich zunächst über die notwendigen Bestimmungen informieren, sein weiteres Vorgehen planen, seine geplanten Handlungsschritte umsetzen und den Erfolg seiner Aufgabe kontrollieren und reflektieren, um eventuelle Veränderungen oder Verbesserungen ableiten zu können.

   Bildet die Aufgabe mindestens einen Teilprozess eines Geschäftsprozesses ab?

   Die Erstellung eines Anforderungskatalogs für den Webshop und die Planung des Designs der Benutzeroberfläche bildet mindestens einen Teilprozess des Gesamtprozesses der Entwicklung und Implementierung eines neuen Webshops ab.

2. **Abbildung einer vollständigen beruflichen Handlung**

   Umfasst die Aufgabe eine Planungs-, Vorbereitungs-, Durchführungs- sowie eine Auswertungsphase?

   Ja, der Auszubildende beschreibt in seinem Report ausführlich seine Vorgehensweise unter Berücksichtigung der einzelnen Aufgabenphasen.

   Kann der Auszubildende durch die Bearbeitung der Aufgabe seine berufliche Handlungsfähigkeit unter Beweis stellen?

   Der Auszubildende benötigt zum Ausführen der Fachaufgabe alle Kompetenzen, die in Summe die berufliche Handlungskompetenz ergeben:

Fachkompetenz	▸ Welche Kriterien sind Bestandteil der Anforderungsanalyse? ▸ Inwiefern muss das Corporate Design bei der Planung des Webshops berücksichtigt werden? ▸ Kundenorientierung und Kundenverständnis: Welche Erwartungen haben die Kunden an den Webshop? ▸ Welche Anforderungen hat der Vertrieb an den Webshop? ▸ Welche grundlegenden technischen Aspekte müssen berücksichtigt werden? ▸ Müssen datenschutzrechtliche Aspekte berücksichtigt werden? Wenn ja, welche sind das? ▸ usw.

Methodenkompetenz	► Welche Aufgaben- oder Problemstellung soll durch die Fachaufgabe gelöst werden? ► Welche Informationen werden benötigt? ► Wie und wo kann der Auszubildende diese Informationen recherchieren? ► Welche Personen oder Schnittstellen müssen bei der Bearbeitung der Fachaufgabe miteinbezogen werden? ► Wie ist die Fachaufgabe strukturiert? ► Welche Ziele sollen mit dem Report erreicht werden? ► Wie können die Informationen für den Vorgesetzten/Ausbilder aufbereitet werden?
Sozialkompetenz	► Welche Erwartungen hat der Ausbilder oder Vorgesetzte? ► Wie erfolgt die Kommunikation: persönlich, per Mail oder per Telefon? ► Wie ist das Verhalten des Auszubildenden gegenüber Kollegen, Vorgesetzten, Lieferanten, Kunden oder anderen Gesprächsteilnehmern? ► Arbeitet der Auszubildende mit anderen Kollegen oder Schnittstellen innerhalb oder außerhalb des Betriebs zusammen?
Selbstkompetenz	► Arbeitet der Auszubildende eigenverantwortlich und gewissenhaft an der Erfüllung der Fachaufgabe? ► Muss der Auszubildende bei der Fachaufgabe Selbst- und Zeitmanagement beachten? ► Kann der Auszubildende die Fachaufgabe reflektieren? ► Musste der Auszubildende unvorhergesehene Probleme lösen? ► Stellt die Fachaufgabe einen Mehrwert für den Auszubildenden dar? ► Was konnte der Auszubildende durch die Bewältigung der Fachaufgabe lernen? ► Konnte der Auszubildende sein Selbstbewusstsein stärken?

3. Aufgabenstellung

Stellt die Aufgabe aus Sicht des Auszubildenden eine Herausforderung und keine Routineaufgabe dar?

Ja, die Erstellung eines Anforderungsprofils für einen Webshop und die Planung des Designs und der Benutzeroberfläche ist keine Routineaufgabe. Ein Webshop wird nicht jeden Tag geplant. Zudem ist die Aufgabe recht komplex und erfordert Analyse- und Problemlösefähigkeiten sowie ein gewisses technisches Verständnis.

Können bei der Bearbeitung der Aufgabe Probleme und Konflikte bzw. veränderte Bedingungen auftreten, die eine flexible Reaktion des Auszubildenden erforderlich machen?

Ja, bei der Bearbeitung der Aufgabe können verschiedene Probleme, Konflikte oder veränderte Bedingungen auftreten, die eine flexible Reaktion des Auszubildenden erfordern. So können die Anforderungen an den Webshop bspw. unklar sein oder es können Missverständnisse oder Kommunikationsprobleme mit den Schnittstellen auftreten. Der Auszubildende muss flexibel reagieren, indem er proaktiv nachfragt und sicherstellt, dass alle Anforderungen vollständig verstanden werden. Weiterhin können auch Missverständnisse oder Probleme aufgrund mangelnden technischen Verständnisses entstehen.

Ist zur Bearbeitung der Aufgabe eine Recherche und ggf. eine Vertiefung fachlicher Kenntnisse durch den Auszubildenden erforderlich?

Um einen geeigneten Anforderungskatalog für den Webshop und eine ansprechende und zeitgemäße Benutzeroberfläche zu gestalten, recherchiert der Auszubildende nach aktuellen Designtrends und Best Practices im Bereich Webdesign und Webshop. Auch vertieft er seine Kennnisse in Bezug auf technologische Entwicklungen, Analyse Tools und Tracking, rechtliche Aspekte und Barrierefreiheit.

Erfordert die Umsetzung des Lösungsprozesses die Berücksichtigung verschiedener Schnittstellen und ggf. eine Abstimmung mit diesen?

Der Auszubildende muss sich mit verschiedenen Schnittstellen abstimmen:

- Vorgesetzter
- Vertriebsleiter und Vertriebsabteilung
- IT-Abteilung
- Datenschutzbeauftragter
- usw.

4. **Gestaltungsspielraum**

Bietet die Aufgabe in Abstimmung mit Verantwortungsträgern oder Prozessverantwortlichen organisatorische Freiheitsgrade bzw. Verantwortungs- und Entscheidungsspielräume für den Auszubildenden?

Der Auszubildende kann den Anforderungskatalog weitgehend eigenständig und frei gestalten. Auch hat er die Freiheit, das Designkonzept selbstständig zu entwickeln und bestimmte Tools und Technologien für die Umsetzung auszuwählen. Ebenfalls trägt der Auszubildende die Verantwortung für die Entscheidung der Benutzeroberfläche und stellt sicher, dass das Design eine positive Nutzererfahrung bietet.

Gibt es alternative Lösungswege und Vorgehensweisen, die der Auszubildende zur Bearbeitung der Aufgabe wählen bzw. selbstständig (in Absprache mit dem Ausbilder) entwickeln kann?

Es gibt alternative Lösungswege und Vorgehensweisen, die der Auszubildende zur Bearbeitung der Aufgabe wählen bzw. selbstständig (in Absprache mit dem Ausbilder) entwickeln kann. Eine weitere Möglichkeit wäre, dass der Auszubildende als Teil eines multidisziplinären Teams, das verschiedene Fachkompetenzen vereint, diese Fachaufgabe durchführt. Auch wäre eine Zusammenarbeit mit einem externen Berater oder einer E-Commerce-Agentur möglich.

5. **Auswertbarkeit**

Ermöglichen die Ergebnisse der Aufgabe eine Bewertung, die der Auszubildende selbstständig vornehmen kann?

Der Auszubildende kann selbst einschätzen, ob die entwickelten Lösungen der Zielsetzung seiner Fachaufgabe entsprechen, da der Betrieb diese größtenteils umsetzt. Auch kann er anhand der vom Betrieb ermittelten Kennzahlen erkennen, dass er seine Fachaufgabe erfolgreich durchgeführt hat.

Kann der Auszubildende reflektieren, inwieweit die Ziele der Aufgabe erreicht wurden und ggf. Verbesserungsvorschläge ableiten?

Ja, der Auszubildende kann die Ziele der Aufgabe reflektieren und darüber nachdenken, inwieweit diese erreicht wurden. Auch konnte er die vorgegebene Zeitplanung einhalten und Verbesserungsvorschläge für den Webshop entwickeln.

Ermöglicht die Aufgabe eine Reflexion der während der Aufgabenbearbeitung erzielten Lernerfolge durch den Auszubildenden?

Die Reflexion über Lernerfolge ermöglicht es dem Auszubildenden, das erworbene Wissen, die entwickelten Fähigkeiten und seine persönliche Entwicklung während der Bewältigung der Fachaufgabe zu identifizieren. Er konnte seine Fachkenntnisse erweitern, die Aufgabe weitgehend eigenständig bearbeiten, in einem gewissen Rahmen selbst Entscheidungen treffen und somit sein Kompetenzprofil und seine berufliche Handlungskompetenz erweitern. Auch konnte er seine Problemlösefähigkeit, Kommunikation und Teamfähigkeit während der Aufgabe stärken.

Was können die Prüferinnen und Prüfer zum Report fragen?

Fragen zur Planung des Vorgehens

- Warum haben Sie dieses Thema als betriebliche Fachaufgabe gewählt?
- Welche wesentlichen Prozessschritte waren bei der Planung Ihrer Fachaufgabe zu berücksichtigen?
- Warum haben Sie sich für diesen Lösungsweg entschieden?
- Welche alternativen Lösungen wären möglich gewesen?
- Wie sind Sie bei der Analyse der Anforderungen vorgegangen?
- Haben Sie zusammen mit Ihrem Ausbildungsbetrieb im Vorfeld überlegt, sich bspw. von einer E-Commerce-Agentur beraten zu lassen?

Fragen zur Durchführung der betrieblichen Fachaufgabe

- Wie genau wurden die einzelnen Prozessschritte umgesetzt?
- Was verlief nach Plan, was nicht?
- Welche Arbeitsmethoden oder Tools haben Sie während der Durchführung der Aufgabe verwendet?
- Warum haben Sie sich dazu entschieden, den Kunden unterschiedliche Zahlungsmöglichkeiten anzubieten?

- Was versteht man unter Zahlungs-Gateways?
- Wie sieht das Corporate Design Ihres Unternehmens aus? Was versteht man darunter?
- Wie und mit wem haben Sie bei der Durchführung der Fachaufgabe kommuniziert?
- Wie erfolgte die Dokumentation der Fachaufgabe?

Fragen zur Berücksichtigung der Rahmenbedingungen

- Welche rechtlichen und wirtschaftlichen Vorgaben und Kriterien waren zu berücksichtigen?
- Mit welchen Personen mussten Sie sich abstimmen?
- Wie wurde die Zusammenarbeit koordiniert?
- Welche vor- und nachgelagerten Prozesse sind zu berücksichtigen?
- Wie wurden die ermittelten Anforderungen umgesetzt?
- Gab es ein festgelegtes Budget für die Fachaufgabe?
- Welche weiteren Ressourcen standen Ihnen zur Verfügung?
- Welche Maßnahmen wurden ergriffen, um Datenschutz und Datensicherheit während der Umsetzung zu gewährleisten?
- Wie wurden Kundenbedürfnisse und Feedback in die Aufgabenbearbeitung einbezogen?

Fragen zur Kontrolle und Bewertung der Ergebnisse

- Welche konkreten Ergebnisse wurden erzielt?
- Sind unvorhergesehene Probleme und Schwierigkeiten aufgetreten?
- Konnten Sie eventuelle Probleme eigenständig lösen?
- Wie hat die Zusammenarbeit mit den verschiedenen Schnittstellen funktioniert?
- Was könnte zukünftig verbessert oder optimiert werden?
- Inwiefern konnten Ihre vorgeschlagenen Lösungen im Betrieb umgesetzt werden?
- Haben Sie vor der Durchführung Ihrer Aufgabe etwas nicht bedacht, was im Nachhinein wichtig gewesen wäre? (Wenn ja, was? Wie haben Sie darauf reagiert?)
- Wie können Sie die Überprüfbarkeit Ihrer Ergebnisse gewährleisten?
- Welche neuen Fähigkeiten haben Sie während der Bearbeitung der Aufgabe erworben?

12.1.2.2 Marktforschung als Vorbereitung strategischer Entscheidungen

ACHTUNG

Die formalen Vorgaben für die Erstellung eines Reports, z. B. Schriftart und -größe, Seitengröße, Seiten- und Zeilenabstände stimmen aufgrund des Formats dieses Buches nicht mit denen der Kammern überein.

Aufgabenstellung und Zielsetzung

Mein Ausbildungsunternehmen, die Elektro Großhandel GmbH, ist ein mittelständisches Großhandelsunternehmen für Elektronikkomponenten. Zu unseren Kunden gehören sowohl namhafte Elektronikhersteller als auch innovative Unternehmen aus der Automobil- und Telekommunikationsbranche. Da in Zukunft wichtige strategische Geschäftsentscheidungen zur Zielgruppenausrichtung und zur Marketingstrategie getroffen werden sollen, möchte die Geschäftsleitung zunächst durch die Analyse von Marktdaten wichtige strategische Erkenntnisse gewinnen. Ich werde von meinem Ausbilder beauftragt, die erforderliche Marktforschung vorzubereiten und durchzuführen. Die Schwerpunkte meines Projekts liegen auf der Auswertung der vorhandenen Kundenstruktur, der Ermittlung der Kundenzufriedenheit und einer Konkurrenzanalyse.

Planung

Nachdem ich die Aufgabe übernommen habe, plane ich zunächst mein weiteres Vorgehen. An dem Projekt bin ich und mein Ausbilder als Projektleiter beteiligt. Für die Planung und Durchführung der Marktforschung sind drei Monate (von März bis einschließlich Mai 2024) vorgesehen. Mir steht ein festes Budget zur Verfügung. Die Marktforschung soll in drei Schritten erfolgen: Zunächst will ich die vorhandene Kundenstruktur durch eine Kundenbefragung und Kundeninterviews untersuchen, um mehr über unsere vorhandenen Kunden zu erfahren. Anschließend möchte ich die Kundenzufriedenheit durch eine Umfrage und eine Beschwerdeanalyse ermitteln, um sicherzustellen, dass unser Unternehmen über eine hohe Kundenorientierung und Kundenbindung verfügt. Zum Schluss möchte ich eine Wettbewerberanalyse durchführen, um die Stärken und Schwächen unserer Mitbewerber festzustellen und somit unsere eigene Wettbewerbs- und Marketingstrategie überprüfen und eventuell anpassen zu können.

Durchführung

Ich beginne mit der Analyse der Kundenstruktur. Ich möchte untersuchen, wer unsere Kunden sind, welche Kaufmotive und Ansprüche unsere Kunden haben, wie das Kaufverhalten unserer Kunden ist und was ihre persönlichen Präferenzen und Bedürfnisse sind. Zunächst benötige ich die erforderlichen Kundendaten. Hierzu exportiere ich aus unserem CRM-System eine vollständige Kundenliste. Zusammen mit meinem Ausbilder habe ich beschlossen, die Kundenbefragung per Mail durchzuführen. Zunächst erarbeite ich einen Fragebogen, um detaillierte Profile unserer bestehenden Kunden erstellen zu können und stimme diesen mit unserem Datenschutzbeauftragten ab. Der Fragebogen beinhaltet sowohl Fragen nach demografischen Merkmalen, der jeweiligen Branche, dem Einkaufsverhalten, den persönlichen Präferenzen und Bedürfnissen, der Kundenhistorie und den zukünftigen Erwartungen der Kunden an unser Unternehmen. Zusätzlich führe ich telefonische Interviews mit ausgewählten Kunden, um ihre Erfahrungen, Anforderungen und zukünftigen Bedürfnisse besser zu verstehen. Ich wähle nach Rücksprache mit meinem Ausbilder die zehn umsatzstärksten Kunden für diese Interviews aus. Ergänzend zu der E-Mail-Befragung möchte ich von diesen Kunden noch weiterführende

Informationen erhalten. So bitte ich diese um ein Feedback zu unseren Produkten und Dienstleistungen und zur Kundenzufriedenheit. Auch frage ich nach Verbesserungsvorschlägen, nach der Zufriedenheit mit unserer Kundenbetreuung und Kommunikation und möchte abschließend noch wissen, welche Herausforderungen für die Kunden derzeit im Mittelpunkt ihrer geschäftlichen Aktivitäten stehen. Anhand der gewonnenen Informationen aus der E-Mail-Befragung und den Telefoninterviews kann ich detaillierte Kundenprofile erstellen.

Zum Schluss meiner Analyse der Kundenstruktur führe ich noch eine Verkaufsdatenanalyse durch. Ich durchforste unsere Verkaufsdaten, um Muster in den Kaufentscheidungen und Produktpräferenzen unserer Kunden zu erkennen. Hier komme ich zu dem Ergebnis, dass die Produktkategorie „Halbleiter" den höchsten Umsatz verzeichnet, gefolgt von „Elektronische Bauelemente" und „Stromversorgungen". B2B-Kunden aus der Automobilindustrie zeigen eine erhöhte Nachfrage nach Halbleitern, während Kunden aus der Telekommunikationsbranche vermehrt elektronische Bauelemente ordern. Nach dieser umfangreichen Analyse verfüge ich über klare Erkenntnisse über die bestehende Kundenstruktur, die als Basis für die zukünftige Zielgruppenausrichtung dienen kann.

Im nächsten Schritt analysiere ich die Kundenzufriedenheit, um eventuelle Verbesserungsmöglichkeiten festzustellen. Hierzu erstelle ich in Absprache mit meinem Ausbilder eine Umfrage mit MS Forms, die ich ebenfalls mit unserem Datenschutzbeauftragten abstimme. Ich frage nach der allgemeinen Zufriedenheit, nach unserer Produkt- oder Dienstleistungsqualität, nach dem Kundenservice, nach unserer Reaktionszeit, nach der Zufriedenheit mit unserer Kommunikation, nach unserer Produktauswahl, nach unserem Preis-Leistungs-Verhältnis, nach der Benutzerfreundlichkeit unserer Produkte, unserer Webseite und unseres Online-Shops, nach unseren Lieferzeiten, nach der Kundenbindung, nach Verbesserungsvorschlägen und nach zukünftigen Erwartungen unserer Kunden. Anschließend versende ich den Umfragelink per Mail an alle unsere Kunden. Auch bitte ich unseren Webmaster, den Link auf unserer Homepage zu veröffentlichen.

Nach der Umfrage schaue ich mir die Ergebnisse direkt in MS Forms an und erstelle Diagramme und eine Zusammenfassung, um diese bei unserem nächsten Teammeeting zu präsentieren. Die Mehrheit der Kunden ist zufrieden, insbesondere mit unserer Produktqualität und Produktauswahl. Auch das Preis-Leistungs-Verhältnis und die Benutzerfreundlichkeit unserer Produkte, unserer Website und unseres Online-Shops werden positiv bewertet. Jedoch sollten die Reaktionszeit des Kundenservice und die Lieferzeiten verbessert werden. Weiterhin könnte die Kommunikation über Produktaktualisierungen verstärkt werden.

Im nächsten Schritt möchte ich die Kundensupportanfragen und Kundenbeschwerden analysieren, um mögliche Schwachstellen identifizieren zu können. Hierfür extrahiere ich die Daten aus unserem Kundensupport-Ticketsystem, um eine umfassende Liste von Anfragen und Beschwerden zu erhalten. Nun schaue ich mir diese Liste ganz genau an und suche nach häufig auftretenden Themen und Mustern. Ich stelle fest, dass sich die Kunden immer wieder über Lieferverzögerungen und mangelnde Kommunikation beschweren. In diesen Bereichen müssen wir uns auf jeden Fall verbessern, um die Zufriedenheit unserer Kunden zu steigern. Ich notiere diese Punkte für unser nächstes Teammeeting.

Zum Schluss führe ich eine Wettbewerberanalyse durch, um unsere eigene Position am Markt zu untersuchen und um die Stärken und Schwächen unserer Mitbewerber zu identifizieren. Zusammen mit meinem Ausbilder entscheide ich mich für drei Mitbewerber, die ich näher untersuchen werde. Meine Kollegin aus der Marketingabteilung hat bereits umfassende Daten über unsere Mitbewerber gesammelt. Sie hat diverse Branchenberichte analysiert und Informationen aus öffentlich verfügbaren Jahresberichten, Pressemitteilungen und Kundenbewertungen gesammelt. Mit diesen Informationen können wir ein detailliertes Bild unserer Mitbewerber zeichnen. Zusammen erstellen wir die Kriterien für die Wettbewerbsanalyse. Ich untersuche Dienstleistungsangebot, Kundenbindung, Kommunikation, Preisfestsetzung, kundenspezifische Lösungen, technologische Aktualität und technische Innovation unserer Konkurrenten und vergleiche diese Daten mit unserem eigenen Unternehmen. Unsere Stärken liegen in unserem breiten Produkt- und Dienstleistungsangebot, unserer hohen Kundenbindung, dem Angebot kundenspezifischer Lösungen und der technologischen Aktualität unserer Produkte. Jedoch sollten wir unbedingt unsere Kommunikation verbessern, in technische Innovationen investieren und unsere Preise und Margen überprüfen, um langfristig wettbewerbsfähig zu bleiben.

Kontrolle und Bewertung

Im Rahmen meiner Marktforschungsaufgabe konnte ich wesentliche und detaillierte Daten und Informationen sammeln und aufbereiten, damit mein Ausbildungsbetrieb in Zukunft fundierte strategische Geschäftsentscheidungen im Bereich Zielgruppenausrichtung und Marketingstrategie treffen kann. Ich konnte präzise Kundenprofile erstellen, unsere Kundenzufriedenheit analysieren und durch meine Wettbewerbsanalyse die Position des Unternehmens am Markt stärken. Den vorgesehenen Zeitrahmen konnte ich gut einhalten, auch hat das vorgegebene Budget zur Durchführung der Fachaufgabe ausgereicht. Aufgrund der von mir durchgeführten Analysen konnte mein Ausbildungsbetrieb Verbesserungspotenziale erkennen und Maßnahmen planen, um die Reaktionszeit des Kundenservice und die Lieferzeiten zu verbessern. Weiterhin wurde die Kommunikation mit den Kunden intensiviert. Mir persönlich hat die Fachaufgabe sehr viel Spaß gemacht. Besonders gut gefallen hat mir, dass ich eigenständig Analysen durchführen und mit den Kunden kommunizieren durfte. Durch die Bearbeitung der Fachaufgabe konnte ich meine Kompetenzen erweitern und mein Selbstvertrauen stärken. Auch ist es ein tolles Gefühl, dass meine Fachaufgabe tatsächlich hilft, strategische Unternehmensentscheidungen zu treffen.

Analyse des Reports zur Marktforschung als Vorbereitung strategischer Entscheidungen

1. **Berufs- oder Betriebsbezug**

   Hat die Aufgabe Bezug zu den Ausbildungsinhalten des Berufsbildes Kaufmann/-frau für Groß- und Außenhandelsmanagement?

   Ja, hat sie. Die Fachaufgabe bezieht sich auf § 4 Abs. 2 Nr. 4 der Verordnung (Marketingmaßnahmen planen, durchführen, kontrollieren und steuern) und auf Abschnitt A Nr. 4 a) des Ausbildungsrahmenplans (Informationen zu Zielgruppen, Absatzgebieten und Vertriebskanälen anforderungsorientiert beschaffen und bewerten) sowie auf Abschnitt A Nr. 4 c) des Ausbildungsrahmenplans (Marktaktivitäten des Unternehmens mit denen von Wettbewerbern vergleichen).

   Erfordert die Aufgabe einen Lösungsprozess?

   Nachdem die Auszubildende die Zielsetzung ihrer Fachaufgabe festgelegt hat, muss sie zunächst ihr weiteres Vorgehen planen, ihre geplanten Handlungsschritte umsetzen und den Erfolg ihrer Aufgabe kontrollieren und reflektieren, um eventuelle Veränderungen oder Verbesserungen ableiten zu können.

   Bildet die Aufgabe mindestens einen Teilprozess eines Geschäftsprozesses ab?

   Ja, innerhalb des strategischen Planungsprozesses eines Unternehmens ist die Marktforschung ein eigenständiger Schritt, der dazu dient, fundierte Informationen für die Entwicklung von Geschäftsstrategien zu liefern. Die Marktforschung ist ein integraler Bestandteil des Marketingprozesses. Sie unterstützt die Marketingaktivitäten, indem sie Einblicke in den Markt, die Zielgruppen, die Konkurrenten und Trends liefert.

2. **Abbildung einer vollständigen beruflichen Handlung**

   Umfasst die Aufgabe eine Planungs-, Vorbereitungs-, Durchführungs- sowie eine Auswertungsphase?

   Ja, die Auszubildende beschreibt in ihrem Report ausführlich ihre Vorgehensweise unter Berücksichtigung der einzelnen Aufgabenphasen.

   Kann der Auszubildende durch die Bearbeitung der Aufgabe seine berufliche Handlungsfähigkeit unter Beweis stellen?

   Die Auszubildende benötigt zum Ausführen der Fachaufgabe alle Kompetenzen, die in Summe die berufliche Handlungskompetenz ergeben:

Fach-kompetenz	► Welche Datenquellen können für die Analysen genutzt werden? ► Wie kann eine Analyse der bestehenden Kundenstruktur durchgeführt werden? ► Wie sollten die Kundenbefragung und die Telefoninterviews aufgebaut sein? ► Wie kann man die Kundenzufriedenheit messen? ► Wie wird eine Beschwerdeanalyse durchgeführt? ► Nach welchen Kriterien kann die Wettbewerbsanalyse erfolgen? ► Welche rechtlichen Aspekte müssen im Zusammenhang mit der Verarbeitung von Daten bei einer Befragung berücksichtigt werden? ► usw.
Methoden-kompetenz	► Welche Aufgaben- oder Problemstellung soll durch die Fachaufgabe gelöst werden? ► Welche Informationen werden benötigt? ► Wie und wo kann der Auszubildende diese Informationen recherchieren? ► Welche Personen oder Schnittstellen müssen bei der Bearbeitung der Fachaufgabe miteinbezogen werden? ► Wie ist die Fachaufgabe strukturiert? ► Welche Ziele sollen mit dem Report erreicht werden? ► Wie können die Informationen für den Vorgesetzten/Ausbilder aufbereitet werden?
Sozial-kompetenz	► Welche Erwartungen hat der Ausbilder oder Vorgesetzte? ► Wie erfolgt die Kommunikation: persönlich, per Mail oder per Telefon? ► Wie ist das Verhalten des Auszubildenden gegenüber Kollegen, Vorgesetzten, Lieferanten, Kunden oder anderen Gesprächsteilnehmern? ► Arbeitet der Auszubildende mit anderen Kollegen oder Schnittstellen innerhalb oder außerhalb des Betriebs zusammen?
Selbst-kompetenz	► Arbeitet der Auszubildende eigenverantwortlich und gewissenhaft an der Erfüllung der Fachaufgabe? ► Muss der Auszubildende bei der Fachaufgabe Selbst- und Zeitmanagement beachten? ► Kann der Auszubildende die Fachaufgabe reflektieren? ► Musste der Auszubildende unvorhergesehene Probleme lösen? ► Stellt die Fachaufgabe einen Mehrwert für den Auszubildenden dar? ► Was konnte der Auszubildende durch die Bewältigung der Fachaufgabe lernen? ► Konnte der Auszubildende sein Selbstbewusstsein stärken?

3. Aufgabenstellung

Stellt die Aufgabe aus Sicht des Auszubildenden eine Herausforderung und keine Routineaufgabe dar?

Ja, bei der Aufgabe handelt es sich um eine Herausforderung und keine Routinetätigkeit für die Auszubildende, besonders, da sie noch nie bei einer Marktforschung mitgearbeitet hat. Die Durchführung einer Marktforschung ist eine vielschichtige Aufgabe und erfordert spezifische Fähigkeiten, Analysekompetenzen und ein Verständnis für komplexe Zusammenhänge. Die Herausforderung besteht auch darin, das gelernte theoretische Wissen in die Praxis umzusetzen.

Können bei der Bearbeitung der Aufgabe Probleme und Konflikte bzw. veränderte Bedingungen auftreten, die eine flexible Reaktion des Auszubildenden erforderlich machen?

Ja, es kann z. B. Probleme mit der Qualität oder Verfügbarkeit von Marktdaten geben, dann muss die Auszubildende ihre Arbeitsweise flexibel daran anpassen und eventuell neue Datenquellen suchen. Auch können eventuelle Datenschutzprobleme bei den Kundenbefragungen auftreten. Konflikte oder Missverständnisse in der Kommunikation mit Kollegen oder Kunden sind ebenso möglich. Insgesamt erfordert die Marktforschung als dynamischer Prozess, dass die Auszubildende flexibel auf unvorhergesehene Herausforderungen reagieren kann.

Ist zur Bearbeitung der Aufgabe eine Recherche und ggf. eine Vertiefung fachlicher Kenntnisse durch den Auszubildenden erforderlich?

Ja, zur erfolgreichen Bearbeitung der Aufgabe der Marktforschung als Vorbereitung strategischer Entscheidungen ist eine umfassende Recherche und ggf. eine Vertiefung fachlicher Kenntnisse durch die Auszubildende erforderlich. Sie benötigt beispielweise ein Verständnis verschiedener Marktforschungsmethoden wie Umfragen, Interviews usw. Ebenfalls benötigt sie statistische Analysefähigkeiten, um die gewonnenen Daten richtig aufbereiten und interpretieren zu können. Auch ein gewisses Kundenverständnis ist notwendig, um die richtigen Fragen zu stellen und relevante Daten zu sammeln.

Erfordert die Umsetzung des Lösungsprozesses die Berücksichtigung verschiedener Schnittstellen und ggf. eine Abstimmung mit diesen?

Die Auszubildende muss sich mit verschiedenen Schnittstellen abstimmen:

- Vorgesetzter
- Kollegen
- Kunden
- Abstimmung mit Datenschutzbeauftragtem und Webmaster
- usw.

4. **Gestaltungsspielraum**

Bietet die Aufgabe in Abstimmung mit Verantwortungsträgern oder Prozessverantwortlichen organisatorische Freiheitsgrade bzw. Verantwortungs- und Entscheidungsspielräume für den Auszubildenden?

Die Auszubildende entscheidet in Abstimmung mit dem Ausbilder, welche Datenquellen relevant sind und wie diese am effektivsten genutzt werden können, um aussagekräftige Ergebnisse zu erzielen. Auch kann sie eigenständig den Fragebogen und die Umfrage mit MS Forms erstellen und mit den Kunden kommunizieren. Außerdem führt sie weitestgehend eigenständig die Wettbewerbsanalyse durch.

Gibt es alternative Lösungswege und Vorgehensweisen, die der Auszubildende zur Bearbeitung der Aufgabe wählen bzw. selbstständig (in Absprache mit dem Ausbilder) entwickeln kann?

Bei dieser Aufgabe wären auch andere Lösungswege und ein anderes Vorgehen denkbar. Die Auszubildende könnte alternative Ansätze und Methoden zur Marktforschung wählen. So wären in Abstimmung mit dem Ausbilder z. B. auch ein Lean Research-Ansatz oder eine Social Media-Analyse möglich, um die Marktforschung durchzuführen.

5. **Auswertbarkeit**

Ermöglichen die Ergebnisse der Aufgabe eine Bewertung, die der Auszubildende selbstständig vornehmen kann?

Die Auszubildende kann selbstständig bewerten, dass ihre Fachaufgabe erfolgreich war und sie effektiv mit ihrer Marktforschung zur Verbesserung der Kundenzufriedenheit und zur Vorbereitung strategischer Geschäftsentscheidungen beigetragen hat.

Kann der Auszubildende reflektieren, inwieweit die Ziele der Aufgabe erreicht wurden und ggf. Verbesserungsvorschläge ableiten?

Die Auszubildende kann reflektieren, inwieweit die Ziele der Aufgabe erreicht wurden. Sie konnte wesentliche und detaillierte Daten und Informationen sammeln und aufbereiten, um der Geschäftsleitung zukünftige strategische Entscheidungen zu erleichtern. Auch konnte sie Verbesserungspotenzial im Kundenservice und bei den Lieferzeiten erkennen und Verbesserungsvorschläge ableiten.

Ermöglicht die Aufgabe eine Reflexion der während der Aufgabenbearbeitung erzielten Lernerfolge durch den Auszubildenden?

Die Auszubildende kann reflektieren, welche neuen Kompetenzen sie während der Bearbeitung der Fachaufgabe erworben hat. Sie konnte ihr Wissen über Marktforschungsmethoden und -instrumente vertiefen und viele praktische Erfahrungen sammeln. Auch konnte sie mit Kollegen und Kunden eigenständig agieren und kommunizieren. Zudem konnte sie die vorhandenen Ressourcen optimal nutzen, ihre analytischen Fähigkeiten steigern und ihr Selbstmanagement und ihre Teamfähigkeit unter Beweis stellen. Weiterhin zeugt ihre Bereitschaft, sich in neue Methoden der Marktforschung einzuarbeiten, von Lernbereitschaft und dem Streben nach persönlicher Weiterentwicklung.

Was können die Prüferinnen und Prüfer zum Report fragen?

Fragen zur Planung des Vorgehens

- Warum haben Sie dieses Thema als betriebliche Fachaufgabe gewählt?
- Welche wesentlichen Prozessschritte waren bei der Planung Ihrer Fachaufgabe zu berücksichtigen?
- Warum haben Sie sich für diesen Lösungsweg entschieden?
- Welche alternativen Lösungen wären möglich gewesen?
- Warum haben Sie sich für diese Marktforschungsmethoden entschieden?
- Wie genau sind Sie bei der Datenerhebung und Datenanalyse vorgegangen?
- Wie haben Sie sicherstellen können, dass die Marktforschung den Datenschutzrichtlinien entspricht?
- Welche Ressourcen wurden für die Durchführung Ihrer Fachaufgabe benötigt?
- Wie haben Sie die Zeit für die Aufgabenbearbeitung strukturiert?

Fragen zur Durchführung der betrieblichen Fachaufgabe

- Wie genau wurden die einzelnen Prozessschritte umgesetzt?
- Was verlief nach Plan, was nicht?
- Gab es Probleme bei der Kommunikation mit Kollegen oder mit den Kunden?
- Wie haben Sie sicherstellen können, dass die gesammelten Daten valide und zuverlässig sind?
- Welche Kriterien wurden verwendet, um aussagekräftige Kundenprofile zu erstellen?
- Welche Techniken haben Sie bei der Durchführung von Kundeninterviews angewendet, um relevante Informationen zu erhalten?
- Was mussten Sie bei der telefonischen Kundenbefragung im Umgang mit den Kunden beachten? Wie haben die Kunden am Telefon auf die Befragung reagiert?
- Welche Fragen wurden in den Kundenbefragungen gestellt, um Informationen zur Kundenzufriedenheit zu erhalten? Wie genau waren die Fragebögen oder Formulare aufgebaut?
- Wie wurde die Wettbewerbsanalyse durchgeführt? Welche Kriterien wurden für die Bewertung der Mitbewerber verwendet?
- Wurden Maßnahmen zur Qualitätssicherung und Qualitätskontrolle durchgeführt?
- Welche Instrumente werden verwendet, um den Fortschritt der Maßnahmen zu überwachen?
- Wie erfolgte die Dokumentation der Fachaufgabe?

Fragen zur Berücksichtigung der Rahmenbedingungen

- Welche rechtlichen und wirtschaftlichen Vorgaben und Kriterien waren zu berücksichtigen?
- Mit welchen Personen mussten Sie sich abstimmen?
- Welche vor- und nachgelagerten Prozesse sind zu berücksichtigen?
- Wie wurden Budget- und Zeitvorgaben für die Marktforschung berücksichtigt und eingehalten?
- Welche Maßnahmen wurden ergriffen, um sicherzustellen, dass die Marktforschung den Datenschutzbestimmungen entspricht?
- Gab es eine enge Zusammenarbeit mit anderen Abteilungen, um sicherzustellen, dass die Marktforschung die Gesamtziele des Unternehmens unterstützt?
- Wie wurden die aktuellen und zukünftigen Bedürfnisse der Kunden in die Marktforschung integriert?

Fragen zur Kontrolle und Bewertung der Ergebnisse

- Welche konkreten Ergebnisse wurden erzielt?
- Inwieweit wurden die zu Beginn der Fachaufgabe festgelegten Ziele erreicht?
- Wurden die entwickelten Maßnahmen vollständig und wie geplant umgesetzt?
- Sind unvorhergesehene Probleme und Schwierigkeiten aufgetreten?
- Konnten Sie eventuelle Probleme eigenständig lösen?
- Wie hat die Zusammenarbeit mit den verschiedenen Schnittstellen funktioniert?
- Was könnte zukünftig verbessert oder optimiert werden?
- Inwiefern konnten Ihre vorgeschlagenen Lösungen im Betrieb umgesetzt werden?
- Haben Sie vor der Durchführung Ihrer Aufgabe etwas nicht bedacht, was im Nachhinein wichtig gewesen wäre? Wenn ja, was? Wie haben Sie darauf reagiert?
- Wie würden Sie den Erfolg des Marktforschungsprojekts bewerten?
- Wie bewerten Sie die Qualität der gesammelten und analysierten Marktforschungsergebnisse?
- Wie können Sie die Überprüfbarkeit Ihrer Ergebnisse gewährleisten?
- Gab es Abweichungen von den ursprünglich festgelegten Zielen? Wie wurden diese Abweichungen behandelt?
- Welche persönlichen und beruflichen Lernerfolge haben sich aus der Durchführung der Aufgabe für Sie ergeben?
- Welche Erkenntnisse können Sie für zukünftige ähnliche Projekte nutzen?

12.1.3 Einkauf und Beschaffungslogistik

12.1.3.1 Beschaffung von Schwerlastregalen als Sonderanfertigung

ACHTUNG

Die formalen Vorgaben für die Erstellung eines Reports, z. B. Schriftart und -größe, Seitengröße, Seiten- und Zeilenabstände stimmen aufgrund des Formats dieses Buches nicht mit denen der Kammern überein.

Aufgabenstellung und Zielsetzung

Ich mache meine Ausbildung bei der Baustoff-Handels-GmbH, einem Großhandelsunternehmen für Baustoffe, wie z. B. Stahlträger, Holzbalken und Kanthölzer, Sperrholzplatten usw. Zurzeit bin ich in der Einkaufsabteilung eingesetzt. Aufgrund der steigenden Nachfrage unserer Kunden und unseres stetig wachsenden Warensortiments benötigt mein Ausbildungsbetrieb vier neue Schwerlastregale. Da wir jedoch in unserer Lagerhalle nur einen begrenzten Raum für die neuen Regale zur Verfügung haben und diese ein sehr hohes Gewicht tragen müssen, sind Standard-Schwerlastregale nicht geeignet. Mein Ausbilder hat mir die Aufgabe übertragen, vier passende Regale als Sonderanfertigung für unser Lager zu besorgen. Durch die Anschaffung der neuen Schwerlastregale soll auch die Lagerkapazität erhöht, die Lagerorganisation verbessert und die Produktivität des Lagers gesteigert werden.

Planung des Vorgehens

Nachdem ich meine Aufgabe erhalten habe, mache ich mir zunächst Gedanken über die einzelnen Schritte, die meine Aufgabe mit sich bringt. Da die Regale eine Sonderanfertigung sind, haben wir noch keine entsprechenden Lieferanten im System. Auch kann ich im Betrieb niemanden fragen, da wir solche Regale noch nicht bestellt haben. Ich muss also mindestens die folgenden Punkte bedenken:

- Als Zeithorizont plane ich etwa 4 Monate ein, da ich erst entsprechende Lieferanten suchen muss und die Regale auch noch hergestellt werden müssen.
- Als Budget stehen mir 20.000 € netto zur Verfügung, die endgültige Bestellung muss jedoch von meinem Ausbilder freigegeben werden.
- Welche Maße dürfen die Schwerlastregale haben?
- Über welche Traglast müssen sie verfügen?
- Wie viele Fächer sollen die Regale haben?
- Müssen bestimmte Sicherheitsaspekte oder eine DIN-Norm berücksichtigt werden?
- Wo und wie finde ich geeignete Lieferanten oder Hersteller?

Da wir weder Kataloge oder Broschüren noch sonstige Informationsquellen über potenzielle Lieferanten im Unternehmen haben, werde ich im Internet nach möglichen Herstellern suchen. Anschließend muss ich mit verschiedenen Herstellern Kontakt aufnehmen, unsere spezifischen Anforderungen an die Regale schildern und detaillierte Angebote einholen. Danach muss ich die eingehenden Angebote sorgfältig prüfen und miteinander vergleichen. Neben dem Preis muss ich beim Angebotsvergleich auch Liefertermine, Zahlungsbedingungen, Garantieleistungen und Qualitätsstandards berücksichtigen.

Durchführung der betrieblichen Fachaufgabe

Als Erstes gehe ich in unser Lager und spreche mit dem Lagerleiter. Zusammen analysieren wir die verfügbare Lagerfläche und die Traglastanforderungen. Nach unseren Berechnungen stellen wir fest, dass vier Schwerlastregale mit den Abmessungen 3 m • 1,5 m • 2,5 m (Höhe • Breite • Tiefe) und jeweils drei Fächern ausreichen würden, um unsere Lagerkapazität zu maximieren, ohne die Bewegungsfreiheit im Lager einzuschränken. Wir ermitteln eine Traglast von mindestens 3.000 kg pro Regalboden, da in den Regalen hauptsächlich Stahlträger, Metallrohre und Holzbalken gelagert werden sollen. Weiterhin müssen die Regale die Vorschriften der DIN EN 15512 erfüllen. Diese Norm enthält die wichtigsten Vorschriften zur statischen Auslegung von ortsfesten, verstellbaren Palettenregalen aus Stahl, wie z. B. Materialqualität, Konstruktion, Tragfähigkeit, Stabilität, Oberflächenbeschaffenheit und Sicherheit.

Nachdem ich nun die Anforderungen an unsere neuen Schwerlastregale kenne, beginne ich mit der Internetrecherche nach potenziellen Regalherstellern. Hierfür nutze ich Suchmaschinen, besuche Herstellerwebsites und überprüfe uns bekannte Unternehmensverzeichnisse und Branchenportale. Ich finde sieben Hersteller, die mir geeignet erscheinen. Diese Unternehmen rufe ich an, um den richtigen Ansprechpartner herauszufinden und um die Machbarkeit unserer Anforderungen zu besprechen. Ein Lieferant scheidet nach dem telefonischen Erstkontakt direkt aus, da er zurzeit keine freien Kapazitäten für solche Maßanfertigungen hat. Den übrigen sechs Lieferanten schicke ich meine Anfrage als E-Mail mit allen detaillierten Anforderungen und Spezifikationen.

Nach zwei Wochen haben fünf der sechs angeschriebenen Hersteller geantwortet. Die eingegangenen Angebote überprüfe ich sorgfältig auf die vorgegebenen Maße, Traglast und DIN-Norm. Danach führe ich einen Angebotsvergleich durch. Hierbei achte ich auf:

- Preis, Transport- und Installations- bzw. Montagekosten
- Lieferzeit (ein schneller Liefertermin ist uns besonders wichtig)
- die Einhaltung des vorgegebenen Budgets
- die Einhaltung der DIN-Norm
- eventuell vorhandene Rabatte

- Lieferungs- und Zahlungskonditionen, wie z. B. Skonti
- Qualität der Schwerlastregale, sofern beurteilbar
- Kundenservice und Erfahrungen des Herstellers.

Ich bereite für meinen Ausbilder eine fundierte Entscheidung vor und wähle den Hersteller aus, der die besten Konditionen bietet und am besten zu unseren Anforderungen passt. Anschließend präsentiere ich meinem Ausbilder die Ergebnisse meiner betrieblichen Fachaufgabe. Nachdem er diese überprüft hat, bestelle ich die Schwerlastregale nach Rücksprache mit meinem Vorgesetzten schriftlich bei dem ausgewählten Hersteller.

Den anderen Anbietern teile ich per E-Mail mit, dass wir uns nach sorgfältiger Prüfung aufgrund der günstigeren Konditionen für einen anderen Hersteller entschieden haben.

Kontrolle und Bewertung der Ergebnisse

Nachdem die Schwerlastregale termingerecht geliefert und installiert wurden, überprüfen der Lagerleiter und verschiedene Lagermitarbeiter die Regale eingehend um sicherzustellen, dass sie den vereinbarten Spezifikationen entsprechen. Sie stellen sicher, dass die Regale vorschriftsmäßig montiert sind und ordnungsgemäß funktionieren, bevor diese für den Einsatz im Lagerbetrieb freigegeben werden.

Durch die Anschaffung der neuen Schwerlastregale soll auch die Lagerkapazität erhöht, die Lagerorganisation verbessert und die Produktivität des Lagers gesteigert werden. Um dies zu überprüfen, führe ich zusammen mit dem Lagerleiter nach dem Einbau der neuen Schwerlastregale eine Analyse der Lagerauslastung durch und vergleiche diese mit den vorherigen Daten. Ich stelle fest, dass die Lagerkapazität um 20 % gestiegen ist und die Kommissionierzeiten um 15 % gesunken sind, was auf eine verbesserte Betriebseffizienz durch die neuen Regale schließen lässt.

Ebenfalls sollen die Kosten und Einsparungen im Zusammenhang mit der Beschaffung und Nutzung der Schwerlastregale ermittelt werden, um festzustellen, ob das Projekt wirtschaftlich erfolgreich war. Ich vergleiche also die Gesamtkosten für die Beschaffung, Installation und Nutzung der neuen Schwerlastregale mit den erwarteten Einsparungen durch eine verbesserte Lagerorganisation und Betriebseffizienz. Ich stelle fest, dass sich die Investition in die neuen Regale rentiert hat und langfristige Einsparungen erzielt werden können. Somit hat sich die Anschaffung der Schwerlastregale für den Betrieb auch wirtschaftlich gelohnt.

Mir persönlich hat die betriebliche Fachaufgabe sehr viel Spaß gemacht. Ich konnte den gesamten Beschaffungsprozess für die Schwerlastregale von der Planung bis zur Umsetzung weitestgehend eigenständig durchführen. Auch hat die Zusammenarbeit mit unserem Lager sehr gut funktioniert. Den vorgegebenen Zeitrahmen und das Budget konnte ich auch relativ problemlos einhalten.

Analyse des Reports zur Beschaffung von Schwerlastregalen als Sonderanfertigung

1. Berufs- oder Betriebsbezug

Hat die Aufgabe Bezug zu den Ausbildungsinhalten des Berufsbildes Kaufmann/ -frau für Groß- und Außenhandelsmanagement?

Ja, hat sie. Die Fachaufgabe bezieht sich auf § 4 Abs. 2 Nr. 3 der Verordnung (Einkauf von Waren und Dienstleistungen marktorientiert planen, organisieren und durchführen) und auf Abschnitt A Nr. 3 c) des Ausbildungsrahmenplans (Angebote vergleichen hinsichtlich Art, Beschaffenheit, Qualität, Menge und Preis von Waren, Verpackungskosten, Lieferzeit sowie Liefer- und Zahlungsbedingungen).

Erfordert die Aufgabe einen Lösungsprozess?

Nachdem der Auszubildende die Zielsetzung seiner Fachaufgabe festgelegt hat, muss er zunächst sein weiteres Vorgehen planen, seine geplanten Handlungsschritte umsetzen und den Erfolg seiner Aufgabe kontrollieren und reflektieren.

Bildet die Aufgabe mindestens einen Teilprozess eines Geschäftsprozesses ab?

Die Beschaffung von Schwerlastregalen ist ein realer Geschäftsprozess.

2. Abbildung einer vollständigen beruflichen Handlung

Umfasst die Aufgabe eine Planungs-, Vorbereitungs-, Durchführungs- sowie eine Auswertungsphase?

Ja, der Auszubildende beschreibt in seinem Report ausführlich seine Vorgehensweise unter Berücksichtigung der einzelnen Aufgabenphasen.

Kann der Auszubildende durch die Bearbeitung der Aufgabe seine berufliche Handlungsfähigkeit unter Beweis stellen?

Der Auszubildende benötigt zum Ausführen der Fachaufgabe alle Kompetenzen, die in Summe die berufliche Handlungskompetenz ergeben:

Fachkompetenz	► Was ist bei der Planung der Beschaffung einer Sonderanfertigung zu beachten? ► Welche finanziellen Mittel stehen zur Verfügung? ► Welcher Zeithorizont soll eingehalten werden? ► Welche Faktoren sind bei der Herstellerauswahl zu berücksichtigen? ► Welche Datenquellen können für die Recherche potenzieller Lieferanten genutzt werden? ► Nach welchen Kriterien kann die Auswahlentscheidung getroffen werden? ► Welche Normen müssen bei der Beschaffung der Regale eingehalten werden? ► usw.

Methoden-kompetenz	► Welche Aufgaben- oder Problemstellung soll durch die Fachaufgabe gelöst werden? ► Welche Informationen werden benötigt? ► Wie und wo kann der Auszubildende diese Informationen recherchieren? ► Welche Personen oder Schnittstellen müssen bei der Bearbeitung der Fachaufgabe miteinbezogen werden? ► Wie ist die Fachaufgabe strukturiert? ► Welche Ziele sollen mit dem Report erreicht werden? ► Wie können die Informationen für den Vorgesetzten/Ausbilder aufbereitet werden?
Sozial-kompetenz	► Welche Erwartungen hat der Ausbilder oder Vorgesetzte? ► Wie erfolgt die Kommunikation: persönlich, per Mail oder per Telefon? ► Wie ist das Verhalten des Auszubildenden gegenüber Kollegen, Vorgesetzten, Lieferanten, Kunden oder anderen Gesprächsteilnehmern? ► Arbeitet der Auszubildende mit anderen Kollegen oder Schnittstellen innerhalb oder außerhalb des Betriebs zusammen?
Selbst-kompetenz	► Arbeitet der Auszubildende eigenverantwortlich und gewissenhaft an der Erfüllung der Fachaufgabe? ► Muss der Auszubildende bei der Fachaufgabe Selbst- und Zeitmanagement beachten? ► Kann der Auszubildende die Fachaufgabe reflektieren? ► Musste der Auszubildende unvorhergesehene Probleme lösen? ► Stellt die Fachaufgabe einen Mehrwert für den Auszubildenden dar? ► Was konnte der Auszubildende durch die Bewältigung der Fachaufgabe lernen? ► Konnte der Auszubildende sein Selbstbewusstsein stärken?

3. Aufgabenstellung

Stellt die Aufgabe aus Sicht des Auszubildenden eine Herausforderung und keine Routineaufgabe dar?

Die Beschaffung einer Sonderanfertigung stellt eine Herausforderung für den Auszubildenden dar. Es handelt sich um einen einmaligen Vorgang und somit nicht um eine Routinetätigkeit. Auch muss der Auszubildende zunächst die Anforderungen an die Schwerlastregale klären und mögliche Bezugsquellen ermitteln.

Können bei der Bearbeitung der Aufgabe Probleme und Konflikte bzw. veränderte Bedingungen auftreten, die eine flexible Reaktion des Auszubildenden erforderlich machen?

Ja, es kann z. B. Terminschwierigkeiten bei der Herstellung und Lieferung der Schwerlastregale geben. Auch sind Kommunikationsprobleme oder Missverständnisse bezüglich der Anforderungen an die Regale oder Abstimmungsschwierigkeiten mit den potenziellen Herstellern denkbar. Ebenfalls kann die Einhaltung des Budgets problematisch sein.

Ist zur Bearbeitung der Aufgabe eine Recherche und ggf. eine Vertiefung fachlicher Kenntnisse durch den Auszubildenden erforderlich?

Ja, der Auszubildende muss mehrere Informationen recherchieren. So muss er sich bspw. über die Maße und Traglast der Regale informieren, die entsprechende DIN-Norm recherchieren und herausfinden, welche Hersteller solche Schwerlastregale als Sonderanfertigung produzieren.

Erfordert die Umsetzung des Lösungsprozesses die Berücksichtigung verschiedener Schnittstellen und ggf. eine Abstimmung mit diesen?

Der Auszubildende muss sich mit verschiedenen Schnittstellen abstimmen:

- Vorgesetzter
- externe Hersteller und Lieferanten
- Lagerleiter und Lagermitarbeiter
- usw.

4. Gestaltungsspielraum

Bietet die Aufgabe in Abstimmung mit Verantwortungsträgern oder Prozessverantwortlichen organisatorische Freiheitsgrade bzw. Verantwortungs- und Entscheidungsspielräume für den Auszubildenden?

Der Auszubildende muss die Zeit- und Budgetvorgaben einhalten und die tatsächliche Bestellung von seinem Ausbilder genehmigen lassen. Ansonsten kann der Auszubildende sein Vorgehen relativ frei planen und den Beschaffungsprozess eigenständig organisieren. Ebenfalls kommuniziert er selbstständig mit den Herstellern und führt den Angebotsvergleich durch. Der Ausbilder stimmt lediglich dem vorgeschlagenen Hersteller zu.

Gibt es alternative Lösungswege und Vorgehensweisen, die der Auszubildende zur Bearbeitung der Aufgabe wählen bzw. selbstständig (in Absprache mit dem Ausbilder) entwickeln kann?

Bei dieser Aufgabe wären auch andere Lösungswege und ein anderes Vorgehen denkbar. Der Auszubildende hätte bspw. eine andere Vorgehensweise für die Bezugsquellenermittlung wählen können. Auch hätte er die möglichen Lieferanten direkt per E-Mail oder Brief ohne vorherigen telefonischen Erstkontakt anschreiben können. Ebenso hätte er die für die Lösung der Aufgabe erforderlichen Schritte in einer anderen Reihenfolge abarbeiten können.

5. Auswertbarkeit

Ermöglichen die Ergebnisse der Aufgabe eine Bewertung, die der Auszubildende selbstständig vornehmen kann?

Der Auszubildende kann die Ergebnisse seiner Fachaufgabe selbstständig bewerten. Die Regale werden bei dem von ihm ausgewählten Hersteller bestellt. Auch kann der Auszubildende anhand der Analyse der Lagerauslastung und der Kosten-Nutzen-Analyse der Regalanschaffung erkennen, dass er die Aufgabe erfolgreich gelöst hat.

Kann der Auszubildende reflektieren, inwieweit die Ziele der Aufgabe erreicht wurden und ggf. Verbesserungsvorschläge ableiten?

Der Auszubildende kann reflektieren, dass er die Ziele seiner Fachaufgabe erreicht hat. Das Unternehmen folgt seiner Empfehlung und bestellt bei dem von ihm ausgewählten Hersteller. Weiterhin hat er die zeitlichen und finanziellen Vorgaben eingehalten und die bestellten Regale erfüllen die definierten Anforderungen.

Ermöglicht die Aufgabe eine Reflexion der während der Aufgabenbearbeitung erzielten Lernerfolge durch den Auszubildenden?

Der Auszubildende kann reflektieren, welche neuen Kompetenzen er während der Bearbeitung der Fachaufgabe erworben hat. So konnte er eine neue DIN-Norm kennenlernen und den gesamten Beschaffungsprozess relativ eigenständig durchführen. Weiterhin kann er die Zusammenarbeit mit dem Lager und den externen Herstellern und die Einhaltung der Vorgaben (Zeit und Budget) reflektieren.

Was können die Prüferinnen und Prüfer zum Report fragen?

Fragen zur Planung des Vorgehens

- Warum haben Sie dieses Thema als betriebliche Fachaufgabe gewählt?
- Welche wesentlichen Prozessschritte waren bei der Planung Ihrer Fachaufgabe zu berücksichtigen?
- Warum haben Sie sich für diesen Lösungsweg bzw. dieses Vorgehen entschieden?
- Welche alternativen Lösungen wären möglich gewesen?
- Welche Besonderheiten sind bei der Beschaffung einer Maßanfertigung zu berücksichtigen?
- Welche Anforderungen müssen die Schwerlastregale erfüllen und wie genau haben Sie diese bestimmt?
- Wie genau sind Sie bei der Recherche nach potenziellen Herstellern vorgegangen?
- Welche Ressourcen wurden für die Durchführung Ihrer Fachaufgabe benötigt?
- Wie haben Sie die Zeit für die Aufgabenbearbeitung strukturiert?

Fragen zur Durchführung der betrieblichen Fachaufgabe

- Wie genau wurden die einzelnen Prozessschritte umgesetzt?
- Was verlief nach Plan, was nicht?
- Können Sie ein Beispiel für eine Problemlösungssituation während des Projekts geben?
- Gab es Probleme bei der Kommunikation mit den Herstellern?

- Welche Kriterien haben Sie bei der Auswahl der Hersteller berücksichtigt?
- Gab es Schwierigkeiten und wie haben Sie diese gelöst, um eine erfolgreiche Zusammenarbeit zu gewährleisten?
- Wurden Maßnahmen zur Qualitätssicherung und Qualitätskontrolle durchgeführt?
- Welche Maßnahmen haben Sie ergriffen, um sicherzustellen, dass das Projekt im Zeitplan und Budget bleibt?
- Wie erfolgte die Dokumentation der Fachaufgabe?

Fragen zur Berücksichtigung der Rahmenbedingungen

- Welche rechtlichen und wirtschaftlichen Vorgaben und Kriterien waren zu berücksichtigen?
- Mit welchen Personen mussten Sie sich abstimmen?
- Welche vor- und nachgelagerten Prozesse sind zu berücksichtigen?
- Gibt es spezifische Gesetze oder Vorschriften, die beachtet werden müssen?
- Welche technischen Anforderungen mussten bei der Auswahl und Installation der Schwerlastregale berücksichtigt werden, z. B. Tragfähigkeit, Sicherheit oder Kompatibilität mit vorhandenen Systemen?
- Was genau regelt die DIN EN 15512?
- Welche Umwelt- und Nachhaltigkeitsaspekte wurden bei der Beschaffung der Schwerlastregale berücksichtigt?

Fragen zur Kontrolle und Bewertung der Ergebnisse

- Welche konkreten Ergebnisse wurden erzielt?
- Inwieweit wurden die zu Beginn der Fachaufgabe festgelegten Ziele erreicht?
- Sind unvorhergesehene Probleme oder Schwierigkeiten aufgetreten?
- Konnten Sie eventuelle Probleme eigenständig lösen?
- Wie hat die Zusammenarbeit mit den verschiedenen Schnittstellen funktioniert?
- Was könnte zukünftig verbessert oder optimiert werden?
- Inwiefern konnten Ihre vorgeschlagenen Lösungen im Betrieb umgesetzt werden?
- Wie genau haben Sie den Kosten-Nutzen-Vergleich durchgeführt?
- Wie werden die Lagerkapazität und die Kommissionierzeit berechnet?
- Haben Sie vor der Durchführung Ihrer Aufgabe etwas nicht bedacht, was im Nachhinein wichtig gewesen wäre? (Wenn ja, was? Wie haben Sie darauf reagiert?)
- Wie können Sie die Überprüfbarkeit Ihrer Ergebnisse gewährleisten?
- Welche persönlichen und beruflichen Lernerfolge haben sich aus der Durchführung der Aufgabe für Sie ergeben?
- Welche Erkenntnisse können Sie für zukünftige ähnliche Projekte nutzen?

12.1.3.2 Analyse und Bewertung der Logistikprozesse im Beschaffungsbereich

ACHTUNG

Die formalen Vorgaben für die Erstellung eines Reports, z. B. Schriftart und -größe, Seitengröße, Seiten- und Zeilenabstände stimmen aufgrund des Formats dieses Buches nicht mit denen der Kammern überein.

Aufgabenstellung und Zielsetzung

Ich bin Auszubildender zum Kaufmann für Groß- und Außenhandelsmanagement mit der Fachrichtung Großhandel bei der Firma Elektrohandel Max Muster GmbH. Wir vertreiben eine Vielzahl von Elektrogeräten wie z. B. Haushaltsgeräte, Unterhaltungselektronik, Stromspeicher, Photovoltaikanlagen und Elektrozubehör. Mein Ausbildungsbetrieb plant die Analyse der Logistikprozesse seiner aktuellen Lieferanten, um die Effizienz unserer Beschaffungsprozesse zu optimieren und um eventuelle Schwachstellen in unserer Wertschöpfungskette festzustellen. Mögliche Fehlerquellen sollen erkannt und beseitigt werden. Auch sollen Vorschläge zur Prozessoptimierung erarbeitet werden. Von meinem Ausbilder erhalte ich den Auftrag, unsere bestehenden Lieferanten hinsichtlich ihrer Logistikprozesse zu analysieren und zu bewerten.

Planung des Vorgehens

Nachdem mir meine Aufgabe übertragen wurde, plane ich mein weiteres Vorgehen. Zunächst muss ich zusammen mit meinem Ausbilder die zu analysierenden Lieferanten und Hersteller auswählen. Anschließend muss ich mir passende Bewertungskriterien für die Analyse der Logistikprozesse überlegen. Ich plane folgende Kriterien:

- Ökonomische Kriterien, z. B. Tarife, Gebühren und Kostenstruktur
- Ökologische Kriterien, z. B. Umweltfreundlichkeit der Transportmittel und -wege
- Betriebliche Kriterien, z. B. Zuverlässigkeit und Liefertreue, Zusammenarbeit.

Im nächsten Schritt muss ich die für die Bewertung notwendigen Informationen recherchieren. Hierfür kann ich unsere Geschäftsunterlagen wie Verträge oder die Daten unseres ERP-Systems nutzen, die Websites der Lieferanten besuchen und mich direkt (telefonisch oder per E-Mail) an die Lieferer wenden. Für Rückfragen stehen mir mein Ausbilder oder meine Kollegen in der Einkaufs- oder Logistikabteilung zur Verfügung. Nachdem ich die erforderlichen Daten gesammelt habe, kann ich die Analyse anhand der definierten Kriterien durchführen und für jeden einzelnen Lieferanten ein Stärken-Schwächen-Profil erstellen. Zum Schluss kann ich aufgrund der ermittelten Daten Verbesserungsvorschläge für unsere Beschaffungslogistik erarbeiten.

Durchführung der betrieblichen Fachaufgabe

Zu Beginn meiner Fachaufgabe lege ich gemeinsam mit meinem Ausbilder die zu analysierenden Lieferanten fest. Wir entscheiden uns für die Lieferanten, die für eine reibungslose Funktion unserer Lieferkette besonders wichtig sind. Als Merkmale legen wir das Volumen der bestellten Waren, die Häufigkeit der Bestellungen und die strategische Bedeutung der Lieferanten für unser Unternehmen fest. So ermitteln wir fünf Lieferer, die ich entsprechend meiner definierten Kriterien hinsichtlich ihrer Logistikprozesse ausführlich analysiere.

Bei der **ökonomischen Bewertung** prüfe ich zunächst die Kostenstrukturen jedes Lieferanten, indem ich mir unsere Unterlagen, Verträge, Rechnungen und die Daten aus dem ERP-System ganz genau anschaue. Hierbei ist es wichtig, nicht nur die offensichtlichen Kosten wie Transport- und Verpackungskosten, Verwaltungsgebühren und eventuelle Steuern und Zölle zu berücksichtigen, sondern auch versteckte Kosten wie Lagergebühren einzubeziehen. Ein Beispiel dafür ist die Überprüfung der Abrechnungen eines Lieferanten, bei dem versteckte Zusatzkosten für Sonderleistungen zu erheblichen Ausgaben führten, die zunächst nicht berücksichtigt wurden. Zudem habe ich die Lieferzeiten jedes einzelnen Lieferanten analysiert, indem ich vom tatsächlichen Liefertermin das Bestelldatum subtrahiere. So erhalte ich die Lieferzeit in Kalendertagen. Dabei stelle ich fest, dass einige Lieferanten zwar niedrigere Transportgebühren anbieten, wir dadurch jedoch längere Lieferzeiten in Kauf nehmen müssen.

Bei der **ökologischen Bewertung** untersuche ich, wie umweltfreundlich die Transportmittel und -wege unserer Lieferanten sind und welche Nachhaltigkeitspraktiken angewendet werden. Auch schaue ich, ob unsere Lieferanten bereits Umweltmanagementsysteme wie die ISO 14001 oder EMAS nutzen. Diese Informationen recherchiere ich auf den Internetseiten der Lieferanten und suche bei Branchenverbänden, in Nachhaltigkeitsberichten und in den sozialen Medien nach weiteren Daten. Auf einer Internetseite finde ich die Information, dass ein Lieferant seine Flotte bspw. auf Elektrofahrzeuge umgestellt hat und dadurch seine CO_2-Emissionen deutlich reduzieren konnte. Darüber hinaus habe ich die Umweltauswirkungen der Logistikprozesse bewertet, indem ich untersuche, wie die Lieferanten mit Abfallmanagement und Recycling umgehen. Wenn ich im Internet und in den Berichten keine entsprechenden Informationen finde, frage ich telefonisch bei den entsprechenden Lieferanten nach.

Die **betriebliche Bewertung** konzentriert sich auf die Zuverlässigkeit und Pünktlichkeit der Lieferungen, die Flexibilität und Anpassungsfähigkeit der Händler sowie die Qualität unserer Zusammenarbeit. Des Weiteren untersuche ich die Effektivität der Kommunikationsmöglichkeiten mit den verschiedenen Anbietern. Um die notwendigen Informationen zu erhalten, durchforste ich unsere Unterlagen und unser ERP-System und frage bei den Kollegen aus der Einkaufsabteilung nach, die für die entsprechenden Lieferanten zuständig sind. Bei fast allen unseren Lieferanten besteht die Möglichkeit, online oder über bestimmte digitale Tools zu kommunizieren.

Nachdem ich alle Daten und Informationen aus meiner Recherche zusammengetragen habe, strukturiere ich die Informationen und fasse diese zusammen. Ich erstelle für jeden Lieferanten eine eigene Liste, die die zuvor definierten Kriterien, Unterkategorien und die gesammelten Daten enthält. Ich entscheide mich dafür, für jeden einzelnen Lieferanten ein eigenes Stärken-Schwächen-Profil zu erstellen, da wir so das Wichtigste direkt auf einen Blick erkennen können. Auch können wir diese Profile als Grundlage nutzen, um unsere Beschaffungsprozesse zu optimieren. Nun kann ich mit der Bewertung der jeweiligen Stärken und Schwächen beginnen.

Nach Abschluss meiner Datensammlung und Analyse kann ich die Stärken und Schwächen der verschiedenen Lieferanten identifizieren und nach ökonomischen, ökologischen und betrieblichen Kriterien gliedern. Die Stärken einiger Lieferanten liegen bspw. in ihrer hohen Lieferzuverlässigkeit und ihrem ausgezeichneten Service. Andere zeichnen sich durch ihre geringen Transportkosten und kurzen Lieferzeiten aus. Jedoch wurden auch Schwächen festgestellt, wie z. B. eine unzureichende Kommunikation, längere Lieferzeiten oder unzureichende Umweltstandards.

Für jeden einzelnen Lieferanten habe ich ein eigenes Lieferantenprofil erstellt, das vergleichbare Kriterien enthält und die Stärken und Schwächen übersichtlich und strukturiert darstellt. Neben unserer Lieferantennummer und dem Lieferantennamen enthalten die Profile auch die definierten Kriterien, Kontaktinformationen und eine Aufstellung über die gelieferten Produkte, die wir bei diesem Lieferanten beziehen. Abschließend erstelle ich noch für jeden Lieferanten ein eigenes Profildiagramm in MS Excel, um meine Ergebnisse zu veranschaulichen.

Um unsere Beschaffungsprozesse zu optimieren, erscheint es mir ratsam, die bestehenden Beziehungen zu den Lieferanten weiter zu pflegen und ggf. zu intensivieren, die sehr zuverlässig sind. Mit diesen Lieferanten sollten wir eine partnerschaftliche Zusammenarbeit anstreben und langfristige Verträge schließen. Auch könnten wir mit bestehenden Lieferanten Verhandlungen über Vertragsanpassungen führen, um bestimmte Kriterien zu verbessern oder um neue Leistungen zu integrieren. Ein Beispiel hierfür ist die Anpassung der Vertragsbedingungen mit Lieferant A, um versteckte Kosten für Sonderleistungen zu reduzieren. Wir könnten durch intensive Verhandlungen möglicherweise ein maßgeschneidertes Tarifmodell vereinbaren, das besser zu unseren Bedürfnissen passt. Für Bereiche, in denen die aktuellen Anbieter deutliche Schwächen aufweisen, sollten wir eventuell neue Lieferanten suchen, die den Anforderungen unseres Unternehmens besser entsprechen. Ein Beispiel ist die Auswahl eines neuen Lieferanten oder einer neuen Spedition für Expresslieferungen, damit wir die bestellten Artikel auch wirklich am nächsten Tag erhalten.

Bewertung der Ergebnisse

Die von mir erstellten Stärken-Schwächen-Profile als Ergebnis meiner Analyse der Logistikprozesse unserer Lieferanten präsentiere ich meinem Ausbilder bei unserem nächsten Teammeeting. Er ist mit meiner Lösung der Aufgabe zufrieden und findet die Stärken-Schwächen-Profile und Diagramme sehr informativ und übersichtlich gestaltet. Auch möchte er meine Verbesserungsvorschläge und deren Umsetzbarkeit bei den einzelnen Lieferanten prüfen. Ich persönlich fand die Aufgabe sehr interessant. Die Fachaufgabe hat mir die Möglichkeit gegeben, ein umfassendes Verständnis für die Beschaffungslogistik zu entwickeln. Ich habe gelernt, wie wichtig es ist, die Stärken und Schwächen der eigenen Lieferanten genau zu kennen, um aufgrund dieses Wissens die Beschaffungsprozesse verbessern zu können. Allerdings habe ich auch festgestellt, dass es gar nicht immer einfach ist, die für die Bewertung der Lieferanten erforderlichen Informationen zu recherchieren. So veröffentlichen z. B. nicht alle Lieferanten Informationen über Umweltschutz, Nachhaltigkeit oder Umweltmanagementsysteme auf ihrer Internetseite. Wenn ich nachgefragt habe, hatte ich oft nicht den richtigen Ansprechpartner am Telefon, da nicht jedes Unternehmen einen Umweltbeauftragten hat. Deswegen habe ich für die Recherche deutlich mehr Zeit gebraucht, als ich eingeplant habe. Beim nächsten Mal würde ich lieber eine schriftliche Befragung der Lieferanten zu den Umweltaspekten, z. B. mithilfe eines Fragebogens, durchführen.

Analyse des Reports zur Analyse und Bewertung der Logistikprozesse im Beschaffungsbereich

1. **Berufs- oder Betriebsbezug**

   Hat die Aufgabe Bezug zu den Ausbildungsinhalten des Berufsbildes Kaufmann/-frau für Groß- und Außenhandelsmanagement?

   Ja, hat sie. Die Fachaufgabe bezieht sich auf § 4 Abs. 2 Nr. 2 der Verordnung (Handelsspezifische Beschaffungslogistik planen und steuern) und auf Abschnitt A Nr. 2 b) des Ausbildungsrahmenplans (logistische Dienstleistungen nach ökonomischen und ökologischen Kriterien sowie nach betrieblichen Vorgaben auswählen, Verträge abschließen und die Vertragserfüllung kontrollieren) und auf Abschnitt A Nr. 2 d) des Ausbildungsrahmenplans (Schnittstellen zu Herstellern, Lieferanten und Wiederverkäufern sowie Schwachstellen in der Wertschöpfungskette analysieren, Fehlerquellen erkennen und Vorschläge zur Fehlerbeseitigung und zur Prozessoptimierung machen).

   Erfordert die Aufgabe einen Lösungsprozess?

   Nachdem der Auszubildende die Zielsetzung seiner Fachaufgabe festgelegt hat, muss er zunächst sein weiteres Vorgehen planen, seine geplanten Handlungsschritte umsetzen und den Erfolg seiner Aufgabe kontrollieren und reflektieren.

   Bildet die Aufgabe mindestens einen Teilprozess eines Geschäftsprozesses ab?

   Ja, die Analyse und Bewertung der Logistikprozesse im Beschaffungsbereich ist ein realer Geschäftsprozess, der in vielen Unternehmen durchgeführt wird. Durch die Analyse und Bewertung der Logistikprozesse im Beschaffungsbereich können Unternehmen Schwachstellen in ihrer Lieferkette identifizieren, Engpässe aufdecken und Verbesserungsmöglichkeiten erkennen.

2. **Abbildung einer vollständigen beruflichen Handlung**

Umfasst die Aufgabe eine Planungs-, Vorbereitungs-, Durchführungs- sowie eine Auswertungsphase?

Ja, der Auszubildende beschreibt in seinem Report ausführlich seine Vorgehensweise unter Berücksichtigung der einzelnen Aufgabenphasen.

Kann der Auszubildende durch die Bearbeitung der Aufgabe seine berufliche Handlungsfähigkeit unter Beweis stellen?

Der Auszubildende benötigt zum Ausführen der Fachaufgabe alle Kompetenzen, die in Summe die berufliche Handlungskompetenz ergeben:

Fachkompetenz	► Welche Kriterien können für die Analyse und Bewertung der Logistikprozesse im Beschaffungsbereich herangezogen werden? ► Nach welchen Kriterien sollen die Lieferanten ausgewählt werden, die bewertet werden sollen? ► Welche Datenquellen können für die Informationsrecherche genutzt werden? ► Wie können die gesammelten Daten für die Bewertung strukturiert und aufbereitet werden? ► Wie ist eine Stärken-Schwächen-Analyse aufgebaut? ► Welche Schlussfolgerungen und Verbesserungsvorschläge können aus der Analyse abgeleitet werden? ► usw.
Methodenkompetenz	► Welche Aufgaben- oder Problemstellung soll durch die Fachaufgabe gelöst werden? ► Welche Informationen werden benötigt? ► Wie und wo kann der Auszubildende diese Informationen recherchieren? ► Welche Personen oder Schnittstellen müssen bei der Bearbeitung der Fachaufgabe miteinbezogen werden? ► Wie ist die Fachaufgabe strukturiert? ► Welche Ziele sollen mit dem Report erreicht werden? ► Wie können die Informationen für den Vorgesetzten/Ausbilder aufbereitet werden?
Sozialkompetenz	► Welche Erwartungen hat der Ausbilder oder Vorgesetzte? ► Wie erfolgt die Kommunikation: persönlich, per Mail oder per Telefon? ► Wie ist das Verhalten des Auszubildenden gegenüber Kollegen, Vorgesetzten, Lieferanten, Kunden oder anderen Gesprächsteilnehmern? ► Arbeitet der Auszubildende mit anderen Kollegen oder Schnittstellen innerhalb oder außerhalb des Betriebs zusammen?

Selbst-kompetenz	► Arbeitet der Auszubildende eigenverantwortlich und gewissenhaft an der Erfüllung der Fachaufgabe? ► Muss der Auszubildende bei der Fachaufgabe Selbst- und Zeit-management beachten? ► Kann der Auszubildende die Fachaufgabe reflektieren? ► Musste der Auszubildende unvorhergesehene Probleme lösen? ► Stellt die Fachaufgabe einen Mehrwert für den Auszubildenden dar? ► Was konnte der Auszubildende durch die Bewältigung der Fach-aufgabe lernen? ► Konnte der Auszubildende sein Selbstbewusstsein stärken?

3. **Aufgabenstellung**

Stellt die Aufgabe aus Sicht des Auszubildenden eine Herausforderung und keine Routineaufgabe dar?

Die Fachaufgabe stellt eine Herausforderung für den Auszubildenden und keine Routinetätigkeit dar, da der Auszubildende bisher noch keine Analyse der Beschaffungsprozesse durchgeführt hat. Auch muss er zunächst die erforderlichen Informationen recherchieren und sich mit dem Erstellen von Stärken-Schwächen-Profilen vertraut machen.

Können bei der Bearbeitung der Aufgabe Probleme und Konflikte bzw. veränderte Bedingungen auftreten, die eine flexible Reaktion des Auszubildenden erforderlich machen?

Es kann schwierig sein, alle benötigten Daten und Informationen zu recherchieren. Besonders die ökologischen Kriterien erfordern eine intensive Recherche und eine Zusammenarbeit mit den Lieferanten. Ebenfalls kann die Vielzahl an Informationen zu Problemen führen. Auch können Konflikte oder Unstimmigkeiten mit Lieferanten auftreten, z. B. aufgrund von fehlenden Rückmeldungen oder unklaren Ansprechpartnern. Der Auszubildende muss in der Lage sein, mit diesen Problemen umzugehen und sie zu lösen.

Ist zur Bearbeitung der Aufgabe eine Recherche und ggf. eine Vertiefung fachlicher Kenntnisse durch den Auszubildenden erforderlich?

Ja, der Auszubildende muss sich die für die Bewertung erforderlichen Kriterien überlegen und die Durchführung einer Stärken-Schwächen-Analyse erlernen. Auch muss er eine intensive Informationsrecherche zu den ökonomischen, ökologischen und betrieblichen Kriterien durchführen. Ebenfalls muss er sein Fachwissen über Logistikprozesse im Beschaffungsbereich vertiefen und Verbesserungspotenziale in der Lieferkette erkennen.

Erfordert die Umsetzung des Lösungsprozesses die Berücksichtigung verschiedener Schnittstellen und ggf. eine Abstimmung mit diesen?

Der Auszubildende muss sich mit verschiedenen Schnittstellen abstimmen:

- Vorgesetzter
- Hersteller und Lieferanten

- Kollegen
- Mitarbeiter anderer Abteilungen im Unternehmen
- usw.

4. **Gestaltungsspielraum**

Bietet die Aufgabe in Abstimmung mit Verantwortungsträgern oder Prozessverantwortlichen organisatorische Freiheitsgrade bzw. Verantwortungs- und Entscheidungsspielräume für den Auszubildenden?

Der Auszubildende kann nach Abstimmung der zu analysierenden Lieferanten die für die Bewertung erforderlichen Kriterien weitgehend selbst bestimmen. Auch kann er eigenständig die erforderlichen Informationen bei den Lieferanten einholen und mit diesen kommunizieren. Er führt selbstständig die Stärken-Schwächen-Analyse durch und erarbeitet in Eigenregie mögliche Verbesserungsvorschläge für die Logistikprozesse im Beschaffungsbereich.

Gibt es alternative Lösungswege und Vorgehensweisen, die der Auszubildende zur Bearbeitung der Aufgabe wählen bzw. selbstständig (in Absprache mit dem Ausbilder) entwickeln kann?

Bei dieser Aufgabe wären auch andere Lösungswege und ein anderes Vorgehen denkbar. So hätte der Auszubildende z. B. andere Bewertungskriterien oder eine andere Bewertungsmöglichkeit als eine Stärken-Schwächen-Analyse nutzen können oder sich für eine andere Methode der Informationsbeschaffung entscheiden können.

5. **Auswertbarkeit**

Ermöglichen die Ergebnisse der Aufgabe eine Bewertung, die der Auszubildende selbstständig vornehmen kann?

Der Auszubildende kann die Ergebnisse seiner Fachaufgabe aufgrund der Rückmeldung seines Vorgesetzten bewerten. Auch kann er selbstständig feststellen, dass er nach Abschluss der Aufgabe erfolgreich eine Analyse und Bewertung der Logistikprozesse im Beschaffungsbereich vorgenommen und Verbesserungsmöglichkeiten entwickelt hat.

Kann der Auszubildende reflektieren, inwieweit die Ziele der Aufgabe erreicht wurden und ggf. Verbesserungsvorschläge ableiten?

Der Auszubildende kann reflektieren, dass er die Ziele seiner Fachaufgabe erreicht hat. Auch kommt er für sich selbst zu dem Schluss, dass er bei einer ähnlichen Aufgabe das nächste Mal mehr Zeit für die Recherche einplanen und dann eine schriftliche Lieferantenbefragung, z. B. mithilfe eines Fragebogens, bevorzugen würde.

Ermöglicht die Aufgabe eine Reflexion der während der Aufgabenbearbeitung erzielten Lernerfolge durch den Auszubildenden?

Der Auszubildende konnte durch die Fachaufgabe ein umfassendes Verständnis für die Beschaffungslogistik entwickeln und seine Fachkenntnisse vertiefen. So hat er z. B. gelernt, Stärken-Schwächen-Profile für die einzelnen Lieferanten zu erstellen. Auch konnte er seine Kommunikationsfähigkeiten im Kontakt mit den Lieferanten verbessern und sein Selbstbewusstsein aufgrund der erfolgreichen Durchführung der Fachaufgabe stärken.

Was können die Prüferinnen und Prüfer zum Report fragen?

Fragen zur Planung des Vorgehens

- Warum haben Sie dieses Thema als betriebliche Fachaufgabe gewählt?
- Welche wesentlichen Prozessschritte waren bei der Planung Ihrer Fachaufgabe zu berücksichtigen?
- Warum haben Sie sich für diesen Lösungsweg entschieden?
- Welche alternativen Lösungen wären möglich gewesen?
- Warum haben Sie sich für dieses Vorgehen entschieden?
- Wie genau sind Sie bei der Informationsrecherche vorgegangen?
- Welche Ressourcen wurden für die Durchführung Ihrer Fachaufgabe benötigt?
- Wie haben Sie die Zeit für die Aufgabenbearbeitung strukturiert?

Fragen zur Durchführung der betrieblichen Fachaufgabe

- Wie genau wurden die einzelnen Prozessschritte umgesetzt?
- Was verlief nach Plan, was nicht?
- Welche Bewertungskriterien haben Sie für die Lieferanten definiert?
- Warum haben Sie sich für eine Stärken-Schwächen-Analyse entschieden?
- Gab es Probleme bei der Kommunikation mit den Lieferanten? Wenn ja, welche genau? Wie sind Sie vorgegangen, um die Probleme zu bewältigen?
- Wie genau haben Sie die Informationen für die Bewertungskriterien recherchiert?
- Gab es Schwierigkeiten und wie haben Sie diese gelöst?
- Wurden Maßnahmen zur Qualitätssicherung und Qualitätskontrolle durchgeführt?
- Wie erfolgte die Dokumentation der Fachaufgabe?

Fragen zur Berücksichtigung der Rahmenbedingungen

- Welche rechtlichen und wirtschaftlichen Vorgaben und Kriterien waren zu berücksichtigen?
- Mit welchen Personen mussten Sie sich abstimmen?
- Welche vor- und nachgelagerten Prozesse sind zu berücksichtigen?
- Gibt es spezifische Gesetze oder Vorschriften, die beachtet werden müssen?
- Welche ökologischen Kriterien haben Sie bei der Analyse berücksichtigt?
- Was versteht man unter der ISO 14001 oder unter EMAS?
- Welche ökonomischen Aspekte haben bei der Profilerstellung eine wichtige Rolle gespielt?
- Gibt es ein festgelegtes Budget oder einen vorgegebenen Zeitrahmen für Ihre Fachaufgabe?

Fragen zur Kontrolle und Bewertung der Ergebnisse

- Welche konkreten Ergebnisse wurden erzielt?
- Inwieweit wurden die zu Beginn der Fachaufgabe festgelegten Ziele erreicht?
- Sind unvorhergesehene Probleme und Schwierigkeiten aufgetreten?
- Konnten Sie eventuelle Probleme eigenständig lösen?
- Wie hat die Zusammenarbeit mit den verschiedenen Schnittstellen funktioniert?
- Was könnte zukünftig verbessert oder optimiert werden?
- Inwiefern konnten Ihre vorgeschlagenen Lösungen im Betrieb umgesetzt werden?
- Haben Sie vor der Durchführung Ihrer Aufgabe etwas nicht bedacht, was im Nachhinein wichtig gewesen wäre? (Wenn ja, was? Wie haben Sie darauf reagiert?)
- Wie können Sie die Überprüfbarkeit Ihrer Ergebnisse gewährleisten?
- Welche persönlichen und beruflichen Lernerfolge haben sich aus der Durchführung der Aufgabe für Sie ergeben?
- Welche Erkenntnisse können Sie für zukünftige ähnliche Projekte nutzen?

12.2 Außenhandel

12.2.1 Internationaler Handel und Auslandsmärkte

12.2.1.1 Bestimmung des Transportwegs für peruanische Bio-Bananen

ACHTUNG

Die formalen Vorgaben für die Erstellung eines Reports, z. B. Schriftart und -größe, Seitengröße, Seiten- und Zeilenabstände stimmen aufgrund des Formats dieses Buches nicht mit denen der Kammern überein.

Aufgabenstellung und Zielsetzung

Mein Ausbildungsbetrieb, die BioLife GmbH, ist ein Großhandelsunternehmen für hochwertige Bio-Lebensmittel und auf den Import und Vertrieb von Bio-Produkten aus aller Welt spezialisiert. Unser breites Sortiment umfasst eine Vielzahl von Bio-Lebensmitteln, darunter frisches Obst und Gemüse, Trockenfrüchte, Nüsse, Getreideprodukte, Öle und Gewürze aus verschiedenen Regionen der Welt. In Zukunft möchten wir auch biologisch angebaute Bananen aus Peru anbieten. Der Import von Lebensmitteln erfordert eine sorgfältige Auswahl der Transportmittel und -wege, um die frische Qualität der Ware zu erhalten. Von meiner Ausbilderin erhalte ich den Auftrag, den optimalen Transportweg für peruanische Bio-Bananen unter Berücksichtigung ökonomischer und ökologischer Aspekte zu bestimmen.

Planung des Vorgehens

Nachdem ich mit meiner Ausbilderin die konkrete Aufgabenstellung und Zielsetzung meiner Fachaufgabe besprochen habe, überlege ich mir zunächst mein weiteres Vorgehen. Als Erstes muss ich mich eingehend mit den verschiedenen Transportmitteln und -wegen für peruanische Bio-Bananen vertraut machen. Auch muss ich eventuell vorhandene Handelshemmnisse wie Zollvorschriften, Grenzkontrollen und Infrastrukturprobleme entlang der geplanten Transportrouten recherchieren und vielleicht auf Spanisch kommunizieren. Außerdem muss ich bei meiner Aufgabe die ökologischen Auswirkungen jeder Transportoption bewerten. Dazu zählen besonders die durch den Transport bedingten CO_2-Emissionen. Und natürlich darf ich auch die Kosten der unterschiedlichen Transportmethoden nicht außer Acht lassen. Nach einer detaillierten Analyse der verschiedenen Transportoptionen kann ich meinem Unternehmen dann den optimalen Transportweg vorschlagen.

Durchführung der betrieblichen Fachaufgabe

Als Erstes beginne ich mit der Informationsrecherche. Hierfür nutze ich eine Vielzahl von Ressourcen, einschließlich Online-Datenbanken, Portale und Fachzeitschriften. Ebenfalls besuche ich die Webseiten von Logistikunternehmen, Transportdienstleistern, Reedereien, Spediteuren, Hafenbehörden und Flughäfen, um Einblicke in deren Angebote, Preise und Transportmöglichkeiten zu erhalten. Weiterhin kann ich für die Planung und Optimierung der Transportwege auch unsere betriebsinterne Routenplaner-Software und unser Transport-Management-System nutzen. Um den ökologischen Fußabdruck jeder Transportoption zu bewerten, nutze ich den CO_2-Rechner, der in unser Transport-Management-System integriert ist und über eine Webschnittstelle verfügt.

Zunächst führe ich eine gründliche Analyse der verschiedenen Transportwege durch, einschließlich Luftfracht, Seefracht und multimodaler Transporte. Hierbei berücksichtige ich die Umweltauswirkungen, Kosten und Lieferzeiten jeder Option. Für die Luftfracht recherchiere ich intensiv die Lieferzeiten, die Flugrouten, die Verfügbarkeit von Frachtraum und die potenziellen Kosten. Bei der Bewertung der Luftfracht komme ich zu dem Ergebnis, dass zwar die Lieferzeit kürzer ist, jedoch im Vergleich zur Seefracht die CO_2-Emissionen pro Kilogramm Bananen und die Transportkosten deutlich höher sind.

Für die Seefracht untersuche ich die Haupt-Seerouten von Peru nach Deutschland, die Frachtvolumina, die Durchlaufzeiten der Häfen, die Transportkosten und die CO_2-Emissionen. Dabei stelle ich fest, dass die Seefracht eine verhältnismäßig kostengünstige und umweltfreundliche Option ist, jedoch längere Lieferzeiten mit sich bringt.

Um potenzielle Risiken und Kosten entlang der geplanten Transportrouten zu identifizieren, untersuche ich auch sorgfältig mögliche Handelshemmnisse wie Zollvorschriften, Grenzkontrollen und Infrastrukturprobleme. Ich recherchiere die geltenden Zolltarife und -verfahren entlang den möglichen Transportrouten, um Kosten und eventuelle Verzögerungen bei der Einfuhr zu ermitteln. Hierfür erkundige ich mich im Internet bei Hafenbehörden und Zollämtern. Zudem analysiere ich die Grenzkontrollen und Zollabfertigungsverfahren an den Hafenterminals und Flughäfen, um Engpässe und potenzielle Risiken für die Lieferkette zu identifizieren. Während meiner Analyse stelle ich fest, dass es auf den möglichen Transportwegen bei Kontrollen (Grenzkontrollen oder phytosanitäre Inspektionen, um sicherzustellen, dass die Bananen keine schädlichen Organismen enthalten und den Importvorschriften des Ziellandes entsprechen) zu Verzögerungen kommen kann, insbesondere wenn keine vorherige Klärung der erforderlichen Dokumente erfolgt. Dies könnte zu unerwarteten Lagerkosten und Qualitätsverlusten führen, deswegen sollten wir darauf achten, beim Transport alle notwendigen Dokumente mit den Waren mitzuführen. Hierzu zählen bspw. Handelsrechnungen, Einfuhrlizenzen oder -genehmigungen, phytosanitäre Zertifikate, Ursprungszeugnisse und Transportdokumente wie Frachtbriefe, Konnossemente oder Luftfrachtbriefe.

Ebenfalls muss ich bei der Bestimmung des optimalen Transportwegs berücksichtigen, dass Bananen empfindliche Lebensmittel sind und in unreifem Zustand geerntet werden. Beim Transport muss eine vorzeitige Reifung unbedingt verhindert werden, um Transportschäden oder Verderb zu vermeiden. Deswegen muss beim Transport auf eine konstante Temperatur von etwa 13 bis max. 15 Grad Celsius geachtet werden. Auch müssen die Transportkisten eine ausreichende Belüftung der Bananen gewährleisten. Da die Seefracht eine umweltfreundlichere und kostengünstigere Option als Luftfracht darstellt und die Fracht auch während des kompletten Transports gekühlt werden kann, entscheide ich mich für den Seeweg.

Weiterhin stellt sich bei der Seefracht nun die Frage, ob die Bananen mit herkömmlichen Kühlschiffen oder im Kühlcontainer transportiert werden sollen. Kühlschiffe sind das traditionelle Transportmittel für Bananen, jedoch werden sie mehr und mehr auch in Kühlcontainern transportiert. Gegen die Kühlschiffe spricht, dass die Kälteanlagen dieser Schiffe meist noch mit FCKW oder Ammoniak betrieben werden, was die Umwelt belasten kann. Beim Verladen sind die Bananen zudem der Umgebungstemperatur ausgesetzt. Der Transport mit Kühlcontainern ermöglicht permanent eine konstante Temperatur an allen Umschlagpunkten und die Container können auch per Lkw transportiert werden. Auch haben Containerschiffe sehr große Ladungskapazitäten. Aus diesem Grund entscheide ich mich für den Transport mit Kühlcontainern.

Nun muss ich nur noch den möglichen Transportweg recherchieren. Die Bananen werden von den Anbauplantagen in der Nähe der Küstenstadt Piura oder Tumbes in Nordperu in Transportkisten per Lkw zu dem Hafen von Paita transportiert, da dieser Hafen ein wichtiger Umschlagplatz für Frachtschiffe in Peru ist und relativ günstig an den Plantagen liegt. Hier werden die Bananen in Kühlcontainer verpackt und auf das Containerschiff verladen, um anschließend nach Europa transportiert zu werden. Als Ankunftshafen kommen für uns Hamburg oder Bremerhaven in Betracht. Viele Schiffe laufen auch Antwerpen oder Rotterdam an. Hier sollten wir flexibel bleiben und je nach Schiffsverfügbarkeit planen. Anschließend werden die

Bananen per Lkw oder Bahn zu uns transportiert, wobei die Bahn die umweltfreundlichere Transportoption darstellt. Da die Bananen jedoch vom Ankunftsbahnhof zu unserem Lager per Lkw transportiert werden und dann noch einmal umgeladen werden müssten, entscheide ich mich für den Transport per Lkw ab dem Ankunftshafen.

Kontrolle und Bewertung der Ergebnisse

Bei unserem nächsten Teammeeting präsentiere ich meiner Ausbilderin und unserem Einkaufsteam die Lösung meiner Fachaufgabe. Nachdem wir im Team noch einmal die verschiedenen Transportmöglichkeiten und die jeweiligen Vor- und Nachteile durchgesprochen haben, entscheidet sich meine Ausbilderin als Leiterin der Einkaufsabteilung für den von mir vorgeschlagenen Seetransport als Hauptverkehrsweg. Ausschlaggebend für die Entscheidung sind die im Vergleich zur Luftfracht geringeren Transportkosten und die bessere Umweltbilanz. Da die Bananen fast während des kompletten Transportwegs und auch beim Verladen gekühlt werden können, fällt die längere Lieferzeit verglichen mit der Luftfracht nicht so stark ins Gewicht. Auch mit dem von mir recherchierten Transportweg ist meine Ausbilderin einverstanden.

Ich selbst bin auch mit dem Ergebnis meiner Aufgaben und meinem Lösungsansatz zufrieden. Meine Ausbilderin hat mir bei der Planung und Durchführung großen Entscheidungsspielraum gelassen. Ich hatte für die Aufgabenbearbeitung zwar keine genaue Zeitvorgabe, habe aber festgestellt, dass die Recherche über die infrage kommenden Transportmittel und die Planung der möglichen Transportroute mehr Zeit in Anspruch genommen haben als gedacht. Bei einer ähnlichen Aufgabe würde ich das nächste Mal mehr Zeit einplanen.

Eine weitere Schwierigkeit war, dass die Planung des Transportweges neben den ökonomischen und ökologischen Aspekten stark von der Verfügbarkeit der vorhandenen Transportmittel und der Zuverlässigkeit der Infrastruktur abhängt. So laufen z. B. nicht alle Containerschiffe ab Paita immer Häfen in Deutschland an. Deswegen muss man bei der Planung flexibel sein und unter Umständen auch weiteren Warenumschlag und/oder alternative Transportmittel einplanen. Auch musste ich mich mit den geltenden Zolltarifen und -verfahren sowie den Grenzkontrollen und Infrastrukturproblemen in Peru vertraut machen und die besonderen Anforderungen beim Lebensmitteltransport beachten. Meine spanischen Sprachkenntnisse konnte ich bei meiner Aufgabe gut anwenden, da die peruanischen Internetseiten auf Spanisch verfasst sind und ich bei Nachfragen per E-Mail auf Spanisch kommunizieren musste.

Optimal wäre es, wenn die Bananen bereits vor Ort auf den Plantagen in Kühlcontainer verpackt werden würden. So wären sie auch während des Transports per Lkw von den oft unzugänglichen Anbaugebieten bis zum Hafen perfekt gekühlt und vor dem Klima geschützt. Ob dieser Verbesserungsvorschlag machbar ist, muss noch geprüft werden.

Analyse des Reports zur Bestimmung der Transportwege für peruanische Bio-Bananen

1. Berufs- oder Betriebsbezug

Hat die Aufgabe Bezug zu den Ausbildungsinhalten des Berufsbildes Kaufmann/-frau für Groß- und Außenhandelsmanagement?

Ja, hat sie. Die Fachaufgabe bezieht sich auf § 4 Abs. 4 Nr. 1 und Nr. 2 der Verordnung (Außenhandelsgeschäfte abwickeln und Auslandsmärkte bedienen und internationale Berufskompetenzen anwenden), auf Abschnitt C Nr. 1 f) des Ausbildungsrahmenplans (Transportmittel und -wege im internationalen Warenverkehr bestimmen und dabei ökologische und ökonomische Kriterien sowie die Transportfähigkeit, Transportrisiken, Lagerfähigkeit, Pflege, Behandlung und Verpackung von Waren berücksichtigen) und auf Abschnitt C Nr. 2 a) des Ausbildungsrahmenplans (im Rahmen der internationalen Kommunikation, Kooperation und Geschäftsanbahnung staatenspezifische Rahmenbedingungen und rechtliche Anforderungen beachten) sowie auf Abschnitt C Nr. 2 c) des Ausbildungsrahmenplans (bei Anbahnungen, Verhandlungen, Abschlüssen und Erfüllung von Außenhandelsverträgen mündlich und schriftlich in einer Fremdsprache kommunizieren, insbesondere Informationen einholen).

Erfordert die Aufgabe einen Lösungsprozess?

Nachdem die Auszubildende die Zielsetzung ihrer Fachaufgabe festgelegt hat, muss sie zunächst ihr weiteres Vorgehen planen, ihre geplanten Handlungsschritte umsetzen und den Erfolg ihrer Aufgabe kontrollieren und reflektieren.

Bildet die Aufgabe mindestens einen Teilprozess eines Geschäftsprozesses ab?

Ja, die Auswahl von Transportwegen ist ein Teilprozess der Beschaffung. Indem die Auszubildende verschiedene Transportwege bewertet, potenzielle Handelshemmnisse identifiziert und die ökonomischen und ökologischen Auswirkungen untersucht, trägt sie dazu bei, die Effizienz und Nachhaltigkeit des Beschaffungsprozesses zu beurteilen und zu verbessern.

2. Abbildung einer vollständigen beruflichen Handlung

Umfasst die Aufgabe eine Planungs-, Vorbereitungs-, Durchführungs- sowie eine Auswertungsphase?

Ja, die Auszubildende beschreibt in ihrem Report ausführlich ihre Vorgehensweise unter Berücksichtigung der einzelnen Aufgabenphasen.

Kann der Auszubildende durch die Bearbeitung der Aufgabe seine berufliche Handlungsfähigkeit unter Beweis stellen?

Die Auszubildende benötigt zum Ausführen der Fachaufgabe alle Kompetenzen, die in Summe die berufliche Handlungskompetenz ergeben:

Fach-kompetenz	► Welche Transportmittel und -wege kommen infrage? ► Welche Vor- und Nachteile haben diese? ► Welche nationalen und internationalen Datenquellen können für die Informationsrecherche genutzt werden? ► Wie können die gesammelten Daten für die Bewertung strukturiert und aufbereitet werden? ► Welche internationalen Handelsvorschriften müssen beachtet werden? ► Welche ökonomischen und ökologischen Aspekte müssen bei der Auswahl der Transportmethoden berücksichtigt werden? ► Wie muss die Ware behandelt und verpackt werden? ► Welche Transportrisiken gibt es? ► usw.
Methoden-kompetenz	► Welche Aufgaben- oder Problemstellung soll durch die Fachaufgabe gelöst werden? ► Welche Informationen werden benötigt? ► Wie und wo kann der Auszubildende diese Informationen recherchieren? ► Welche Personen oder Schnittstellen müssen bei der Bearbeitung der Fachaufgabe miteinbezogen werden? ► Wie ist die Fachaufgabe strukturiert? ► Welche Ziele sollen mit dem Report erreicht werden? ► Wie können die Informationen für den Vorgesetzten/Ausbilder aufbereitet werden?
Sozial-kompetenz	► Welche Erwartungen hat der Ausbilder oder Vorgesetzte? ► Wie erfolgt die Kommunikation: persönlich, per Mail oder per Telefon? ► Wie ist das Verhalten des Auszubildenden gegenüber Kollegen, Vorgesetzten, Lieferanten, Kunden oder anderen Gesprächsteilnehmern? ► Arbeitet der Auszubildende mit anderen Kollegen oder Schnittstellen innerhalb oder außerhalb des Betriebs zusammen?
Selbst-kompetenz	► Arbeitet der Auszubildende eigenverantwortlich und gewissenhaft an der Erfüllung der Fachaufgabe? ► Muss der Auszubildende bei der Fachaufgabe Selbst- und Zeitmanagement beachten? ► Kann der Auszubildende die Fachaufgabe reflektieren? ► Musste der Auszubildende unvorhergesehene Probleme lösen? ► Stellt die Fachaufgabe einen Mehrwert für den Auszubildenden dar? ► Was konnte der Auszubildende durch die Bewältigung der Fachaufgabe lernen? ► Konnte der Auszubildende sein Selbstbewusstsein stärken?

3. Aufgabenstellung

Stellt die Aufgabe aus Sicht des Auszubildenden eine Herausforderung und keine Routineaufgabe dar?

Aus Sicht der Auszubildenden stellt die Aufgabe definitiv eine Herausforderung dar und ist keine Routineaufgabe. Die Recherche und Analyse der Transportwege und die mögliche Routenplanung für peruanische Bio-Bananen ist eine vielschichtige und anspruchsvolle Aufgabe. Die Auszubildende muss internationale Berufskompetenz anwenden und sich mit einer komplett neuen Aufgabenstellung vertraut machen.

Können bei der Bearbeitung der Aufgabe Probleme und Konflikte bzw. veränderte Bedingungen auftreten, die eine flexible Reaktion des Auszubildenden erforderlich machen?

Es könnte schwierig sein, umfassende und zuverlässige Informationen über die verschiedenen Transportwege oder Zollbestimmungen zu finden, insbesondere wenn es sich um spezifische Routen oder interne Informationen handelt. Auch sind eventuell viele Informationen nicht auf Deutsch verfügbar, sodass die Auszubildende ihre Spanischkenntnisse anwenden muss. Hier kann es eventuell zu Sprachbarrieren oder kulturellen Missverständnissen kommen. Auch kann es Schwierigkeiten mit der Verfügbarkeit der Transportmittel und -wege geben, die eine flexible Reaktion der Auszubildenden erfordern.

Ist zur Bearbeitung der Aufgabe eine Recherche und ggf. eine Vertiefung fachlicher Kenntnisse durch den Auszubildenden erforderlich?

Ja, die Auszubildende muss eine Vielzahl an komplexen Informationen recherchieren. Auch kann sie durch die Bearbeitung der Fachaufgabe ihre fachlichen Kenntnisse, ihre Sprachkenntnisse und die internationale Berufskompetenz vertiefen.

Erfordert die Umsetzung des Lösungsprozesses die Berücksichtigung verschiedener Schnittstellen und ggf. eine Abstimmung mit diesen?

Die Auszubildende muss sich mit verschiedenen Schnittstellen abstimmen:

- Vorgesetzte
- eventuell Lieferanten und Produzenten
- Zollbehörden
- Hafen- und Flughafenbetreiber
- Logistikdienstleister
- usw.

4. Gestaltungsspielraum

Bietet die Aufgabe in Abstimmung mit Verantwortungsträgern oder Prozessverantwortlichen organisatorische Freiheitsgrade bzw. Verantwortungs- und Entscheidungsspielräume für den Auszubildenden?

Die Auszubildende hat die Freiheit, verschiedene Transportmittel und -wege zu bewerten und zu analysieren, um den optimalen Weg für den Transport der peruanischen Bio-Bananen zu identifizieren. Dabei kann sie weitgehend eigenständig entscheiden, welche Kriterien sie für die Bewertung verwenden möchte und welche Transportmittel am besten geeignet sind. Sie bereitet die Entscheidung für die Ausbilderin vor, die dann als Einkaufsleiterin die endgültige Wahl trifft.

Gibt es alternative Lösungswege und Vorgehensweisen, die der Auszubildende zur Bearbeitung der Aufgabe wählen bzw. selbstständig (in Absprache mit dem Ausbilder) entwickeln kann?

Bei dieser Aufgabe wären auch andere Lösungswege und ein anderes Vorgehen denkbar. Die Auszubildende hätte alternative Bewertungskriterien für die Transportwege nutzen oder sich für einen anderen Transportweg und andere Transportmittel entscheiden können.

5. **Auswertbarkeit**

Ermöglichen die Ergebnisse der Aufgabe eine Bewertung, die der Auszubildende selbstständig vornehmen kann?

Die Auszubildende kann die Ergebnisse ihrer Fachaufgabe selbstständig bewerten. Sie kann erkennen, wie effektiv die gewählten Transportwege sind, indem sie Lieferzeiten, Kosten, Zuverlässigkeit und Umweltauswirkungen der verschiedenen Transportoptionen vergleicht und bewertet. Gleichzeitig ermöglicht die Rückmeldung der Ausbilderin eine Bewertung.

Kann der Auszubildende reflektieren, inwieweit die Ziele der Aufgabe erreicht wurden und ggf. Verbesserungsvorschläge ableiten?

Die Auszubildende kann reflektieren, dass sie die Ziele ihrer Fachaufgabe erreicht hat. Sie hat eine geeignete Transportmethode und einen möglichen Transportweg vorgeschlagen, der die ökonomischen, ökologischen und lebensmitteltechnischen Aspekte ihrer Aufgabe berücksichtigt. Auch konnte sie einen Verbesserungsvorschlag erarbeiten.

Ermöglicht die Aufgabe eine Reflexion der während der Aufgabenbearbeitung erzielten Lernerfolge durch den Auszubildenden?

Die Auszubildende konnte durch die Fachaufgabe ihre fachlichen Kenntnisse, die internationale Berufskompetenz und ihre Fremdsprachenkenntnisse erweitern. Auch ist sie für sich persönlich zu dem Schluss gekommen, dass sie bei einer ähnlichen Aufgabe das nächste Mal mehr Zeit einplanen würde und flexibel auf Änderungen bei der Bestimmung der Transportmittel und -wege reagieren muss.

Was können die Prüferinnen und Prüfer zum Report fragen?

Fragen zur Planung des Vorgehens

- Warum haben Sie dieses Thema als betriebliche Fachaufgabe gewählt?
- Welche wesentlichen Prozessschritte waren bei der Planung Ihrer Fachaufgabe zu berücksichtigen?
- Warum haben Sie sich für diesen Lösungsweg entschieden?
- Welche alternativen Lösungen wären möglich gewesen?
- Warum haben Sie sich für dieses Vorgehen entschieden?

- Wie genau sind Sie bei der Informationsrecherche vorgegangen?
- Welche nationalen und internationalen Quellen haben Sie für die Informationsrecherche genutzt?
- Welche Ressourcen wurden für die Durchführung Ihrer Fachaufgabe benötigt?
- Wie haben Sie die Zeit für die Aufgabenbearbeitung strukturiert?
- Welche besonderen Anforderungen bringt der Lebensmitteltransport mit sich?
- Welche detaillierten ökonomischen und ökologischen Kriterien haben Sie bei der Bewertung der Transportwege und -mittel berücksichtigt?

Fragen zur Durchführung der betrieblichen Fachaufgabe

- Wie genau wurden die einzelnen Prozessschritte umgesetzt?
- Was verlief nach Plan, was nicht?
- Können Sie ein Beispiel für eine Problemlösungssituation während der Bearbeitung der Aufgabe geben?
- Mit welchen Schnittstellen mussten Sie sich abstimmen oder zusammenarbeiten?
- Mussten Sie auf Spanisch kommunizieren?
- Wie genau haben Sie die notwendigen Informationen recherchiert?
- Warum haben Sie sich für den Transport mit Kühlcontainern entschieden?
- Welche Vor- und Nachteile hat der Transport über den Seeweg verglichen mit der Luftfracht?
- Was versteht man unter multimodalen Transporten?
- Inwieweit spielte die Lieferzeit eine Rolle bei Ihren Überlegungen?
- Wie erfolgte die Dokumentation der Fachaufgabe?

Fragen zur Berücksichtigung der Rahmenbedingungen

- Welche rechtlichen und wirtschaftlichen Vorgaben und Kriterien waren zu berücksichtigen?
- Mit welchen Personen mussten Sie sich abstimmen?
- Welche vor- und nachgelagerten Prozesse sind zu berücksichtigen?
- Gibt es spezifische Gesetze oder Vorschriften, die beachtet werden müssen?
- Was muss bei Grenzkontrollen und Zollabfertigungsverfahren beachtet werden?
- Was versteht man unter phytosanitären Inspektionen?
- Was ist bei der Transport- und Lagerfähigkeit von Bananen zu beachten?
- Welche Transportrisiken gibt es beim Bananentransport?
- Welche ökologischen Kriterien haben Sie bei der Analyse berücksichtigt?
- Welche ökonomischen Aspekte haben bei der Planung der Transportwege eine wichtige Rolle gespielt?

Fragen zur Kontrolle und Bewertung der Ergebnisse

- Welche konkreten Ergebnisse wurden erzielt?
- Inwieweit wurden die zu Beginn der Fachaufgabe festgelegten Ziele erreicht?
- Sind unvorhergesehene Probleme und Schwierigkeiten aufgetreten?
- Konnten Sie eventuelle Probleme eigenständig lösen?
- Wie hat die Zusammenarbeit mit den verschiedenen Schnittstellen funktioniert?
- Was könnte zukünftig verbessert oder optimiert werden?
- Inwiefern konnten Ihre vorgeschlagenen Lösungen im Betrieb umgesetzt werden?
- Haben Sie vor der Durchführung Ihrer Aufgabe etwas nicht bedacht, was im Nachhinein wichtig gewesen wäre? (Wenn ja, was? Wie haben Sie darauf reagiert?)
- Wie können Sie die Überprüfbarkeit Ihrer Ergebnisse gewährleisten?
- Welche persönlichen und beruflichen Lernerfolge haben sich aus der Durchführung der Aufgabe für Sie ergeben?
- Welche Erkenntnisse können Sie für zukünftige ähnliche Projekte nutzen?

12.2.1.2 Analyse von Außenhandelsrisiken für den Export nach Brasilien

ACHTUNG

Die formalen Vorgaben für die Erstellung eines Reports, z. B. Schriftart und -größe, Seitengröße, Seiten- und Zeilenabstände stimmen aufgrund des Formats dieses Buches nicht mit denen der Kammern überein.

Aufgabenstellung und Zielsetzung

Ich bin Auszubildender bei einem mittelständischen Großhandelsunternehmen, das medizinische Geräte und Technologien für verschiedene medizinische Fachbereiche weltweit vertreibt. Dazu gehören unter anderem Geräte für bildgebende Verfahren, chirurgische Instrumente, diagnostische Ausrüstungen und Patientenüberwachungssysteme. Da Brasilien ein vielversprechender Markt mit einem steigenden Bedarf an hochwertigen medizinischen Geräten und Technologien ist, möchte mein Ausbildungsbetrieb seine Präsenz auf diesem Markt stärken und neue Geschäftsmöglichkeiten erschließen. In der Vergangenheit hatten wir bereits eine erfolgversprechende Partnerschaft mit einem brasilianischen Unternehmen, die jedoch aus verschiedenen Gründen beendet wurde. Nun streben wir an, diese Beziehung wiederzubeleben und unser Engagement auf dem brasilianischen Markt zu verstärken. Aufgrund dieser Situation erhalte ich die Aufgabe, die Außenhandelsrisiken für den Export unserer Güter nach Brasilien zu analysieren und geeignete Maßnahmen zum Risikomanagement vorzuschlagen, um einen erfolgreichen Markteintritt zu gewährleisten.

Planung des Vorgehens

Nachdem ich die Aufgabe erhalten habe, notiere ich mir zunächst die wichtigsten Ziele meiner Aufgabe:

- Risikofaktoren für den Export nach Brasilien identifizieren und analysieren
- Kontakt mit ehemaligem Geschäftspartner aufnehmen und um weitere Informationen und Ansprechpartner bitten
- Geeignete Risikostrategien und Maßnahmen entwickeln.

Danach überlege ich, wie ich an die benötigten Informationen komme. Für meine Informationsrecherche kann ich verschiedene Quellen nutzen, z. B. Branchenberichte, Marktanalysen, offizielle Regierungsdatenbanken und Finanzberichte. Auch kann ich Kontakt zur Deutsch-Brasilianischen Industrie- und Handelskammer aufnehmen. Weiterhin hoffe ich, dass ich die Beziehung zu unserem ehemaligen brasilianischen Geschäftspartner wiederaufnehmen kann und ich dadurch wertvolle Informationen für unser Risikomanagement erhalte. Außerdem muss ich mich mit der brasilianischen Geschäftskultur und den lokalen Rahmenbedingungen vertraut machen. Da ich nicht Portugiesisch spreche, kann dies schwierig werden.

Durchführung der betrieblichen Fachaufgabe

Zunächst beginne ich mit einer gründlichen Analyse des brasilianischen Marktes und der Situation im Land, um potenzielle Risikofaktoren zu identifizieren. Hierfür nutze ich die oben genannten Informationsquellen und diverse Internetseiten. Folgende potenzielle Risiken kann ich recherchieren:

- Politische Instabilität, z. B. besteht die Möglichkeit von plötzlichen Gesetzesänderungen im Gesundheitssektor Brasiliens, die unsere Exportaktivitäten behindern könnten.
- Potenzielle Wechselkursrisiken: Hinsichtlich der Währungsschwankungen besteht die Möglichkeit, dass ein plötzlicher Wertverlust des brasilianischen Reals unsere Gewinnspanne erheblich beeinträchtigen könnte.
- Komplexe Zoll- und Einfuhrvorschriften, die den Handel erschweren können. Dokumentationsfehler oder Schwierigkeiten bei der Einhaltung der Vorschriften können zu Verzögerungen bei der Zollabfertigung führen.
- Schlechte Infrastruktur und Straßenverhältnisse gerade in ländlichen Gebieten. Dies kann zu Transportverzögerungen führen, ebenso sind Naturkatastrophen wie Überschwemmungen und Erdrutsche möglich, besonders in der Regenzeit.
- Sicherheitsprobleme und Diebstahl, hohe Kriminalitätsrate und Korruption.

Nachdem ich die wichtigsten Risikofaktoren identifiziert habe, wende ich mich dem nächsten Punkt auf meiner Liste zu. Ich durchsuche unsere Unterlagen, um die Kontaktdaten unseres ehemaligen Geschäftspartners in Brasilien herauszufinden und um weitere Informationen über unsere damalige Geschäftsbeziehung zu erhalten. Allerdings kann ich aus den Unterlagen nicht erkennen, warum die damalige Beziehung beendet wurde. Jedoch stelle ich fest, dass die gesamte Kommunikation auf Deutsch stattfand. Das löst ein großes Problem, da ich nicht Portugiesisch spreche. Ich verfasse eine freundliche E-Mail, in der ich mich höflich vorstelle, die vergangene Geschäftsbeziehung erwähne und unser Interesse an einer erneuten Zusammenarbeit bekunde. Ich betone dabei, dass wir die früheren Probleme als Lernerfahrung betrachten wollen und bestrebt sind, eine erfolgreiche und langfristige Partnerschaft aufzubauen.

Ein paar Tage später erhalte ich eine höfliche Antwort von unserem früheren Partner. Er freut sich über unser Interesse an einer erneuten Zusammenarbeit und ist offen für eine weitere Kommunikation. In unseren folgenden Mails tauschen wir uns zunächst über die vergangene Geschäftsbeziehung aus. Er erklärt mir ausführlich die Gründe für das Ende der damaligen Zusammenarbeit. Es stellt sich heraus, dass logistische Probleme und Unstimmigkeiten bei der Vertragsabwicklung die Hauptursachen waren. Diese Informationen helfen mir, die Schwachstellen der früheren Beziehung besser zu verstehen und sie in unserem aktuellen Vorhaben zu berücksichtigen.

Darüber hinaus erhalte ich wertvolle Einblicke in die landestypischen Besonderheiten Brasiliens. Der Partner erklärt mir die kulturellen Unterschiede im Geschäftsleben, die Bedeutung persönlicher Beziehungen und den Umgang mit bürokratischen Hürden. Diese Informationen helfen mir, mich besser auf die Geschäftsumgebung in Brasilien einzustellen und potenzielle Probleme frühzeitig zu erkennen. Auch bietet er an, uns mit anderen Geschäftspartnern in Brasilien in Kontakt zu bringen, die möglicherweise an einer Zusammenarbeit interessiert sind. Durch sein Netzwerk können wir potenzielle neue Partner kennenlernen und unsere Geschäftsmöglichkeiten in Brasilien erweitern.

Im nächsten Schritt entwickle ich, basierend auf meiner vorangegangenen Analyse und den ausführlichen Gesprächen mit dem Partner, eine Risikostrategie, um die identifizierten Risiken zu bewältigen:

- Eine Absicherung vor politischer Instabilität in Brasilien scheint mir schwierig, jedoch können wir die Möglichkeit von Exportkreditgarantien (Hermesdeckungen) und einer Ausfuhr-Pauschal-Gewährleistung prüfen.
- Um uns gegen Währungsschwankungen abzusichern, können wir Devisenoptionen bzw. Devisentermingeschäfte nutzen.
- Darüber hinaus sollten wir uns auch weiterhin auf andere Exportmärkte konzentrieren, um unser Außenhandelsrisiko zu streuen.
- Auch sollten wir, wenn möglich, eher kürzere Zahlungsziele mit den brasilianischen Partnern vereinbaren, um einen fristgerechten Zahlungseingang sicherzustellen.

- Ebenfalls könnten wir den Abschluss einer Exportkreditversicherung bei unserer Bank prüfen oder mit den brasilianischen Partnern ein Akkreditiv vereinbaren.
- Auch können wir von der wiederaufgenommenen Zusammenarbeit mit unserem brasilianischen Partner und seinen Kontakten zu Regierungsbehörden profitieren, um Fehler bei Zoll- und Einfuhrvorschriften zu vermeiden.
- Alternative Transportrouten und -methoden können hilfreich sein, um auf unerwartete Transportprobleme reagieren zu können. Diese sollten wir im Vorfeld erarbeiten.
- Eine enge Zusammenarbeit mit lokalen Transportunternehmen und Logistikdienstleistern könnte ebenfalls das Transportrisiko senken und Sicherheitsprobleme reduzieren.
- Auch sollten wir die Transporte mit Echtzeit-Tracking verfolgen.
- Der Abschluss einer Warentransportversicherung wäre eine weitere Möglichkeit, um uns vor finanziellen Einbußen zu schützen.

Nachdem ich alle Informationen zusammengetragen habe, entscheide ich mich, diese optisch aufzubereiten und in einer Tabelle im Querformat gegenüberzustellen. Ich erstelle jeweils eine Spalte für Risiken und eine für geeignete Strategien. Jedem Risiko weise ich eine eigene Zeile zu, der die passenden Gegenmaßnahmen gegenüberstehen. In eine dritte Spalte können Bemerkungen über die Anwendbarkeit, Umsetzung und Kontrolle der Maßnahmen eingetragen werden. So habe ich ebenfalls eine Möglichkeit, mein Vorgehen im Anschluss reflektieren und bewerten zu können.

Kontrolle und Bewertung der Ergebnisse

Nachdem ich meine Risikoanalyse abgeschlossen und geeignete Strategien und Maßnahmen zur Reduzierung unserer Außenhandelsrisiken entwickelt habe, stelle ich meine Lösung meinem Ausbilder, unserem Vertriebsleiter und einem kleinen Team aus der Vertriebsabteilung vor. Das Ergebnis meiner Fachaufgabe und besonders die Tabelle wird sehr positiv aufgenommen. Die von mir vorgeschlagenen Maßnahmen sollen größtenteils umgesetzt werden. Ich kann auch weiterhin an dem Projekt mitarbeiten und unsere Geschäftspartner in Brasilien betreuen. Dank unserer wiederaufgenommenen Zusammenarbeit mit dem brasilianischen Partner können wir weitere erfolgreiche Geschäftskontakte knüpfen und auf dem brasilianischen Markt Fuß fassen.

Durch meine Aufgabe habe ich Einblicke in verschiedene Risikofaktoren gewonnen und gelernt, wie man geeignete Strategien und Maßnahmen entwickelt, um mit diesen umzugehen. Ich habe erfahren, dass Brasilien eher eine informelle Geschäftskultur hat, in der persönliche Beziehungen oft eine große Rolle spielen. Es ist wichtig, Vertrauen aufzubauen und langfristige Beziehungen zu pflegen, bevor Geschäfte abgeschlossen werden können. In Zukunft möchte ich Portugiesisch lernen, um effektiv mit unseren Geschäftspartnern kommunizieren zu können.

Analyse des Reports zur Analyse von Außenhandelsrisiken für den Export nach Brasilien

1. **Berufs- oder Betriebsbezug**

   Hat die Aufgabe Bezug zu den Ausbildungsinhalten des Berufsbildes Kaufmann/-frau für Groß- und Außenhandelsmanagement?

   Ja, hat sie. Die Fachaufgabe bezieht sich auf § 4 Abs. 4 Nr. 1 und Nr. 2 der Verordnung (Außenhandelsgeschäfte abwickeln und Auslandsmärkte bedienen und internationale Berufskompetenzen anwenden) und auf Abschnitt C Nr. 1 b) des Ausbildungsrahmenplans (Außenhandelsrisiken berücksichtigen und geeignete Maßnahmen zum Risikomanagement für die abzuschließenden Verträge auswählen), auf Abschnitt C Nr. 2 a) (im Rahmen der internationalen Kommunikation, Kooperation und Geschäftsanbahnung staatenspezifische Rahmenbedingungen und rechtliche Anforderungen beachten) und auf Abschnitt C Nr. 2 b) des Ausbildungsrahmenplans (Gespräche situations- und adressatengerecht führen und dabei kulturelle Identitäten und Verhaltensweisen berücksichtigen).

   Erfordert die Aufgabe einen Lösungsprozess?

   Nachdem der Auszubildende die Zielsetzung seiner Fachaufgabe festgelegt hat, muss er zunächst sein weiteres Vorgehen planen, seine geplanten Handlungsschritte umsetzen und den Erfolg seiner Aufgabe kontrollieren und reflektieren.

   Bildet die Aufgabe mindestens einen Teilprozess eines Geschäftsprozesses ab?

   Ja, die Berücksichtigung von Außenhandelsrisiken und das entsprechende Risikomanagement sind Teilprozesse des internationalen Handels.

2. **Abbildung einer vollständigen beruflichen Handlung**

   Umfasst die Aufgabe eine Planungs-, Vorbereitungs-, Durchführungs- sowie eine Auswertungsphase?

   Ja, der Auszubildende beschreibt in seinem Report ausführlich seine Vorgehensweise unter Berücksichtigung der einzelnen Aufgabenphasen.

   Kann der Auszubildende durch die Bearbeitung der Aufgabe seine berufliche Handlungsfähigkeit unter Beweis stellen?

   Der Auszubildende benötigt zum Ausführen der Fachaufgabe alle Kompetenzen, die in Summe die berufliche Handlungskompetenz ergeben:

Fach-kompetenz	► Welche Außenhandelsrisiken müssen beim Export nach Brasilien beachtet werden? ► Welche nationalen und internationalen Datenquellen können für die Informationsrecherche genutzt werden? ► Wie soll die Kommunikation mit dem ehemaligen Geschäftspartner erfolgen? ► Was ist bei der Kommunikation zu beachten? ► Wie können die gesammelten Daten für die Bewertung strukturiert und aufbereitet werden? ► Welche internationalen Handelsvorschriften müssen beachtet werden? ► Welche Maßnahmen zum Risikomanagement können ergriffen werden? ► Werden interkulturelle Kompetenzen benötigt? ► usw.
Methoden-kompetenz	► Welche Aufgaben- oder Problemstellung soll durch die Fachaufgabe gelöst werden? ► Welche Informationen werden benötigt? ► Wie und wo kann der Auszubildende diese Informationen recherchieren? ► Welche Personen oder Schnittstellen müssen bei der Bearbeitung der Fachaufgabe miteinbezogen werden? ► Wie ist die Fachaufgabe strukturiert? ► Welche Ziele sollen mit dem Report erreicht werden? ► Wie können die Informationen für den Vorgesetzten/Ausbilder aufbereitet werden?
Sozial-kompetenz	► Welche Erwartungen hat der Ausbilder oder Vorgesetzte? ► Wie erfolgt die Kommunikation: persönlich, per Mail oder per Telefon? ► Wie ist das Verhalten des Auszubildenden gegenüber Kollegen, Vorgesetzten, Lieferanten, Kunden oder anderen Gesprächsteilnehmern? ► Arbeitet der Auszubildende mit anderen Kollegen oder Schnittstellen innerhalb oder außerhalb des Betriebs zusammen?

Selbst-kompetenz	► Arbeitet der Auszubildende eigenverantwortlich und gewissenhaft an der Erfüllung der Fachaufgabe? ► Muss der Auszubildende bei der Fachaufgabe Selbst- und Zeitmanagement beachten? ► Kann der Auszubildende die Fachaufgabe reflektieren? ► Musste der Auszubildende unvorhergesehene Probleme lösen? ► Stellt die Fachaufgabe einen Mehrwert für den Auszubildenden dar? ► Was konnte der Auszubildende durch die Bewältigung der Fachaufgabe lernen? ► Konnte der Auszubildende sein Selbstbewusstsein stärken?

3. **Aufgabenstellung**

Stellt die Aufgabe aus Sicht des Auszubildenden eine Herausforderung und keine Routineaufgabe dar?

Ja, die Aufgabe stellt definitiv eine Herausforderung dar und ist keine Routineaufgabe für den Auszubildenden. Die Analyse von Außenhandelsrisiken und die Entwicklung von Risikomanagementstrategien erfordern Fachwissen, analytische Fähigkeiten und strategisches Denken. Zudem müssen verschiedene Risikofaktoren berücksichtigt werden, die sich auf den Export von medizinischen Geräten nach Brasilien auswirken können, einschließlich politischer, wirtschaftlicher, rechtlicher und logistischer Aspekte.

Können bei der Bearbeitung der Aufgabe Probleme und Konflikte bzw. veränderte Bedingungen auftreten, die eine flexible Reaktion des Auszubildenden erforderlich machen?

Es könnte schwierig sein, verlässliche Informationen über den brasilianischen Markt und die dortigen Geschäftspraktiken zu finden, insbesondere wenn die verfügbaren Quellen begrenzt oder nicht aktuell sind. Ebenfalls kann sich die Wiederaufnahme von Geschäftsbeziehungen mit dem früheren Geschäftspartner als schwierig erweisen, da diese aufgrund von Problemen oder Unstimmigkeiten beendet wurde. Auch könnten die unterschiedlichen Zeitzonen, Sprachbarrieren oder kulturellen Unterschiede die Kommunikation mit dem früheren Geschäftspartner erschweren und Missverständnisse verursachen.

Ist zur Bearbeitung der Aufgabe eine Recherche und ggf. eine Vertiefung fachlicher Kenntnisse durch den Auszubildenden erforderlich?

Ja, der Auszubildende muss eine Vielzahl an komplexen Informationen recherchieren. Auch kann er durch die Bearbeitung der Fachaufgabe seine fachlichen Kenntnisse und seine internationale Berufskompetenz vertiefen.

Erfordert die Umsetzung des Lösungsprozesses die Berücksichtigung verschiedener Schnittstellen und ggf. eine Abstimmung mit diesen?

Der Auszubildende muss sich mit verschiedenen Schnittstellen abstimmen:

- Ausbilder bzw. Vorgesetzte
- ehemaliger Geschäftspartner

- weitere Ansprechpartner in Brasilien
- usw.

4. **Gestaltungsspielraum**

Bietet die Aufgabe in Abstimmung mit Verantwortungsträgern oder Prozessverantwortlichen organisatorische Freiheitsgrade bzw. Verantwortungs- und Entscheidungsspielräume für den Auszubildenden?

Der Auszubildende kann selbstständig entscheiden, welche Informationsquellen er für die Risikoanalyse nutzen möchte. Auch hat er die Freiheit, selbst zu entscheiden, welche Methoden er für die Risikoanalyse verwenden und wie er die Risiken minimieren möchte. Dies erarbeitet er als Vorschlag für seinen Vorgesetzten. Weiterhin kann er eigenständig mit dem ehemaligen Geschäftspartner kommunizieren und interagieren.

Gibt es alternative Lösungswege und Vorgehensweisen, die der Auszubildende zur Bearbeitung der Aufgabe wählen bzw. selbstständig (in Absprache mit dem Ausbilder) entwickeln kann?

Bei dieser Aufgabe wären auch andere Lösungswege und ein anderes Vorgehen denkbar. Der Auszubildende hätte andere Informationsquellen oder alternative Analysemethoden nutzen oder sich für andere Risikomanagementstrategien entscheiden können.

5. **Auswertbarkeit**

Ermöglichen die Ergebnisse der Aufgabe eine Bewertung, die der Auszubildende selbstständig vornehmen kann?

Der Auszubildende kann die Ergebnisse seiner Aufgabe eigenständig bewerten. Auch anhand des Feedbacks von seinem Vorgesetzten kann er erkennen, dass er seine Aufgabe erfolgreich gelöst hat. Zudem kann er die erstellte Tabelle zur Bewertung nutzen.

Kann der Auszubildende reflektieren, inwieweit die Ziele der Aufgabe erreicht wurden und ggf. Verbesserungsvorschläge ableiten?

Der Auszubildende kann reflektieren, dass er die Ziele seiner Fachaufgabe erreicht hat. Er hat die Außenhandelsrisiken für den Export der Güter nach Brasilien erfolgreich analysiert und geeignete Maßnahmen zum Risikomanagement vorgeschlagen. Verbesserungsvorschläge kann er erst ableiten, wenn die vorgeschlagenen Maßnahmen auch tatsächlich im Betrieb umgesetzt wurden und die Effektivität der Risikomanagementstrategien kontrolliert werden können.

Ermöglicht die Aufgabe eine Reflexion der während der Aufgabenbearbeitung erzielten Lernerfolge durch den Auszubildenden?

Durch die Fachaufgabe konnte der Auszubildende seine fachlichen Fähigkeiten verbessern und seine interkulturelle Kompetenz erweitern. Die Zusammenarbeit mit dem brasilianischen Partner hat ihm Einblicke in die lokale Geschäftskultur ermöglicht und seine Kommunikations- und Problemlösefähigkeiten gestärkt. Auch konnte er durch die Fachaufgabe seine eigenständige Arbeitsweise unter Beweis stellen und an Selbstvertrauen gewinnen. Zudem plant er, in Zukunft Portugiesisch zu lernen.

Was können die Prüferinnen und Prüfer zum Report fragen?

Fragen zur Planung des Vorgehens

- Warum haben Sie dieses Thema als betriebliche Fachaufgabe gewählt?
- Welche wesentlichen Prozessschritte waren bei der Planung Ihrer Fachaufgabe zu berücksichtigen?
- Warum haben Sie sich für diesen Lösungsweg entschieden?
- Welche alternativen Lösungen wären möglich gewesen?
- Warum haben Sie sich für dieses Vorgehen entschieden?
- Wie genau sind Sie bei der Informationsrecherche vorgegangen?
- Welche Quellen haben Sie für die Informationsrecherche genutzt?
- Welche Ressourcen wurden für die Durchführung Ihrer Fachaufgabe benötigt?
- Wie haben Sie die Zeit für die Aufgabenbearbeitung strukturiert?

Fragen zur Durchführung der betrieblichen Fachaufgabe

- Wie genau wurden die einzelnen Prozessschritte umgesetzt?
- Was verlief nach Plan, was nicht?
- Können Sie ein Beispiel für eine Problemlösungssituation während der Bearbeitung der Aufgabe geben?
- Gab es Probleme bei der Kommunikation mit dem brasilianischen Geschäftspartner?
- Welche kulturellen Besonderheiten mussten Sie bei Ihrer Fachaufgabe beachten?
- Wie genau haben Sie die Informationen für die Risikoanalyse und für die Maßnahmen zum Risikomanagement recherchiert?
- Wie wurden die Risikofaktoren für das Exportprojekt nach Brasilien identifiziert und welche Kriterien wurden dabei berücksichtigt?
- Gab es Schwierigkeiten und wie haben Sie diese gelöst, um eine erfolgreiche Zusammenarbeit zu gewährleisten?
- Wurden Maßnahmen zur Qualitätssicherung und Qualitätskontrolle durchgeführt?
- Wie erfolgte die Dokumentation der Fachaufgabe?

Fragen zur Berücksichtigung der Rahmenbedingungen

- Welche rechtlichen und wirtschaftlichen Vorgaben und Kriterien waren zu berücksichtigen?
- Mit welchen Personen mussten Sie sich abstimmen?
- Welche vor- und nachgelagerten Prozesse sind zu berücksichtigen?
- Gibt es spezifische Gesetze oder Vorschriften, die beachtet werden müssen?
- Welche externen Faktoren könnten sich auf das Exportprojekt nach Brasilien auswirken?

- Wie können kulturelle Unterschiede das Exportgeschäft beeinflussen und wie können diese berücksichtigt werden, ohne dass es zu Missverständnissen oder Unstimmigkeiten kommt?
- Wie könnte sich die politische Situation in Brasilien auf das Exportgeschäft auswirken und welche Risikomanagementstrategien sollten in Betracht gezogen werden?
- Welche konkreten Maßnahmen können Sie ergreifen, um die Zahlungsrisiken bei Exportgeschäften zu minimieren?
- Was ist der Unterschied zwischen einer Exportkreditgarantie und einer Exportkreditversicherung?
- Was versteht man unter einem Akkreditiv?
- Was ist der Unterschied zwischen Devisenoptionen und Devisentermingeschäften?
- Welche Möglichkeiten gibt es, um die internationalen Beziehungen und Partnerschaften des Unternehmens zu nutzen, um das Exportgeschäft nach Brasilien voranzutreiben?

Fragen zur Kontrolle und Bewertung der Ergebnisse

- Welche konkreten Ergebnisse wurden erzielt?
- Inwieweit wurden die zu Beginn der Fachaufgabe festgelegten Ziele erreicht?
- Sind unvorhergesehene Probleme und Schwierigkeiten aufgetreten?
- Konnten Sie eventuelle Probleme eigenständig lösen?
- Wie hat die Zusammenarbeit mit den verschiedenen Schnittstellen funktioniert?
- Was könnte zukünftig verbessert oder optimiert werden?
- Inwiefern konnten Ihre vorgeschlagenen Lösungen im Betrieb umgesetzt werden?
- Wie wurde die Wirksamkeit der Maßnahmen überwacht und bewertet?
- Welche Kennzahlen und Messgrößen wurden verwendet, um den Erfolg der Aufgabe zu bewerten?
- Haben Sie vor der Durchführung Ihrer Aufgabe etwas nicht bedacht, was im Nachhinein wichtig gewesen wäre? (Wenn ja, was? Wie haben Sie darauf reagiert?)
- Wie können Sie die Überprüfbarkeit Ihrer Ergebnisse gewährleisten?
- Welche Erkenntnisse haben Sie aus der Aufgabe gewonnen und wie können diese dazu beitragen, zukünftige Exportprojekte des Unternehmens zu verbessern?
- Welche persönlichen und beruflichen Lernerfolge haben sich aus der Durchführung der Aufgabe für Sie ergeben?
- Welche Erkenntnisse können Sie für zukünftige ähnliche Projekte nutzen?

12.2.2 Warensortiment und Marketing

12.2.2.1 Social-Media-Analyse

ACHTUNG

Die formalen Vorgaben für die Erstellung eines Reports, z. B. Schriftart und -größe, Seitengröße, Seiten- und Zeilenabstände stimmen aufgrund des Formats dieses Buches nicht mit denen der Kammern überein.

Aufgabenstellung und Zielsetzung

Ich lerne bei der Home Essential GmbH den Beruf der Kauffrau für Groß- und Außenhandelsmanagement. Mein Ausbildungsbetrieb handelt mit hochwertigen Haushaltswaren, dazu gehören Küchenutensilien, Geschirr, Besteck, Heimtextilien und Dekorationsartikel. Diese werden weltweit verkauft. Ich bin in der Marketingabteilung tätig und soll zukünftig unseren Social-Media-Manager unterstützen. In den letzten Monaten hat mein Betrieb verstärkt in Social-Media-Marketing investiert, um unsere Bekanntheit und unseren Umsatz zu steigern. Bei unserem Teammeeting erhalte ich den Auftrag, den Erfolg unserer Social-Media-Aktivitäten zu analysieren und eventuelle Verbesserungen vorzuschlagen.

Planung des Vorgehens

Zunächst überlege ich, welche Daten ich für meine Aufgabe benötige und wo ich diese Daten herbekomme. Wir nutzen die Social-Media-Plattformen Facebook, Instagram und Twitter. Als Erstes brauche ich Zugriff auf unsere Unternehmenskonten. Hierfür kann ich mich an meinen Vorgesetzten, unseren Social-Media-Manager, wenden. Weiterhin muss ich überlegen, wie genau ich den Erfolg unserer sozialen Netzwerke messen kann. Hierfür kann ich die von den Plattformen angebotenen Tools und Funktionen nutzen. Auch sollte ich bei meiner Analyse die unterschiedlichen internationalen Märkte und die kulturellen Besonderheiten, die daraus resultieren, berücksichtigen. Außerdem muss ich die geltenden Datenschutzrichtlinien einhalten und darauf achten, bei meiner Analyse nur anonymisierte Daten zu verwenden. Für meine Aufgabe plane ich einen Zeithorizont von acht Wochen.

Durchführung der betrieblichen Fachaufgabe

Bevor ich mit der Analyse beginne, stimme ich meine Aufgabe noch mit unserem Datenschutzbeauftragten ab. So kann ich sicherstellen, dass ich alle Vorschriften zum Datenschutz beachte und meine Analyse diesen Bestimmungen entspricht. Auch überprüfe ich alle Daten sorgfältig und entferne alle personenbezogenen Informationen wie Namen oder E-Mail-Adressen. Nachdem ich alle notwendigen

Fakten zusammengetragen habe, beginne ich meine Analyse der von uns genutzten Social-Media-Plattformen. Die Informationen über die Ergebnisse unserer Social-Media-Aktivitäten erhalte ich direkt von den Plattformen selbst, auf denen wir aktiv sind. Nach dem Einloggen kann ich auf die Daten zugreifen. Jede Social-Media-Plattform bietet Tools und Funktionen zur Analyse von Daten und zur Überwachung der Ergebnisse. Diese Analysetools liefern detaillierte Informationen über verschiedene Metriken wie Interaktionen, Reichweite, Engagement-Rate und vieles mehr. Im ersten Schritt bestimme ich die Engagement-Rate. Diese Kennzahl gibt uns Aufschluss darüber, wie gut unsere Inhalte bei unserer Zielgruppe ankommen. Ich schaue mir jeden einzelnen unserer Kanäle separat an und untersuche, welche Beiträge und Inhalte die meisten Likes, Shares und Kommentare generieren. Unsere Beiträge auf Facebook erzielen im Durchschnitt die höchste Engagement-Rate, gefolgt von Instagram und Twitter. Insbesondere Posts mit Produktvorführungen und Gewinnspielen sind sehr beliebt, wobei die durchschnittliche Engagement-Rate auf Facebook bei 8 %, auf Instagram bei 6 % und auf Twitter bei 4 % liegt.

Weiterhin messe ich die Anzahl der Personen, die unsere Beiträge gesehen haben. Eine hohe Reichweite zeigt an, dass unsere Inhalte eine große Anzahl von Menschen erreicht haben und potenziell auf Interesse gestoßen sind. Die Reichweite unserer Beiträge ist auf Facebook am größten, gefolgt von Instagram und Twitter. Durchschnittlich wurden unsere Beiträge auf Facebook von 10.000 Nutzern gesehen, auf Instagram von 7.000 Nutzern und auf Twitter von 5.000 Nutzern.

Im nächsten Schritt analysiere ich die demografischen Informationen unserer Follower, einschließlich Alter, Geschlecht, Standort und Interessen. Die demografische Analyse ergibt, dass unsere Zielgruppe hauptsächlich aus Frauen im Alter zwischen 25 und 45 Jahren besteht, die sich für Haushaltswaren, Küchengeräte und Dekorationsartikel interessieren. Die meisten unserer Follower kommen aus städtischen Gebieten in Deutschland, gefolgt von den USA und Großbritannien. In Deutschland zeigt sich bspw. ein starkes Interesse an hochwertigen Küchenutensilien und Kochtipps, während in den USA und Großbritannien Dekorationsartikel und Heimtextilien besonders beliebt zu sein scheinen.

Außerdem schaue ich, welche Beiträge und Inhalte genau die höchste Interaktionsrate und Reichweite erzielen. Die Beiträge mit den höchsten Interaktionsraten sind Videos von Produktvorführungen und Tutorials, gefolgt von Bildern von neuen Produkten und Gewinnspielen. Besonders ein Video, in dem eine bekannte Influencerin unsere neueste Küchenmaschine vorführt, erzielt eine außergewöhnlich hohe Engagement-Rate von 15 % auf Facebook und 10 % auf Instagram. Um die internationale Reichweite unserer Social-Media-Beiträge besser zu verstehen, entscheide ich mich, die Daten nicht nur nach einzelnen Plattformen, sondern auch nach Ländern und Regionen aufzuschlüsseln. Dabei stelle ich fest, dass unsere Beiträge in skandinavischen Ländern wie Schweden und Norwegen besonders gut ankommen, während wir in Südamerika und Asien kaum wahrgenommen werden.

Allerdings fallen mir auf unserer Seite bei Facebook auch einige negative Kommentare zu unserem Unternehmen und zu unseren Produkten auf. So beschwert sich eine Kundin in drastischen Worten über die schlechte Qualität der bei uns gekauften Produkte. Auch gibt es eine Beschwerde über schlechten Kundenservice und eine Kundin aus China ärgert sich über die sehr lange Lieferzeit. Auf diese Beschwerden muss ich angemessen reagieren. Zunächst entschuldige ich mich öffentlich auf unserer Facebook-Seite bei allen Kunden, die von eventuellen Verzögerungen oder weiteren Problemen betroffen sind und verspreche, dass wir alle Probleme lösen werden und dass so etwas zukünftig nicht wieder vorkommt. Ich bitte die betroffenen Kunden, sich in einer privaten Nachricht unter Angabe der Bestellnummer an uns zu wenden. Nach Rücksprache mit meinem Vorgesetzten verfolge ich die geschilderten Probleme mithilfe der Bestellnummer zurück und überprüfe jede einzelne Situation. Da es tatsächlich Probleme mit der Lieferzeit und der Qualität gibt, die Kunden schon öfter bei uns bestellt haben und für uns die Kundenzufriedenheit im Mittelpunkt steht, schreibe ich die betroffenen Kunden in einer privaten Nachricht an, in der ich mich nochmals für die Unannehmlichkeiten entschuldige und einen Rabattcode für die nächste Bestellung beifüge. Ausländische Kunden schreibe ich auf Englisch an. Hierfür nutze ich Online-Übersetzungshilfen wie DeepL Translate oder Google Translate.

Im nächsten Schritt überlege ich mir, ob es Verbesserungsmöglichkeiten für unsere Social-Media-Strategie gibt. Auch wenn wir bereits sehr erfolgreich sind, könnten wir unsere Online-Präsenz weiter optimieren. Ich überlege mir neue Maßnahmen, die auf meiner Analyse basieren und die ich meinem Vorgesetzten vorschlage:

- Verstärkung unserer interaktiven Beiträge, z. B. durch Posts mit Produktvorführungen, Gewinnspielen, Live-Videos, Tutorials, Umfragen oder interaktiven Storys, um so die Aufmerksamkeit unserer Follower weiterhin zu erhöhen und das Engagement zu steigern.
- Obwohl unsere Zielgruppe hauptsächlich aus Frauen im Alter zwischen 25 und 45 Jahren besteht, sollten wir gezieltere Strategien entwickeln, um auch jüngere oder ältere Altersgruppen anzusprechen, z. B. durch die Anpassung unserer Inhalte, spezielle Werbebotschaften oder durch gezielte Werbekampagnen auf verschiedenen Plattformen.
- Bessere Berücksichtigung der kulturellen Vorlieben und Bedürfnisse der Zielländer, um nicht nur unsere eigene Kultur, sondern eine kulturelle Vielfalt und Diversität zu repräsentieren. So könnten wir z. B. internationale Influencer ansprechen oder Werbevideos gezielt an die jeweiligen Länder anpassen.

Kontrolle und Bewertung der Ergebnisse

Ich habe meine Aufgabe erfolgreich durchgeführt und konnte den geplanten Zeithorizont problemlos einhalten. Mit der Lösung meiner Aufgabe bin ich sehr zufrieden, auch wenn ich erst nicht genau wusste, wie ich auf die negative Kritik in den sozialen Medien reagieren soll. Ich habe gelernt, dass der Kunde stets im Mittelpunkt unserer Bemühungen steht und dass wir kundenorientiert und schnell auf schlechte Kritiken reagieren müssen. Auch habe ich gelernt, wie vielfältig die Möglichkeiten sind, Social-Media-Plattformen für Marketingzwecke zu nutzen und wie ich mit den verschiedenen Analysetools und Kennzahlen den Erfolg unserer Social-Media-Aktivitäten messen kann. Weiterhin konnte ich meinem Unternehmen verschiedene Verbesserungsmöglichkeiten vorschlagen und internationale und kulturelle Aspekte bei meinen Überlegungen berücksichtigen. Mein Vorgesetzter möchte einige meiner Vorschläge aufgreifen. Ich freue mich darauf, das Gelernte bei zukünftigen Projekten und Aufgabenstellungen anzuwenden und weiterhin mein Wissen in diesem Bereich zu vertiefen.

Analyse des Reports zur Social-Media-Analyse

1. **Berufs- oder Betriebsbezug**

   Hat die Aufgabe Bezug zu den Ausbildungsinhalten des Berufsbildes Kaufmann/-frau für Groß- und Außenhandelsmanagement?

   Ja, hat sie. Die Fachaufgabe bezieht sich auf § 4 Abs. 2 Nr. 4 und auf § 4 Abs. 4 Nr. 2 der Verordnung (Marketingmaßnahmen planen, durchführen, kontrollieren und steuern und internationale Berufskompetenzen anwenden) und auf Abschnitt A Nr. 4 f) des Ausbildungsrahmenplans (Marketingmaßnahmen hinsichtlich ihrer Zielsetzung reflektieren und Verbesserungsvorschläge ableiten) sowie auf Abschnitt C Nr. 2 b) des Ausbildungsrahmenplans (Gespräche situations- und adressatengerecht führen und dabei kulturelle Identitäten und Verhaltensweisen berücksichtigen).

   Erfordert die Aufgabe einen Lösungsprozess?

   Nachdem die Auszubildende die Zielsetzung ihrer Fachaufgabe festgelegt hat, muss sie zunächst ihr weiteres Vorgehen planen, ihre geplanten Handlungsschritte umsetzen und den Erfolg ihrer Aufgabe kontrollieren und reflektieren, um eventuelle Veränderungen oder Verbesserungen ableiten zu können.

   Bildet die Aufgabe mindestens einen Teilprozess eines Geschäftsprozesses ab?

   Ja, die Social-Media-Analyse kann als Teil des Marketingprozesses betrachtet werden. Durch die Social-Media-Analyse kann das Unternehmen seine Marketingstrategie optimieren, Kundenbedürfnisse besser verstehen und den Umsatz steigern.

2. **Abbildung einer vollständigen beruflichen Handlung**

   Umfasst die Aufgabe eine Planungs-, Vorbereitungs-, Durchführungs- sowie eine Auswertungsphase?

   Ja, die Auszubildende beschreibt in ihrem Report ausführlich ihre Vorgehensweise unter Berücksichtigung der einzelnen Aufgabenphasen.

Kann der Auszubildende durch die Bearbeitung der Aufgabe seine berufliche Handlungsfähigkeit unter Beweis stellen?

Die Auszubildende benötigt zum Ausführen der Fachaufgabe alle Kompetenzen, die in Summe die berufliche Handlungskompetenz ergeben:

Fach-kompetenz	▸ Wie kann der Erfolg der sozialen Medien gemessen werden? ▸ Wie kann auf die Daten zugegriffen werden? ▸ Welche Analysetools und Funktionen bieten die einzelnen Plattformen? ▸ Welche internationalen und kulturellen Besonderheiten sollten bei der Analyse berücksichtigt werden? ▸ Welche Kennzahlen können für die Analyse ermittelt werden? ▸ Wie können die ermittelten Daten interpretiert werden? ▸ Welche rechtlichen Aspekte müssen im Zusammenhang mit der Verarbeitung von Daten berücksichtigt werden? ▸ usw.
Methoden-kompetenz	▸ Welche Aufgaben- oder Problemstellung soll durch die Fachaufgabe gelöst werden? ▸ Welche Informationen werden benötigt? ▸ Wie und wo kann der Auszubildende diese Informationen recherchieren? ▸ Welche Personen oder Schnittstellen müssen bei der Bearbeitung der Fachaufgabe miteinbezogen werden? ▸ Wie ist die Fachaufgabe strukturiert? ▸ Welche Ziele sollen mit dem Report erreicht werden? ▸ Wie können die Informationen für den Vorgesetzten/Ausbilder aufbereitet werden?
Sozial-kompetenz	▸ Welche Erwartungen hat der Ausbilder oder Vorgesetzte? ▸ Wie erfolgt die Kommunikation: persönlich, per Mail oder per Telefon? ▸ Wie ist das Verhalten des Auszubildenden gegenüber Kollegen, Vorgesetzten, Lieferanten, Kunden oder anderen Gesprächsteilnehmern? ▸ Arbeitet der Auszubildende mit anderen Kollegen oder Schnittstellen innerhalb oder außerhalb des Betriebs zusammen?

Selbst-kompetenz	► Arbeitet der Auszubildende eigenverantwortlich und gewissenhaft an der Erfüllung der Fachaufgabe? ► Muss der Auszubildende bei der Fachaufgabe Selbst- und Zeitmanagement beachten? ► Kann der Auszubildende die Fachaufgabe reflektieren? ► Musste der Auszubildende unvorhergesehene Probleme lösen? ► Stellt die Fachaufgabe einen Mehrwert für den Auszubildenden dar? ► Was konnte der Auszubildende durch die Bewältigung der Fachaufgabe lernen? ► Konnte der Auszubildende sein Selbstbewusstsein stärken?

3. **Aufgabenstellung**

Stellt die Aufgabe aus Sicht des Auszubildenden eine Herausforderung und keine Routineaufgabe dar?

Die Aufgabe stellt eine Herausforderung für die Auszubildende dar, da sie vorher noch nie eine Social-Media-Analyse durchgeführt hat und sie sich den Umgang mit der Aufgabenstellung sowie die zugehörigen Tätigkeiten erst aneignen muss. Die Aufgabe ist recht komplex, da eine Vielzahl an Plattformen, Tools und Metriken betrachtet werden muss. Auch erfordert die Interpretation der ermittelten Kennzahlen und die Ableitung von Verbesserungsvorschlägen analytisches Denkvermögen und ein fundiertes Fachwissen. Wenn die Auszubildende diese Aufgabe in Zukunft regelmäßig durchführt, kann daraus jedoch durchaus eine Routineaufgabe werden.

Können bei der Bearbeitung der Aufgabe Probleme und Konflikte bzw. veränderte Bedingungen auftreten, die eine flexible Reaktion des Auszubildenden erforderlich machen?

Es könnte schwierig sein, die verschiedenen Metriken zusammenzuführen und einen umfassenden Überblick über die Ergebnisse der Social-Media-Aktivitäten zu erhalten. Ebenfalls könnte eine fehlende Anonymisierung der Daten oder die unzureichende Einhaltung der Datenschutzbestimmungen zu Problemen führen. Auf Beiträge auf Social-Media-Plattformen, die negatives Feedback enthalten, muss die Auszubildende schnell, flexibel und angemessen reagieren.

Ist zur Bearbeitung der Aufgabe eine Recherche und ggf. eine Vertiefung fachlicher Kenntnisse durch den Auszubildenden erforderlich?

Ja, die Auszubildende muss die erforderlichen Daten sammeln, analysieren, interpretieren und daraus fundierte Schlussfolgerungen und Verbesserungsvorschläge ableiten. Hierfür muss sie sich Fachkenntnisse über die Funktionsweise der Social-Media-Plattformen und deren Analysetools aneignen, um die Daten richtig zu interpretieren und um sinnvolle Schlussfolgerungen zu ziehen. Auch braucht sie entsprechende Datenschutzkenntnisse und interkulturelles Verständnis.

Erfordert die Umsetzung des Lösungsprozesses die Berücksichtigung verschiedener Schnittstellen und ggf. eine Abstimmung mit diesen?

Die Auszubildende muss sich mit verschiedenen Schnittstellen abstimmen:

- Vorgesetzter
- Datenschutzbeauftragter
- Kollegen
- Kunden und Follower
- usw.

4. **Gestaltungsspielraum**

Bietet die Aufgabe in Abstimmung mit Verantwortungsträgern oder Prozessverantwortlichen organisatorische Freiheitsgrade bzw. Verantwortungs- und Entscheidungsspielräume für den Auszubildenden?

Die Auszubildende hatte insgesamt wenig organisatorische Einschränkungen und war damit relativ frei in ihrem Vorgehen. Sie konnte weitestgehend eigenständig über die zu nutzenden Metriken entscheiden und die gesammelten Daten selbstständig analysieren und interpretieren. Auch hatte sie einen gewissen Spielraum, um Verbesserungsvorschläge zu entwickeln. Die Reaktion auf die negativen Kritiken in den sozialen Medien konnte sie mit ihrem Vorgesetzten abstimmen.

Gibt es alternative Lösungswege und Vorgehensweisen, die der Auszubildende zur Bearbeitung der Aufgabe wählen bzw. selbstständig (in Absprache mit dem Ausbilder) entwickeln kann?

Bei dieser Aufgabe wären auch andere Lösungswege und ein anderes Vorgehen denkbar. Die Auszubildende hätte sich bspw. für andere Metriken und Kennzahlen entscheiden können. Auch wäre ein Benchmarking-Ansatz möglich gewesen, um den Erfolg des eigenen Unternehmens in den sozialen Medien mit dem der Wettbewerber oder mit branchenüblichen Standards zu vergleichen. Ebenfalls hätte sie eine Umfrage oder ein Feedback-Formular erstellen können, um den Erfolg des Social-Media-Marketings zu messen.

5. **Auswertbarkeit**

Ermöglichen die Ergebnisse der Aufgabe eine Bewertung, die der Auszubildende selbstständig vornehmen kann?

Die Auszubildende kann eigenständig bewerten, wie effektiv die verschiedenen Social-Media-Kanäle des Unternehmens sind und ob die Social-Media-Strategie die gewünschte Zielgruppe effektiv erreicht und anspricht. Sie kann selbst bewerten, welche Inhalte gut funktionieren und welche Bereiche verbessert werden müssen.

Kann der Auszubildende reflektieren, inwieweit die Ziele der Aufgabe erreicht wurden und ggf. Verbesserungsvorschläge ableiten?

Die Auszubildende kann die Zielerreichung ihrer Aufgabe reflektieren, indem sie feststellt, welche Plattformen und Marketingmaßnahmen gut laufen und wo es noch Verbesserungspotenzial gibt. Basierend auf den Ergebnissen dieser Reflexion kann sie Verbesserungsvorschläge ableiten. Sie kann die Bereiche identifizieren, in denen das Unternehmen seine Ergebnisse weiter optimieren kann und konkrete Maßnahmen zur Umsetzung dieser Verbesserungen vorschlagen.

Ermöglicht die Aufgabe eine Reflexion der während der Aufgabenbearbeitung erzielten Lernerfolge durch den Auszubildenden?

Die Auszubildende konnte ihre Kenntnisse und ihr Fachwissen über soziale Medien, die entsprechenden Analysetools und Metriken vertiefen. Auch musste sie angemessen auf negatives Feedback reagieren und sowohl den Datenschutz als auch interkulturelle Aspekte bei der Bearbeitung ihrer Fachaufgabe berücksichtigen. Somit konnte die Auszubildende ihr Selbstbewusstsein stärken und wertvolle Erkenntnisse für zukünftige Projekte und Aufgabenstellungen gewinnen.

Was können die Prüferinnen und Prüfer zum Report fragen?

Fragen zur Planung des Vorgehens

- Warum haben Sie dieses Thema als betriebliche Fachaufgabe gewählt?
- Welche wesentlichen Prozessschritte waren bei der Planung Ihrer Fachaufgabe zu berücksichtigen?
- Warum haben Sie sich für diesen Lösungsweg entschieden?
- Welche alternativen Lösungen wären möglich gewesen?
- Warum haben Sie sich für diese Analysetools und Metriken entschieden?
- Wie genau sind Sie bei Ihrer Analyse vorgegangen?
- Welche Ressourcen wurden für die Durchführung Ihrer Fachaufgabe benötigt?
- Wie haben Sie die Zeit für die Aufgabenbearbeitung strukturiert?

Fragen zur Durchführung der betrieblichen Fachaufgabe

- Wie genau wurden die einzelnen Prozessschritte umgesetzt?
- Was verlief nach Plan, was nicht?
- Gab es Probleme bei der Kommunikation mit den Beteiligten?
- Welche konkreten Schritte haben Sie unternommen, um die Daten von den verschiedenen Plattformen zu sammeln und zu analysieren?
- Wie haben Sie die internationale Reichweite Ihrer Social-Media-Aktivitäten analysiert und bewertet?
- Mussten Sie kulturelle Besonderheiten beachten?
- Wie genau haben Sie auf die negative Kritik reagiert?
- Wie haben Sie sichergestellt, dass die Kritik der Kunden auch gerechtfertigt war?
- Wurden Maßnahmen zur Qualitätssicherung und Qualitätskontrolle durchgeführt?
- Welche Datenschutzbestimmungen mussten eingehalten werden?
- Welche Instrumente werden verwendet, um den Fortschritt der Maßnahmen zu überwachen?
- Wie erfolgte die Dokumentation der Fachaufgabe?

Fragen zur Berücksichtigung der Rahmenbedingungen

- Welche rechtlichen und wirtschaftlichen Vorgaben und Kriterien waren zu berücksichtigen?
- Mit welchen Personen mussten Sie sich abstimmen?
- Welche vor- und nachgelagerten Prozesse sind zu berücksichtigen?
- Gibt es spezifische Gesetze oder Vorschriften, die beachtet werden müssen?
- Gab es spezifische rechtliche Herausforderungen und wie sind Sie damit umgegangen?
- Wie haben Sie Ihren Zeitplan für die Durchführung Ihrer Aufgabe geplant und organisiert?
- Konnten Sie Kosten, Nutzen und langfristige finanzielle Auswirkungen Ihrer Fachaufgabe berücksichtigen?

Fragen zur Kontrolle und Bewertung der Ergebnisse

- Welche konkreten Ergebnisse wurden erzielt?
- Inwieweit wurden die zu Beginn der Fachaufgabe festgelegten Ziele erreicht?
- Wurden die vorgeschlagenen Maßnahmen vollständig und wie geplant umgesetzt?
- Sind unvorhergesehene Probleme und Schwierigkeiten aufgetreten?
- Konnten Sie eventuelle Probleme eigenständig lösen?
- Wie hat die Zusammenarbeit mit den verschiedenen Schnittstellen funktioniert?
- Was könnte zukünftig verbessert oder optimiert werden?
- Haben Sie vor der Durchführung Ihrer Aufgabe etwas nicht bedacht, was im Nachhinein wichtig gewesen wäre? (Wenn ja, was? Wie haben Sie darauf reagiert?)
- Wie können Sie die Überprüfbarkeit Ihrer Ergebnisse gewährleisten?
- Welche persönlichen und beruflichen Lernerfolge haben sich aus der Durchführung der Aufgabe für Sie ergeben?
- Welche Erkenntnisse können Sie für zukünftige ähnliche Projekte nutzen?

12.2.2.2 Unternehmensbesuch als Kundenbindungsmaßnahme

ACHTUNG

Die formalen Vorgaben für die Erstellung eines Reports, z. B. Schriftart und -größe, Seitengröße, Seiten- und Zeilenabstände stimmen aufgrund des Formats dieses Buches nicht mit denen der Kammern überein.

Aufgabenstellung und Zielsetzung

Ich absolviere meine Ausbildung zum Groß- und Außenhandelskaufmann mit der Fachrichtung Außenhandel bei der Bau & Land Technik GmbH, einem renommierten Großhandelsunternehmen für Baumaschinen und Landwirtschaftsgeräte. Unsere Maschinen werden weltweit exportiert. Seit kurzem haben wir eine enge Geschäftsbeziehung zu einem chinesischen Großkunden, der eine Schlüsselrolle für unseren Markteintritt in China übernimmt. Um die Beziehung zu diesem Kunden zu intensivieren und um die Kundenbindung zu erhöhen, laden wir diesen Kunden zu einem Besuch in unserem Unternehmen ein. Da ich zurzeit unser Key Account Management unterstütze, erhalte ich den Auftrag, den Besuch unseres chinesischen Partners unter Berücksichtigung der interkulturellen Aspekte vorzubereiten und Vorschläge für verschiedene Programmpunkte während des Besuchs zu erarbeiten. Mein Schwerpunkt liegt dabei auch auf der Recherche der chinesischen Geschäftskultur, da wir kulturelle Missverständnisse im Umgang mit unseren Geschäftspartnern vermeiden möchten und ich mein Team über die wichtigsten kulturellen Besonderheiten informieren soll.

Planung des Vorgehens

Nachdem ich die Aufgabe erhalten habe, plane ich mein weiteres Vorgehen. Vor Beginn des Besuchs muss ich mich gründlich über unseren chinesischen Partner informieren. Nur wenn ich den Kunden und seine Vorlieben kenne, kann ich geeignete Maßnahmen zur Kundenbindung vorschlagen. Hierfür kann ich unser CRM-System nutzen und mir die Website des Kunden anschauen. Weiterhin muss ich mich über die chinesische Mentalität und die dort geltenden Werte, Normen und die Geschäftskultur kundig machen und die Ergebnisse meinem Team präsentieren. Diese Informationen kann ich im Internet recherchieren und dann für mein Team aufbereiten. Ein weiterer wichtiger Punkt ist die Erarbeitung von Vorschlägen für das Programm während des Besuchs unseres Geschäftspartners. Ich soll Maßnahmen vorschlagen, die die Kundenbindung stärken und zukünftige Geschäftsabschlüsse erleichtern. Die Organisation dieser Kundenbindungsmaßnahmen gehört nicht zu meiner Aufgabe.

Mit dem Partner wurde ein fünftägiger Aufenthalt in Deutschland vereinbart. Unser Kunde, Herr Zhang, wird mit zwei weiteren Personen anreisen, darunter auch unser bisheriger Ansprechpartner, der fließend Deutsch spricht. Herr Zhang ist der Geschäftsführer der chinesischen Firma und somit der Hauptentscheidungsträger. Die Buchung der Anreise und der Unterkunft in einem nahe gelegenen hochwertigen Hotel wurde bereits von unserer Vertriebsassistentin übernommen.

Durchführung der betrieblichen Fachaufgabe

Als Erstes beginne ich damit, Informationen über unseren Geschäftspartner zu sammeln. Nur wenn ich den Kunden und seine Vorlieben kenne, kann ich geeignete Maßnahmen zur Kundenbindung vorschlagen. Ich spreche noch einmal mit unserem Key Account Manager, der den Kunden hauptsächlich betreut, und unserem Vertriebsteam. Für meine Recherche nutze ich öffentlich verfügbare Quellen wie die Unternehmenshomepage, Branchenportale und soziale Medien. Über das Internet kann ich mehr über die Unternehmensgeschichte, die Produkte und die aktuelle Marktstellung unseres Partners erfahren. Es handelt sich um ein führendes Unternehmen für landwirtschaftliche Geräte in China, dessen Hauptinteresse auf modernen Erntemaschinen liegt. In unserem internen CRM-System finde ich alle Bestellungen, die der Kunde bisher bei uns getätigt hat und weitere Informationen über unsere Geschäftsbeziehung. Ich schaue mir die Bestellhistorie an und analysiere die bisherigen Einkäufe und Produktpräferenzen. So erhalte ich ein umfassendes Bild von unserem Kunden. Basierend auf diesen Erkenntnissen stelle ich spezifische Produktinformationen und Präsentationsmaterialien zusammen, die speziell auf die Bedürfnisse des Kunden zugeschnitten sind. Auch überlege ich, welche zusätzlichen Produkte oder Dienstleistungen wir unserem Partner noch anbieten können. Diese notiere ich in einer Liste für meinen Vorgesetzten.

Im nächsten Schritt informiere ich mich ausführlich über die chinesische Geschäftskultur, den vorherrschenden Kommunikationsstil und die übliche Verhandlungstechnik. Hierfür recherchiere ich auf relevanten Internetseiten, die detaillierte Informationen über die chinesische Geschäftskultur und einen Businessknigge für China bereitstellen.

Höflichkeit und Respekt sind in der chinesischen Geschäftskultur sehr wichtig, ebenso formelle Begrüßungsrituale (wie z. B. das Überreichen der Visitenkarte oder eine leichte Verbeugung) und die Beachtung der Hierarchie. Der Ranghöchste sollte immer zuerst angesprochen werden. Persönliche Kontakte, eine gute Beziehung, Gastfreundschaft und eine harmonische Zusammenarbeit entscheiden über den Geschäftserfolg. Chinesen bevorzugen eine eher indirekte Kommunikationsweise. Sie neigen dazu, Dinge auf eine subtile Weise anzusprechen, um das Gesicht zu wahren und Konflikte zu vermeiden. Daher ist es wichtig, „zwischen den Zeilen“ zu lesen und die verborgene Bedeutung hinter den Worten zu verstehen. Auch finde ich heraus, dass Geschäftsverhandlungen oft langwierig sein können und Geduld und Ausdauer erfordern. Es ist üblich, dass Entscheidungen langsam getroffen werden und viele Gespräche und Verhandlungen vor einem Vertragsabschluss stattfinden. Diese interkulturellen Aspekte sollten wir unbedingt beachten, um nicht in ein „Fettnäpfchen" zu treten. Die von mir gesammelten Informationen stelle ich für mein Team in einer kleinen Präsentation zusammen, um die wichtigsten Unterschiede zwischen deutscher und chinesischer Kultur und Mentalität gegenüberzustellen. Ebenfalls ist es in China üblich, Gastgeschenke zu tauschen. Wir sollten also passende Geschenke für unsere Gäste besorgen. Hierfür eignen sich edle Pralinen, Spirituosen oder Souvenirs aus der Region.

Im nächsten Schritt überlege ich, wie ich durch ein ausgewähltes Programm die Kundenbindung unserer Gäste stärken kann. Auch die Programmplanung soll die interkulturellen Aspekte berücksichtigen und speziell auf die Erwartungen, Wünsche und das Kaufverhalten unserer chinesischen Geschäftspartner zugeschnitten sein. Als Grundlage dienen mir auch hier die Informationen, die ich über unseren chinesischen Partner gesammelt habe. Wichtig ist auch, dass unseren Gästen feste persönliche Ansprechpartner zur Verfügung stehen, die sich um alle ihre Belange kümmern. Weiterhin sollten wir unsere Gäste bereits vor dem Besuch über das geplante Programm per Mail informieren. Hierfür erstellte ich einen detaillierten Zeitplan für jeden Tag des Besuchs, der festlegt, wann und wo wir unseren Kunden treffen und welche gemeinsamen Aktivitäten geplant sind. Ich habe mir folgende Punkte überlegt:

- Begrüßung, Kennenlernen, gemeinsames Mittagessen und Unternehmensführung
- Geschäftliche Besprechungen und Meetings
- Besuch bei einem unserer Hersteller für Baumaschinen
- Geschäftsessen und Networking-Veranstaltungen
- Kulturelle Ausflüge und Sightseeing, eventuell Shopping
- Verabschiedung der Gäste und Überreichung der Gastgeschenke.

Um den Erfolg des Besuchs unserer chinesischen Gäste besser bewerten zu können, erstelle ich noch einen kurzen Feedback-Bogen. Diesen können unsere Partner nach ihrem Besuch bei uns ausfüllen. Ich stelle folgende Fragen:

- Wie zufrieden sind Sie mit dem Empfang in unserem Unternehmen?
- Wie bewerten Sie Ihren Aufenthalt in dem für Sie gebuchten Hotel?
- Wie beurteilen Sie die Betreuung durch Ihre persönlichen Ansprechpartner vor Ort?
- Wurden alle notwendigen Informationen vor, während und nach Ihrem Besuch klar und präzise kommuniziert?
- Wurde das Besuchsprogramm Ihren Erwartungen entsprechend gestaltet?
- Gab es ausreichend Zeit für Meetings, Besichtigungen oder andere Aktivitäten?

- War die Präsentation der Produkte informativ und überzeugend?
- Gab es genügend Gelegenheit, geschäftliche Themen zu erörtern und Fragen zu stellen?
- Gab es Probleme oder Unannehmlichkeiten während des Besuches?
- Würden Sie unser Unternehmen weiterempfehlen?
- Gibt es Bereiche, die wir verbessern können, um zukünftige Besuche für Sie bei uns angenehmer zu gestalten?

Kontrolle und Bewertung der Ergebnisse

Bei unserem nächsten Teammeeting stelle ich meinem Vorgesetzten, unserem Key Account Manager und unserem Vertriebsteam die Ergebnisse meiner Recherche und die von mir erarbeiteten Programmpunkte für den Besuch unserer Gäste sowie den Feedback-Bogen vor. Meine Vorgehensweise war methodisch und strukturiert. Ich habe alle wichtigen Aspekte meiner Fachaufgabe bedacht. Das bestätigen mir auch mein Vorgesetzter und der Key Account Manager, denen insbesondere meine Präsentation über die kulturellen Unterschiede und der Feedback-Bogen für die Kundenbefragung nach dem Besuch gefielen. Auch finden sie gut, dass ich viele Informationen über unseren chinesischen Geschäftspartner zusammengetragen habe. Diese Informationen können wir auch für unsere Marketing-Strategie nutzen. Der Key-Account-Manager merkt noch an, dass Programm um eine Produktvorführung der Erntemaschinen zu ergänzen, damit unsere Partner diese „live in Aktion" erleben können. Durch die Fachaufgabe habe ich viel über Kundenbeziehungsmanagement und kulturelle Unterschiede im Geschäftsleben gelernt. Zusammen mit dem Vertriebsteam werde ich im nächsten Schritt den Unternehmensbesuch organisieren. Auch werde ich als Ansprechpartner einen Teil der Gästebetreuung übernehmen. Ich freue mich schon sehr auf diese Aufgabe und auf die Möglichkeit, meine interkulturelle Kompetenz in der Praxis zu erproben.

Analyse des Reports zum Unternehmensbesuch als Kundenbindungsmaßnahme

1. Berufs- oder Betriebsbezug

Hat die Aufgabe Bezug zu den Ausbildungsinhalten des Berufsbildes Kaufmann/ -frau für Groß- und Außenhandelsmanagement?

Ja, hat sie. Die Fachaufgabe bezieht sich auf § 4 Abs. 2 Nr. 4 der Verordnung (Marketingmaßnahmen planen, durchführen, kontrollieren und steuern) und auf Abschnitt A Nr. 4 h) des Ausbildungsrahmenplans (kundenorientiert handeln, insbesondere Beziehungen zu Kunden und Geschäftspartnern pflegen und Maßnahmen der Kundenbindung durchführen) sowie auf Abschnitt C Nr. 2 b) des Ausbildungsrahmenplans (Gespräche situations- und adressatengerecht führen und dabei kulturelle Identitäten und Verhaltensweisen berücksichtigen).

Erfordert die Aufgabe einen Lösungsprozess?

Nachdem der Auszubildende die Zielsetzung seiner Fachaufgabe festgelegt hat, muss er zunächst sein weiteres Vorgehen planen, seine geplanten Handlungsschritte umsetzen und den Erfolg seiner Aufgabe kontrollieren und reflektieren, um eventuelle Veränderungen oder Verbesserungen ableiten zu können.

Bildet die Aufgabe mindestens einen Teilprozess eines Geschäftsprozesses ab?

Ja, der Aufbau und die Pflege von Geschäftsbeziehungen mit internationalen Partnern ist ein Teilprozess des Marketing- oder Absatzprozesses eines Unternehmens. So kann das Unternehmen seine Reichweite auf internationalen Märkten ausdehnen und neue Absatzmöglichkeiten erschließen.

2. Abbildung einer vollständigen beruflichen Handlung

Umfasst die Aufgabe eine Planungs-, Vorbereitungs-, Durchführungs- sowie eine Auswertungsphase?

Ja, der Auszubildende beschreibt in seinem Report ausführlich seine Vorgehensweise unter Berücksichtigung der einzelnen Aufgabenphasen.

Kann der Auszubildende durch die Bearbeitung der Aufgabe seine berufliche Handlungsfähigkeit unter Beweis stellen?

Der Auszubildende benötigt zum Ausführen der Fachaufgabe alle Kompetenzen, die in Summe die berufliche Handlungskompetenz ergeben:

Fachkompetenz	▸ Wie kann die Kundenbindung des chinesischen Partners durch den Besuch gestärkt werden? ▸ Welche Kundenbindungsmaßnahmen sind möglich und geeignet? ▸ Für welche Maschinen oder Produkte interessiert sich der Kunde? ▸ Welche Geschäftsinteressen und Vorlieben hat er? ▸ Wie kann das geplante Programm zur Kundenbindung beitragen? ▸ Welche interkulturellen Aspekte und Besonderheiten müssen bei dem Besuch berücksichtigt werden? ▸ Wie kann der Erfolg des Besuches und der Kundenbindungsmaßnahmen gemessen werden? ▸ usw.
Methodenkompetenz	▸ Welche Aufgaben- oder Problemstellung soll durch die Fachaufgabe gelöst werden? ▸ Welche Informationen werden benötigt? ▸ Wie und wo kann der Auszubildende diese Informationen recherchieren? ▸ Welche Personen oder Schnittstellen müssen bei der Bearbeitung der Fachaufgabe miteinbezogen werden? ▸ Wie ist die Fachaufgabe strukturiert? ▸ Welche Ziele sollen mit dem Report erreicht werden? ▸ Wie können die Informationen für den Vorgesetzten/Ausbilder aufbereitet werden?

Sozial-kompetenz	► Welche Erwartungen hat der Ausbilder oder Vorgesetzte? ► Wie erfolgt die Kommunikation mit den Beteiligten: persönlich, per Mail oder per Telefon? ► Wie ist das Verhalten des Auszubildenden gegenüber Kollegen, Vorgesetzten, Lieferanten, Kunden oder anderen Gesprächsteilnehmern? ► Arbeitet der Auszubildende mit anderen Kollegen oder Schnittstellen innerhalb oder außerhalb des Betriebs zusammen?
Selbst-kompetenz	► Arbeitet der Auszubildende eigenverantwortlich und gewissenhaft an der Erfüllung der Fachaufgabe? ► Muss der Auszubildende bei der Fachaufgabe Selbst- und Zeitmanagement beachten? ► Kann der Auszubildende die Fachaufgabe reflektieren? ► Musste der Auszubildende unvorhergesehene Probleme lösen? ► Stellt die Fachaufgabe einen Mehrwert für den Auszubildenden dar? ► Was konnte der Auszubildende durch die Bewältigung der Fachaufgabe lernen? ► Konnte der Auszubildende sein Selbstbewusstsein stärken?

3. Aufgabenstellung

Stellt die Aufgabe aus Sicht des Auszubildenden eine Herausforderung und keine Routineaufgabe dar?

Ja, die Aufgabe stellt definitiv eine Herausforderung für den Auszubildenden dar. Der Besuch des chinesischen Geschäftspartners ist für den Auszubildenden eine neue und ungewohnte Situation, in die er sich erst einarbeiten muss. Neben der Planung von geeigneten Maßnahmen zur Steigerung der Kundenbindung und Kundenzufriedenheit muss er auch interkulturelle Aspekte beachten und überlegen, wie er den Erfolg des Besuchs messen kann.

Können bei der Bearbeitung der Aufgabe Probleme und Konflikte bzw. veränderte Bedingungen auftreten, die eine flexible Reaktion des Auszubildenden erforderlich machen?

Es kann durchaus Schwierigkeiten oder Probleme bei der Aufgabe geben. Unzureichende Informationen über den chinesischen Geschäftspartner und dessen Erwartungen an den Unternehmensbesuch können die Planung der geeigneten Kundenbindungsmaßnahmen erschweren. Ebenfalls können Missverständnisse oder die fehlende Berücksichtigung von interkulturellen Besonderheiten und Unterschieden zu Konflikten führen. Auch ist die Informationsrecherche recht umfangreich und es kann schwierig sein, geeignete Informationsquellen zu finden, da der Betrieb bisher noch nicht oft mit chinesischen Partnern zusammengearbeitet hat.

Ist zur Bearbeitung der Aufgabe eine Recherche und ggf. eine Vertiefung fachlicher Kenntnisse durch den Auszubildenden erforderlich?

Ja, der Auszubildende muss sich ausführlich über den chinesischen Geschäftspartner informieren und dafür interne und externe Quellen nutzen. Auch muss er die interkulturellen Besonderheiten der chinesischen Geschäftskultur recherchieren und seine fachlichen Kenntnisse über mögliche Kundenbindungsmaßnahmen erweitern.

Erfordert die Umsetzung des Lösungsprozesses die Berücksichtigung verschiedener Schnittstellen und ggf. eine Abstimmung mit diesen?

Der Auszubildende muss sich mit verschiedenen Schnittstellen abstimmen:

- Vorgesetzter
- Key Account Manager
- Vertriebsteam und Kollegen
- Herr Zhang und Team
- usw.

4. **Gestaltungsspielraum**

Bietet die Aufgabe in Abstimmung mit Verantwortungsträgern oder Prozessverantwortlichen organisatorische Freiheitsgrade bzw. Verantwortungs- und Entscheidungsspielräume für den Auszubildenden?

Der Auszubildende kann den Besuch der chinesischen Partner und das entsprechende Rahmenprogramm nach Rücksprache mit seinem Vorgesetzten relativ frei planen. Er recherchiert selbstständig die notwendigen Informationen und wählt die geeigneten Informationsquellen aus. Auch sucht er eigenständig geeignete Maßnahmen zur Kundenbindung aus, plant das Besuchsprogramm und bereitet den Feedback-Bogen vor.

Gibt es alternative Lösungswege und Vorgehensweisen, die der Auszubildende zur Bearbeitung der Aufgabe wählen bzw. selbstständig (in Absprache mit dem Ausbilder) entwickeln kann?

Bei dieser Aufgabe wären auch andere Lösungswege und ein anderes Vorgehen denkbar. Der Auszubildende hätte sich bspw. für andere Maßnahmen zur Kundenbindung oder ein anderes Rahmenprogramm entscheiden können. Auch wären andere Möglichkeiten der Informationsbeschaffung oder der Ergebnismessung möglich. Die Lösung ist daher völlig offen.

5. **Auswertbarkeit**

Ermöglichen die Ergebnisse der Aufgabe eine Bewertung, die der Auszubildende selbstständig vornehmen kann?

Der Auszubildende kann eigenständig bewerten, dass er die Ziele seiner Aufgabe erreicht hat. Ebenfalls ermöglichen das Feedback des Vorgesetzen und des Key-Account-Managers eine Bewertung. Zudem hat der Auszubildende einen Feedback-Bogen entwickelt, der eine Bewertung der Aufgabe durch den chinesischen Geschäftspartner ermöglicht.

Kann der Auszubildende reflektieren, inwieweit die Ziele der Aufgabe erreicht wurden und ggf. Verbesserungsvorschläge ableiten?

Der Auszubildende kann reflektieren, dass er die Ziele seiner Aufgabe erreicht hat. Dies kann er ebenfalls an den positiven Rückmeldungen erkennen. Auch kann er seine Aufgabe mit dem von ihm erstellten Feedback-Bogen reflektieren.

Ermöglicht die Aufgabe eine Reflexion der während der Aufgabenbearbeitung erzielten Lernerfolge durch den Auszubildenden?

Der Auszubildende konnte sein Kundenbeziehungsmanagement und seine interkulturellen Kompetenzen erweitern und vertiefen. Auch konnte er durch die Fachaufgabe eigenverantwortlich arbeiten und wertvolle Erkenntnisse für zukünftige Projekte mit internationalen Partnern gewinnen.

Was können die Prüferinnen und Prüfer zum Report fragen?

Fragen zur Planung des Vorgehens

- Warum haben Sie dieses Thema als betriebliche Fachaufgabe gewählt?
- Welche wesentlichen Prozessschritte waren bei der Planung Ihrer Fachaufgabe zu berücksichtigen?
- Warum haben Sie sich für diesen Lösungsweg entschieden?
- Welche alternativen Lösungen wären möglich gewesen?
- Wie genau sind Sie bei der Informationsrecherche vorgegangen?
- Welche Informationsquellen haben Sie genutzt?
- Welche konkreten Maßnahmen haben Sie zur Steigerung der Kundenbindung geplant?
- Welche Ressourcen wurden für die Durchführung Ihrer Fachaufgabe benötigt?
- Wie haben Sie die Zeit für die Aufgabenbearbeitung strukturiert?

Fragen zur Durchführung der betrieblichen Fachaufgabe

- Wie genau wurden die einzelnen Prozessschritte umgesetzt?
- Was verlief nach Plan, was nicht?
- Wie genau haben Sie die Informationen über den chinesischen Partner und über die chinesische Geschäftskultur recherchiert?
- Gab es Probleme bei der Kommunikation mit den chinesischen Partnern?
- Welche Unterschiede bestehen in der chinesischen und deutschen Geschäftskultur und Mentalität? Wie genau haben Sie diese bei Ihrer Fachaufgabe berücksichtigt?
- Warum genau haben Sie sich für diese Programmpunkte für den Unternehmensbesuch entschieden?
- Wie genau sind Sie bei der Erstellung des Feedback-Bogens vorgegangen?

- Wie können Sie durch den Unternehmensbesuch die Kundenbindung stärken?
- Welche Instrumente werden verwendet, um den Fortschritt der Maßnahmen zu überwachen?
- Wie erfolgte die Dokumentation der Fachaufgabe?

Fragen zur Berücksichtigung der Rahmenbedingungen

- Welche rechtlichen und wirtschaftlichen Vorgaben und Kriterien waren zu berücksichtigen?
- Mit welchen Personen mussten Sie sich abstimmen?
- Welche vor- und nachgelagerten Prozesse sind zu berücksichtigen?
- Gibt es spezifische Gesetze oder Vorschriften, die beachtet werden müssen?
- Gab es besondere Herausforderungen bei Ihrer Fachaufgabe und wie sind Sie damit umgegangen?
- Wie haben Sie Ihren Zeitplan für die Durchführung Ihrer Aufgabe geplant und organisiert?

Fragen zur Kontrolle und Bewertung der Ergebnisse

- Welche konkreten Ergebnisse wurden erzielt?
- Inwieweit wurden die zu Beginn der Fachaufgabe festgelegten Ziele erreicht?
- Wurden die vorgeschlagenen Maßnahmen vollständig und wie geplant umgesetzt?
- Sind unvorhergesehene Probleme und Schwierigkeiten aufgetreten?
- Konnten Sie eventuelle Probleme eigenständig lösen?
- Wie hat die Zusammenarbeit mit den verschiedenen Schnittstellen funktioniert?
- Was könnte zukünftig verbessert oder optimiert werden?
- Haben Sie vor der Durchführung Ihrer Aufgabe etwas nicht bedacht, was im Nachhinein wichtig gewesen wäre? (Wenn ja, was? Wie haben Sie darauf reagiert?)
- Wie können Sie die Überprüfbarkeit Ihrer Ergebnisse gewährleisten?
- Welche persönlichen und beruflichen Lernerfolge haben sich aus der Durchführung der Aufgabe für Sie ergeben?
- Welche Erkenntnisse können Sie für zukünftige ähnliche Projekte nutzen?

12.2.3 Einkauf und Beschaffungslogistik

12.2.3.1 Identifizierung und Auswahl von nachhaltigen Kaffeebohnenlieferanten

ACHTUNG

Die formalen Vorgaben für die Erstellung eines Reports, z. B. Schriftart und -größe, Seitengröße, Seiten- und Zeilenabstände stimmen aufgrund des Formats dieses Buches nicht mit denen der Kammern überein.

Aufgabenstellung und Zielsetzung

Ich mache meine Ausbildung in einem mittelständischen Biomarkt, der sich als Großhandelsunternehmen auf den Vertrieb von Bio-Lebensmitteln und Bio-Produkten im örtlichen Laden als auch über das Internet spezialisiert hat. Da die Nachfrage unserer Kunden nach Bio-Kaffee permanent steigt, suchen wir nach neuen nachhaltigen Kaffeebohnenlieferanten. Von meinem Ausbilder erhalte ich den Auftrag, bis zum nächsten Meeting Vorschläge für die Identifizierung und Auswahl nachhaltiger Lieferanten auszuarbeiten. An oberster Stelle bei der Suche stehen nachhaltige Anbaumethoden und die Einhaltung der Bio-Standards, die soziale Verantwortung und der Umweltschutz vor Ort.

Planung

Nachdem ich die Aufgabe übernommen habe, plane ich zunächst mein weiteres Vorgehen. Ich habe für die Fachaufgabe vier Wochen Zeit. Zunächst muss ich die Auswahlkriterien für die Kaffeebohnenlieferanten näher beschreiben und ausformulieren, sodass ich verschiedene Lieferanten miteinander vergleichen kann. Im nächsten Schritt muss ich potenzielle Lieferanten identifizieren. Diese kann ich im Internet recherchieren und vorhandene Unternehmensberichte, Zertifizierungen und Presseartikel auswerten. Auch muss ich mich über die kulturellen Besonderheiten der Anbauländer informieren. Anschließend muss ich eine Bewertungsmatrix unter Einbeziehung aller Auswahlkriterien und mit entsprechender Gewichtung erstellen. Zum Schluss kann ich nach erfolgter Bewertung eine Empfehlung für die Auswahlentscheidung abgeben.

Durchführung

Zunächst stelle ich die Auswahlkriterien zusammen. Folgende Kriterien sind für unsere Lieferantenauswahl von besonderer Bedeutung:

1. **Nachhaltiger Anbau**

   Bewertung von Lieferanten, die sich für nachhaltige Anbaumethoden, einschließlich biologischem Anbau und umweltschonenden Praktiken, einsetzen. Die EU-Bio-Verordnung muss eingehalten werden. Zertifizierungen wie Fair Trade und Rainforest Alliance sollen als Qualitätsindikatoren berücksichtigt werden.

2. **Umweltauswirkungen**

   Ich untersuche die Umweltauswirkungen, insbesondere im Hinblick auf Wasserverbrauch, Bodenerosion und chemikalienfreie Anbaumethoden. Wir bevorzugen Lieferanten, die sich für den Erhalt von Ökosystemen und für eine Biodiversität engagieren.

3. **Soziale Verantwortung**

   Ich überprüfe, soweit möglich, die Arbeitsbedingungen auf den Kaffeeplantagen, einschließlich fairer Löhne, Arbeitsrechte und Unterstützung der lokalen Gemeinschaften. Weiterhin wünschen wir eine hohe Transparenz in Bezug auf soziale und ethische Geschäftspraktiken.

Nachdem ich die für uns relevanten Bewertungskriterien formuliert habe, suche ich im Internet und in Unternehmensberichten, Presseartikeln und auf den Webseiten von Fair Trade und Rainforest Alliance nach potenziellen Lieferanten. Für die Online-Recherche habe ich zwei Wochen eingeplant, da es nicht so leicht ist, an die benötigten Informationen zu kommen und ich eventuell auch englische Texte übersetzen muss. Nach etwa einer Woche habe ich acht potenzielle Lieferanten gefunden, die für uns infrage kommen. Da ich jedoch aufgrund des Online-Auftritts nicht alle Bewertungskriterien beantworten kann, erstelle ich einen Fragebogen, den ich den potenziellen Lieferanten per E-Mail schicke. Vor dem Versand der Fragebögen stimme ich mich noch mit unserem Datenschutzbeauftragten ab, damit die geltenden Datenschutzbestimmungen bei der Befragung eingehalten werden. Neben den Adressdaten und einer kurzen Unternehmensbeschreibung bitte ich um folgende Informationen:

1. Welche biologischen Anbaumethoden verwendet Ihr Unternehmen?
2. Welche spezifischen umweltschonenden Praktiken setzt Ihr Unternehmen ein?
3. Besitzt Ihr Unternehmen Zertifizierungen wie Fair Trade oder Rainforest Alliance?
4. Wie hat Ihr Unternehmen den Wasserverbrauch auf den Kaffeeplantagen reduziert?
5. Welche Maßnahmen ergreift Ihr Unternehmen, um Bodenerosion zu verhindern und die Biodiversität zu fördern?
6. Wie gewährleistet Ihr Unternehmen faire Löhne und Arbeitsbedingungen für die Kaffeebauern?
7. In welche sozialen Projekte investiert Ihr Unternehmen in den Anbauregionen?
8. Gibt es aktuelle Initiativen oder Innovationen in Ihrem Unternehmen im Bereich nachhaltiger Kaffeeanbau?

Anschließend übersetze ich die Fragebögen mithilfe eines Online-Übersetzers ins Englische. Nach einer weiteren Woche haben fünf mögliche Lieferanten den ausgefüllten Fragebogen per Mail an mich zurückgeschickt. Drei Unternehmen haben nicht geantwortet.

Um die Lieferanten besser miteinander vergleichen zu können, benötige ich eine Bewertungsmatrix. Eine Möglichkeit wäre es, eine Kosten-Nutzen-Analyse zu erstellen. Damit könnte ich Beschaffungs- und Transportkosten, Zertifizierungskosten und mögliche weitere Kostenarten dem Nutzen, also z. B. der Qualität der Kaffeebohnen, der Nachhaltigkeit und der Lieferzuverlässigkeit gegenüberstellen. Da für uns jedoch Nachhaltigkeit und Umweltschutz von besonderer Bedeutung sind, entscheide ich mich für eine Nutzwertanalyse, da ich hier unsere Auswahlkriterien nach Prioritäten gewichten kann und die Nutzwertanalyse eine objektive Entscheidungsgrundlage für unsere Lieferantenauswahl bietet. Ich erstelle folgende Nutzwertanalyse mit den entsprechenden Gewichtungen:

1. **Nachhaltiger Anbau (Gewichtung: 40 %):**
   - **Biologischer Anbau (20 %):** Einhaltung der EU-Bio-Verordnung und weiterer Bio-Zertifizierungen und Bio-Standards.
   - **Umweltschonende Praktiken (20 %):** Verwendung umweltfreundlicher Anbaumethoden, wie Schattenanbau und Wassereffizienz.
2. **Umweltauswirkungen (Gewichtung: 30 %):**
   - **Wasserverbrauch (15 %):** Reduzierung des Wasserverbrauchs um einen bestimmten Prozentsatz im Vergleich zum Branchendurchschnitt.
   - **Bodenerosion und Biodiversität (15 %):** Punktzahl basierend auf dem Engagement des Lieferanten für den Erhalt von Ökosystemen.
3. **Soziale Verantwortung (Gewichtung: 20 %):**
   - **Faire Löhne und Arbeitsrechte (10 %):** Höhe der Löhne im Vergleich zum nationalen Durchschnitt und Einhaltung von Arbeitsrechten.
   - **Unterstützung der lokalen Gemeinschaften (10 %):** Beteiligung an sozialen Projekten und Gemeinschaftsentwicklung.
4. **Zertifizierungen (Gewichtung: 10 %):**
   - **Fair Trade (5 %):** Erhalt der Fair Trade-Zertifizierung.
   - **Rainforest Alliance (5 %):** Erfüllung der Kriterien für die Rainforest Alliance-Zertifizierung.

Nun trage ich die fünf potenziellen Lieferanten in die Matrix der Nutzwertanalyse ein und vergebe anhand der zurückgeschickten Fragebögen die erreichten Punktzahlen. Von den 100 möglichen Punkten erreichen zwei potenzielle Lieferanten mehr als 80 Punkte, einer über 70 Punkte und zwei Lieferanten erhalten knapp 60 Punkte. Die beiden Lieferanten mit den meisten Punkten kommen in die engere Auswahl. Als Abschluss meiner Fachaufgabe stelle ich bei unserem Teammeeting meine Online-Recherche nach potenziellen Lieferanten vor und präsentiere den vor mir erstellten Fragebogen und die durchgeführte Nutzwertanalyse.

Kontrolle und Bewertung

Aufgrund der von mir erstellten Nutzwertanalyse entscheidet sich der Biomarkt für die beiden Lieferanten, die die meisten Punkte erzielt haben. Wenn ich die Fachaufgabe noch einmal durchführen würde, würde ich deutlich mehr Zeit für die Online-Recherche und Suche nach potenziellen Lieferanten und für die Kommunikation einplanen. Den Zeitaufwand dafür habe ich deutlich unterschätzt, da nicht alle für uns relevanten Informationen über die Internetseiten der Firmen abgefragt werden konnten und ich dafür den Fragebogen erstellen musste. Auch benötigen die potenziellen Lieferanten unter Umständen mehr Zeit zur Beantwortung der Fragen und für den Austausch per Mail oder Telefon. Zudem müssen die E-Mails auch immer übersetzt werden. Auch würde ich beim nächsten Mal die Lieferanten, die nicht geantwortet haben, anrufen. Dafür muss ich allerdings meine Englischkenntnisse und meine Kenntnisse der länderspezifischen Besonderheiten der Anbauländer von Kaffee verbessern. Die Nutzwertanalyse hat uns bei unserer Entscheidungsfindung sehr geholfen, allerdings würde ich sie in Zukunft noch um das Kriterium Kosten erweitern, um eine bessere Vergleichbarkeit der Lieferanten zu ermöglichen. Um die Angaben der Lieferanten in den Fragebögen überprüfen zu können, erwägt die Geschäftsleitung, die Anbaubetriebe in Zukunft persönlich zu besuchen und für uns wichtige Kriterien in die Lieferverträge aufzunehmen.

Analyse des Reports zur Identifizierung und Auswahl von nachhaltigen Kaffeebohnen-Lieferanten

1. **Berufs- oder Betriebsbezug**

Hat die Aufgabe Bezug zu den Ausbildungsinhalten des Berufsbildes Kaufmann/-frau für Groß- und Außenhandelsmanagement?

Ja, hat sie. Die Fachaufgabe bezieht sich auf § 4 Abs. 2 Nr. 3 und auf § 4 Abs. 4 Nr. 2 der Verordnung (Einkauf von Waren und Dienstleistungen marktorientiert planen, organisieren und durchführen und internationale Berufskompetenzen anwenden) und auf Abschnitt A Nr. 3 c) des Ausbildungsrahmenplans (Angebote vergleichen hinsichtlich Art, Beschaffenheit, Qualität, Menge und Preis von Waren, Verpackungskosten, Lieferzeit sowie Liefer- und Zahlungsbedingungen) und auf Abschnitt C Nr. 2 c) des Ausbildungsrahmenplans (bei Anbahnungen, Verhandlungen, Abschlüssen und Erfüllung von Außenhandelsverträgen mündlich und schriftlich in einer Fremdsprache kommunizieren, insbesondere Informationen einholen).

Erfordert die Aufgabe einen Lösungsprozess?

Nachdem die Auszubildende die Zielsetzung ihrer Fachaufgabe festgelegt hat, muss sie zunächst ihr weiteres Vorgehen planen, ihre geplanten Handlungsschritte umsetzen und den Erfolg ihrer Aufgabe kontrollieren und reflektieren, um eventuelle Veränderungen oder Verbesserungen ableiten zu können.

Bildet die Aufgabe mindestens einen Teilprozess eines Geschäftsprozesses ab?

Bei der Identifizierung und Auswahl von nachhaltigen Kaffeebohnenlieferanten handelt es sich um einen Teilprozess (und somit um einen spezifischen Schritt) des Beschaffungsprozesses. Die Identifizierung und Auswahl nachhaltiger Kaffeebohnenlieferanten ist wichtig, um sicherzustellen, dass die Beschaffung im Einklang mit den Nachhaltigkeitszielen des Unternehmens steht und umweltfreundliche und sozial verantwortliche Praktiken unterstützt. Es handelt sich dabei um einen entscheidenden Teilprozess, der die strategische Ausrichtung des Unternehmens in Bezug auf Beschaffung und Nachhaltigkeit widerspiegelt.

2. Abbildung einer vollständigen beruflichen Handlung

Umfasst die Aufgabe eine Planungs-, Vorbereitungs-, Durchführungs- sowie eine Auswertungsphase?

Ja, die Auszubildende beschreibt in ihrem Report ausführlich ihre Vorgehensweise unter Berücksichtigung der einzelnen Aufgabenphasen.

Kann der Auszubildende durch die Bearbeitung der Aufgabe seine berufliche Handlungsfähigkeit unter Beweis stellen?

Die Auszubildende benötigt zum Ausführen der Fachaufgabe alle Kompetenzen, die in Summe die berufliche Handlungskompetenz ergeben:

Fachkompetenz	► Welche Kriterien und Standards gelten für nachhaltigen Anbau von Kaffeebohnen? ► Wie können diese in den Auswahlprozess für Lieferanten integriert werden? ► Welche Zertifizierungen sind für die Lieferantenauswahl relevant? ► Welche Faktoren sind bei diesem Auswahlprozess zu berücksichtigen? ► Welche Datenquellen können für die Analyse potenzieller Lieferanten genutzt werden? ► Nach welchen Kriterien kann die Auswahlentscheidung getroffen werden? ► Wie führt man eine Nutzwertanalyse durch? ► Welche rechtlichen Aspekte müssen im Zusammenhang mit der Verarbeitung von Daten und Umweltauflagen berücksichtigt werden? ► Muss die Kommunikation in einer Fremdsprache erfolgen? ► Müssen kulturelle Besonderheiten berücksichtigt und interkulturelle Kompetenzen angewendet werden? ► usw.
Methodenkompetenz	► Welche Aufgaben- oder Problemstellung soll durch die Fachaufgabe gelöst werden? ► Welche Informationen werden benötigt? ► Wie und wo kann der Auszubildende diese Informationen recherchieren? ► Welche Personen oder Schnittstellen müssen bei der Bearbeitung der Fachaufgabe miteinbezogen werden? ► Wie ist die Fachaufgabe strukturiert? ► Welche Ziele sollen mit dem Report erreicht werden? ► Wie können die Informationen für den Vorgesetzten/Ausbilder aufbereitet werden?

Sozial-kompetenz	► Welche Erwartungen hat der Ausbilder oder Vorgesetzte? ► Wie erfolgt die Kommunikation: persönlich, per Mail oder per Telefon? ► Wie ist das Verhalten des Auszubildenden gegenüber Kollegen, Vorgesetzten, Lieferanten, Kunden oder anderen Gesprächsteilnehmern? ► Arbeitet der Auszubildende mit anderen Kollegen oder Schnittstellen innerhalb oder außerhalb des Betriebs zusammen?
Selbst-kompetenz	► Arbeitet der Auszubildende eigenverantwortlich und gewissenhaft an der Erfüllung der Fachaufgabe? ► Muss der Auszubildende bei der Fachaufgabe Selbst- und Zeitmanagement beachten? ► Kann der Auszubildende die Fachaufgabe reflektieren? ► Musste der Auszubildende unvorhergesehene Probleme lösen? ► Stellt die Fachaufgabe einen Mehrwert für den Auszubildenden dar? ► Was konnte der Auszubildende durch die Bewältigung der Fachaufgabe lernen? ► Konnte der Auszubildende sein Selbstbewusstsein stärken?

3. Aufgabenstellung

Stellt die Aufgabe aus Sicht des Auszubildenden eine Herausforderung und keine Routineaufgabe dar?

Ja, die Identifizierung und Auswahl von nachhaltigen Kaffeebohnenlieferanten ist für die Auszubildende eine Herausforderung und keine Routinetätigkeit. Die Aufgabe erfordert eine umfassende und komplexe Analyse und Bewertung von potenziellen Lieferanten. Die Vielfalt von Kriterien, Zertifizierungen und Umweltauswirkungen erfordert ein tiefes Verständnis der Nachhaltigkeitsprinzipien und deren Anwendung in der Praxis. Auch ist eine intensive und transparente Kommunikation mit den Lieferanten, auch in einer Fremdsprache, erforderlich.

Können bei der Bearbeitung der Aufgabe Probleme und Konflikte bzw. veränderte Bedingungen auftreten, die eine flexible Reaktion des Auszubildenden erforderlich machen?

Ja, es kann z. B. zu Kommunikationsproblemen und Missverständnissen bei den einzelnen Themen kommen. Konflikte mit potenziellen Lieferanten in Bezug auf Vertragsbedingungen oder Nachhaltigkeitspraktiken können auftreten. Oder es kann Missverständnisse aufgrund der Fremdsprache geben. Die Auszubildende muss in der Lage sein, diese Konflikte zu erkennen, zu kommunizieren und Lösungen zu finden, um die Zusammenarbeit auf einer soliden Grundlage zu gewährleisten. Zudem muss sie die eng bemessene Zeitvorgabe einhalten und interkulturelle Aspekte berücksichtigen.

Ist zur Bearbeitung der Aufgabe eine Recherche und ggf. eine Vertiefung fachlicher Kenntnisse durch den Auszubildenden erforderlich?

Ja, um Lieferanten nachhaltig zu bewerten, muss die Auszubildende umfassende Kenntnisse über verschiedene Nachhaltigkeitspraktiken im Kaffeeanbau haben. Dazu gehören ökologische Landwirtschaft, soziale Verantwortung und Fair-Trade-Prinzipien. Eine eingehende Recherche und Vertiefung der Kenntnisse über relevante Zertifizierungen, wie Fair Trade und Rainforest Alliance, ist erforderlich, um deren Bedeutung und Kriterien zu verstehen. Auch muss sie detaillierte Informationen über die Anbauländer von Kaffee und deren kulturelle Besonderheiten recherchieren.

Erfordert die Umsetzung des Lösungsprozesses die Berücksichtigung verschiedener Schnittstellen und ggf. eine Abstimmung mit diesen?

Die Auszubildende muss sich mit verschiedenen Schnittstellen abstimmen:

- Vorgesetzter
- externe Lieferanten
- Nachhaltigkeitsorganisationen
- Abstimmung mit Datenschutzbeauftragten
- usw.

4. **Gestaltungsspielraum**

Bietet die Aufgabe in Abstimmung mit Verantwortungsträgern oder Prozessverantwortlichen organisatorische Freiheitsgrade bzw. Verantwortungs- und Entscheidungsspielräume für den Auszubildenden?

Die Auszubildende hat die Freiheit, in Abstimmung mit dem Vorgesetzen die Auswahlkriterien für nachhaltige Kaffeebohnenlieferanten zu definieren. Ebenfalls kann sie eigenständig den Fragebogen erstellen, mit den Lieferanten kommunizieren, die Kriterien und die Gewichtung für die Nutzwertanalyse festlegen und diese durchführen.

Gibt es alternative Lösungswege und Vorgehensweisen, die der Auszubildende zur Bearbeitung der Aufgabe wählen bzw. selbstständig (in Absprache mit dem Ausbilder) entwickeln kann?

Bei dieser Aufgabe wären auch andere Lösungswege und ein anderes Vorgehen denkbar. Die Auszubildende könnte alternative Ansätze zur Bewertung von Nachhaltigkeit in Erwägung ziehen, die über die gängigen Zertifizierungen hinausgehen. Auch hätte sie sich für eine andere Art der Lieferantenbefragung, für eine andere Bewertungsmatrix oder für eine andere Gewichtung der Nutzwertanalyse entscheiden können.

5. **Auswertbarkeit**

Ermöglichen die Ergebnisse der Aufgabe eine Bewertung, die der Auszubildende selbstständig vornehmen kann?

Die Auszubildende kann selbstständig bewerten, inwieweit die potenziellen Lieferanten die festgelegten Auswahlkriterien erfüllen. Die Erfüllung oder Nichterfüllung der Auswahlkriterien bildet die Grundlage für eine objektive Bewertung. Ebenfalls kann sie die Effektivität der gewählten Kommunikationsstrategie beurteilen, z. B. anhand der Rückmeldungen, der Reaktionszeiten oder der Genauigkeit der bereitgestellten Informationen.

Kann der Auszubildende reflektieren, inwieweit die Ziele der Aufgabe erreicht wurden und ggf. Verbesserungsvorschläge ableiten?

Die Auszubildende kann reflektieren, dass sie die Ziele ihrer Fachaufgabe erreicht hat. Das Unternehmen folgt ihrer Empfehlung, die auf der von ihr durchgeführten Nutzwertanalyse basiert. Für sich persönlich kommt sie zu dem Schluss, dass sie bei einer ähnlichen Aufgabe mehr Zeit für die Online-Recherche und die Kommunikation einplanen und bei der Nutzwertanalyse das Kriterium Kosten zusätzlich berücksichtigen würde.

Ermöglicht die Aufgabe eine Reflexion der während der Aufgabenbearbeitung erzielten Lernerfolge durch den Auszubildenden?

Die Auszubildende kann reflektieren, welche neuen Kompetenzen sie während der Bearbeitung der Fachaufgabe erworben hat. Sie konnte sich mit verschiedenen Aspekten von Nachhaltigkeit und dem Lieferkettenmanagement auseinandersetzen. Auch konnte sie ihre Kommunikations- und Verhandlungsfähigkeiten sowie ihr Zeitmanagement verbessern. Zudem konnte sie eigenständig Problemlösungen finden und ihr Selbstvertrauen stärken. Weiterhin möchte sie in Zukunft ihre Fremdsprachenkenntnisse und das Wissen über kulturelle Besonderheiten der Anbauländer vertiefen. Dies trägt dazu bei, dass sie zukünftige Projekte noch erfolgreicher bewältigen wird.

Was können die Prüferinnen und Prüfer zum Report fragen?

Fragen zur Planung des Vorgehens

- Warum haben Sie dieses Thema als betriebliche Fachaufgabe gewählt?
- Welche wesentlichen Prozessschritte waren bei der Planung Ihrer Fachaufgabe zu berücksichtigen?
- Warum haben Sie sich für diesen Lösungsweg entschieden?
- Welche alternativen Lösungen wären möglich gewesen?
- Warum haben Sie sich für diese Auswahlkriterien entschieden?
- Wie genau sind Sie bei der Recherche nach potenziellen Lieferanten vorgegangen?
- Welche Ressourcen wurden für die Durchführung Ihrer Fachaufgabe benötigt?
- Wie haben Sie die Zeit für die Aufgabenbearbeitung strukturiert?

Fragen zur Durchführung der betrieblichen Fachaufgabe

- Wie genau wurden die einzelnen Prozessschritte umgesetzt?
- Was verlief nach Plan, was nicht?
- Gab es Probleme bei der Kommunikation mit den Lieferanten?
- Wie haben Sie sichergestellt, dass die ausgewählten Kaffeebohnenlieferanten weiterhin die festgelegten Auswahlkriterien erfüllen?

- Wie haben Sie die Beziehungen zu den Lieferanten gepflegt und aufgebaut? Gab es Schwierigkeiten und wie haben Sie diese gelöst, um eine erfolgreiche Zusammenarbeit zu gewährleisten?
- Mussten Sie kulturelle Besonderheiten beachten?
- Wurden Maßnahmen zur Qualitätssicherung und Qualitätskontrolle durchgeführt?
- Warum haben Sie sich für eine Nutzwertanalyse als Bewertungsmatrix entschieden?
- Welche Datenschutzbestimmungen mussten bei der Befragung eingehalten werden?
- Welche Instrumente werden verwendet, um den Fortschritt der Maßnahmen zu überwachen?
- Wie erfolgte die Dokumentation der Fachaufgabe?

Fragen zur Berücksichtigung der Rahmenbedingungen

- Welche rechtlichen und wirtschaftlichen Vorgaben und Kriterien waren zu berücksichtigen?
- Mit welchen Personen mussten Sie sich abstimmen?
- Welche vor- und nachgelagerten Prozesse sind zu berücksichtigen?
- Gibt es spezifische Gesetze oder Vorschriften, die beachtet werden müssen?
- Inwiefern haben Sie die aktuellen Markt- und Branchenbedingungen bei der Festlegung der Auswahlkriterien berücksichtigt?
- Welche Auswirkungen hatten externe Faktoren auf Ihre Entscheidungen während dieser Fachaufgabe?
- Gab es spezifische rechtliche Herausforderungen und wie sind Sie damit umgegangen?
- Wie haben Sie Kosten, Nutzen und langfristige finanzielle Auswirkungen Ihrer Auswahlentscheidung berücksichtigt?

Fragen zur Kontrolle und Bewertung der Ergebnisse

- Welche konkreten Ergebnisse wurden erzielt?
- Inwieweit wurden die zu Beginn der Fachaufgabe festgelegten Ziele erreicht?
- Wurden die entwickelten Maßnahmen vollständig und wie geplant umgesetzt?
- Sind unvorhergesehene Probleme und Schwierigkeiten aufgetreten?
- Konnten Sie eventuelle Probleme eigenständig lösen?
- Wie hat die Zusammenarbeit mit den verschiedenen Schnittstellen funktioniert?
- Was könnte zukünftig verbessert oder optimiert werden?
- Inwiefern konnten Ihre vorgeschlagenen Lösungen im Betrieb umgesetzt werden?
- Haben Sie vor der Durchführung Ihrer Aufgabe etwas nicht bedacht, was im Nachhinein wichtig gewesen wäre? (Wenn ja, was? Wie haben Sie darauf reagiert?)

- Wie können Sie die Überprüfbarkeit Ihrer Ergebnisse gewährleisten?
- Welche persönlichen und beruflichen Lernerfolge haben sich aus der Durchführung der Aufgabe für Sie ergeben?
- Welche Erkenntnisse können Sie für zukünftige ähnliche Projekte nutzen?

12.2.3.2 Schadensmeldung beim internationalen Warenimport

ACHTUNG

Die formalen Vorgaben für die Erstellung eines Reports, z. B. Schriftart und -größe, Seitengröße, Seiten- und Zeilenabstände stimmen aufgrund des Formats dieses Buches nicht mit denen der Kammern überein.

Aufgabenstellung und Zielsetzung

Mein Ausbildungsbetrieb, die Elektrowelt GmbH importiert als Großhändler eine Vielzahl von hochwertigen Elektronikartikeln wie Tablets, Smartphones, Fernseher und andere Unterhaltungselektronik aus verschiedenen Ländern und vertreibt diese europaweit. Ich bin als Auszubildender in der Importabteilung eingesetzt und unterstütze den Abteilungsleiter. Bei unserer letzten Bestellung bei Techtronics Ltd., einem unserer größten Lieferanten aus Singapur, die ich selbst aufgegeben habe, gibt es jedoch ein unerwartetes Problem. Ich erhalte vom Lieferanten eine E-Mail, die mit einem roten Pfeil für die Priorität „hoch" gekennzeichnet ist und unverzüglich bearbeitet werden muss. In der E-Mail teilt uns mein Ansprechpartner bei Techtronics Ltd. auf Englisch mit, dass ein erheblicher Teil der bestellten hochwertigen Smartphones durch einen Sturm auf dem Seeweg nach Europa beschädigt oder zerstört wurde. Ich informiere sofort meinen Vorgesetzten über diese Situation, der mich daraufhin beauftragt, die zur Bearbeitung des Schadenfalles erforderlichen Schritte in enger Abstimmung mit ihm zu übernehmen.

Planung des Vorgehens

Nachdem ich die Aufgabe übernommen habe, überlege ich, wie ich jetzt am besten vorgehe. Zuerst erstelle ich eine To-do-Liste, um keine wichtigen Schritte zu übersehen. Ich kann diese Liste auch verwenden, um mein weiteres Vorgehen mit meinem Vorgesetzten abzustimmen. Erledigte Punkte kann ich dann einfach abhaken und neue Punkte ergänzen.

- Als Erstes muss ich klären, wer das Transportrisiko trägt. Hierfür muss ich mir die Vertragsbedingungen des Kaufvertrags noch einmal genau anschauen.
- Um ein umfangreiches Bild des entstandenen Schadens zu bekommen, benötige ich dringend weitere Informationen. Hierfür kann ich mich wieder an den Lieferanten wenden, der in direktem Kontakt zu dem Transporteur steht.

- Auch muss ich mir die Versicherungspolice anschauen um zu sehen, ob der Schaden durch unsere Transportversicherung abgedeckt ist.
- Besteht Versicherungsschutz, kann ich den Schaden unserer Versicherungsgesellschaft melden.

Durchführung der betrieblichen Fachaufgabe

Zunächst schaue ich mir noch einmal unseren Kaufvertrag an. Gemäß unseren Lieferbedingungen wurde der Kaufvertrag mit unserem Lieferanten auf Basis der FOB-Klausel abgeschlossen. Dies bedeutet, dass das Risiko vom Verkäufer bzw. Lieferanten auf den Käufer, also auf uns, übergeht, sobald die Ware über die Reling des Schiffes an Bord geladen wird. Ab diesem Zeitpunkt tragen wir alle Kosten und Risiken für den weiteren Transport der Ware zum Bestimmungshafen, einschließlich der Versicherungskosten und etwaiger Schäden oder Verluste während des Transports auf See. Aus diesem Grund haben wir auch eine eigene Transportversicherung abgeschlossen. Der Verkäufer informiert uns über den Schaden, da er die Organisation und Koordination der Seefracht zu uns übernommen hat und somit auch als Erster über den Vorfall während des Transports informiert wurde.

Um ausführliche Informationen über das Ausmaß und die Ursache des Schadens zu erhalten, wende ich mich nun wieder an unseren Ansprechpartner bei Techtronics Ltd., Herrn Wong. Ich überlege zunächst, ob ich Herrn Wong besser persönlich anrufe oder ihm eine E-Mail schreibe. Ich entscheide mich schließlich für eine E-Mail, weil ich dann die notwendigen Fachbegriffe und Formulierungen in Ruhe im Online-Wörterbuch nachschlagen und auch Online-Übersetzungsdienste wie Google oder DeepL verwenden kann. Bei der englischen Kommunikation am Telefon fällt es mir oft schwer, meinen Gesprächspartner aufgrund des Akzents und der manchmal schlechten Verbindung nach Singapur deutlich zu verstehen. So können schnell Missverständnisse oder Sprachbarrieren entstehen, die ich gerne vermeiden möchte. Auch kann ich bei der E-Mail die Kommunikation direkt für unsere Unterlagen dokumentieren und bei Bedarf nachverfolgen. Außerdem muss ich die Zeitverschiebung von etwa sieben Stunden berücksichtigen. Ich schreibe also eine freundliche E-Mail auf Englisch, in der ich um weitere Details bitte. Ich erkundige mich sowohl nach Datum und Uhrzeit des Vorfalls als auch über die Schadensursache und das vermutliche Schadensausmaß. Auch bitte ich um Fotos des Schadens, die ich dann an unsere Versicherung weiterleiten kann.

Bis ich eine Antwort erhalte, nutze ich die Zeit, um mir die Police unserer Transportversicherung genau anzusehen. Soweit ich erkennen kann, deckt die Police Schäden durch verschiedene Risiken wie Brand, Sturm, Schiffbruch oder andere unvorhergesehene Ereignisse ab. Gemäß der Police war die Ware während des Transports zum Zielhafen versichert. Weiterhin überprüfe ich die Police auf eventuelle Ausschlüsse, die die Deckung für bestimmte Warenkategorien oder Schadensursachen einschränken könnten. Ich finde keine spezifischen Ausschlüsse, was bedeutet, dass der Schaden an den importierten Smartphones grundsätzlich abgedeckt sein sollte.

Am nächsten Tag erhalte ich die Antwort. Herr Wong bedauert zutiefst den entstandenen Schaden und teilt mir weitere Informationen mit. Der Vorfall ereignete sich am 15.02.2024 gegen 02:00 Uhr morgens während eines heftigen Sturms etwa 200 Seemeilen vor der Küste von Singapur. Dabei wurde unsere Fracht starken Wellen ausgesetzt, was zu erheblichen Beschädigungen und teilweise zum Verlust des Großteils der Lieferung führte. Laut der Schätzung von Herrn Wong ist ein beträchtlicher finanzieller Schaden entstanden, der durch die beigefügten Fotos dokumentiert wurde.

Ich unterrichte umgehend meinen Vorgesetzen. Wir vereinbaren, dass ich im nächsten Schritt unsere Versicherungsgesellschaft über den Schaden informiere. Ich entscheide mich, zunächst bei der Versicherung anzurufen, um das weitere Vorgehen zu besprechen. Telefonisch melde ich den Schaden. Die Versicherung nimmt alle relevanten Details zum Schaden, wie Zeitpunkt, Ort und Umstände des Vorfalls auf und bittet mich, eine Versicherungsanzeige zu erstellen und somit den Schaden zu dokumentieren.

Nach erneuter Rücksprache mit meinem Vorgesetzten erstelle ich die Versicherungsanzeige. Hierfür muss ich ein Schadensformular ausfüllen, das ich auf der Internetseite unserer Versicherung finde. Hier muss ich Details zu unserem Unternehmen und zur Versicherungspolice eintragen. Ebenfalls muss ich die versicherten Waren hinsichtlich Art, Menge und Wert beschreiben und die Vertragsbedingungen, wie z. B. die vereinbarte FOB-Klausel, mitteilen. Weiterhin muss ich einen formalen Bericht erstellen, der alle relevanten Details des Vorfalls enthält. Diesem Bericht füge ich die Bilder des Schadens bei, die mir Herr Wong per Mail geschickt hat. Außerdem benötigt die Versicherung Kopien der Frachtbriefe, die den Transport der Waren dokumentieren und Informationen über den Versandort, das Ziel und andere relevante Details enthalten. Auch müssen wir Kopien der Handelsrechnungen bzw. des Kaufvertrags einreichen. Die Bereitstellung dieser Dokumente und Informationen ist entscheidend, um den Schaden ordnungsgemäß zu dokumentieren und den Schadensfall bei der Versicherungsgesellschaft zu begründen.

Nachdem ich alle relevanten Unterlagen zusammengestellt und online verschickt habe, erhalte ich kurz darauf eine E-Mail der Versicherungsgesellschaft, in der mir mitgeteilt wird, dass die Schadensmeldung eingegangen ist und bearbeitet wird.

Reflexion

Da ich die Schadensmeldung vollständig ausgefüllt und erfolgreich eingereicht habe, ist meine Fachaufgabe abgeschlossen. Bei der Planung und Durchführung der Aufgabe bin ich methodisch und strukturiert vorgegangen. Dies bestätigten mir auch mein Vorgesetzter und die Tatsache, dass es keine Rückfragen der Versicherung zu den eingereichten Unterlagen gab und der Schaden einige Zeit später reguliert wurde. Um solche Schadensmeldungen in Zukunft einfacher und schneller bearbeiten zu können, werde ich noch eine Checkliste erstellen, die dann von allen Mitarbeitern genutzt werden kann. So können wir sicherstellen, dass alle erforderlichen Informationen systematisch erfasst und alle notwendigen Unterlagen an die Versicherung gesendet werden. Die Aufgabe hat mir sehr viel Spaß gemacht und ich bin mit meiner Lösung zufrieden. Allerdings habe ich festgestellt, dass ich meine Englischkenntnisse weiter vertiefen möchte, um in Zukunft noch besser mit unseren internationalen Geschäftspartnern kommunizieren zu können.

Analyse des Reports zur Schadensabwicklung beim internationalen Warenimport

1. **Berufs- oder Betriebsbezug**

   Hat die Aufgabe Bezug zu den Ausbildungsinhalten des Berufsbildes Kaufmann/-frau für Groß- und Außenhandelsmanagement?

   Ja, hat sie. Die Fachaufgabe bezieht sich auf § 4 Abs. 2 Nr. 2 und auf § 4 Abs. 4 Nr. 1 und 2 der Verordnung (Handelsspezifische Beschaffungslogistik planen und steuern, Außenhandelsgeschäfte abwickeln und Auslandsmärkte bedienen sowie internationale Berufskompetenz anwenden) und auf Abschnitt A Nr. 2 c) des Ausbildungsrahmenplans (rechtliche Regelungen für das Transportwesen einhalten sowie Transportrisiken beurteilen und absichern) sowie auf Abschnitt C Nr. 1 h) und Nr. 2 c) des Ausbildungsrahmenplans (Notwendigkeiten von Transportversicherungen prüfen und Maßnahmen vorschlagen sowie bei Anbahnungen, Verhandlungen, Abschlüssen und Erfüllung von Außenhandelsverträgen mündlich und schriftlich in einer Fremdsprache kommunizieren, insbesondere Informationen einholen).

   Erfordert die Aufgabe einen Lösungsprozess?

   Nachdem der Auszubildende die Zielsetzung seiner Fachaufgabe festgelegt hat, muss er zunächst sein weiteres Vorgehen planen, seine geplanten Handlungsschritte umsetzen und den Erfolg seiner Aufgabe kontrollieren und reflektieren, um eventuelle Veränderungen oder Verbesserungen ableiten zu können.

   Bildet die Aufgabe mindestens einen Teilprozess eines Geschäftsprozesses ab?

   Ja, die Aufgabe bildet einen Teilprozess eines größeren Geschäftsprozesses ab. Die Schadensmeldung und -abwicklung beim Warenimport ist ein spezifischer Teilprozess im Gesamtprozess des Warenimports bzw. der Beschaffungslogistik.

2. **Abbildung einer vollständigen beruflichen Handlung**

   Umfasst die Aufgabe eine Planungs-, Vorbereitungs-, Durchführungs- sowie eine Auswertungsphase?

   Ja, der Auszubildende beschreibt in seinem Report ausführlich seine Vorgehensweise unter Berücksichtigung der einzelnen Aufgabenphasen.

   Kann der Auszubildende durch die Bearbeitung der Aufgabe seine berufliche Handlungsfähigkeit unter Beweis stellen?

   Der Auszubildende benötigt zum Ausführen der Fachaufgabe alle Kompetenzen, die in Summe die berufliche Handlungskompetenz ergeben:

Fach-kompetenz	► Welche Regelungen wurden im Kaufvertrag vereinbart? ► Wer trägt das Transportrisiko? ► Welche Risiken deckt die abgeschlossene Transportversicherung ab? ► Welche Unterlagen werden zur Schadensmeldung benötigt? ► Wie kann der Schaden der Versicherung gemeldet werden? ► Was ist eine Versicherungsanzeige und wie kann diese erstellt werden? ► Wie kann der Schaden dokumentiert werden? ► Muss die Kommunikation mit dem Lieferanten in einer Fremdsprache erfolgen? ► Müssen kulturelle Besonderheiten berücksichtigt und interkulturelle Kompetenzen angewendet werden? ► usw.
Methoden-kompetenz	► Welche Aufgaben- oder Problemstellung soll durch die Fachaufgabe gelöst werden? ► Welche Informationen werden benötigt? ► Wie und wo kann der Auszubildende diese Informationen recherchieren? ► Welche Personen oder Schnittstellen müssen bei der Bearbeitung der Fachaufgabe miteinbezogen werden? ► Wie ist die Fachaufgabe strukturiert? ► Welche Ziele sollen mit dem Report erreicht werden? ► Wie können die Informationen für den Vorgesetzten/Ausbilder aufbereitet werden?
Sozial-kompetenz	► Welche Erwartungen hat der Ausbilder oder Vorgesetzte? ► Wie erfolgt die Kommunikation: persönlich, per Mail oder per Telefon? ► Wie ist das Verhalten des Auszubildenden gegenüber Kollegen, Vorgesetzten, Lieferanten, Kunden oder anderen Gesprächsteilnehmern? ► Arbeitet der Auszubildende mit anderen Kollegen oder Schnittstellen innerhalb oder außerhalb des Betriebs zusammen?
Selbst-kompetenz	► Arbeitet der Auszubildende eigenverantwortlich und gewissenhaft an der Erfüllung der Fachaufgabe? ► Muss der Auszubildende bei der Fachaufgabe Selbst- und Zeitmanagement beachten? ► Kann der Auszubildende die Fachaufgabe reflektieren? ► Musste der Auszubildende unvorhergesehene Probleme lösen? ► Stellt die Fachaufgabe einen Mehrwert für den Auszubildenden dar? ► Was konnte der Auszubildende durch die Bewältigung der Fachaufgabe lernen? ► Konnte der Auszubildende sein Selbstbewusstsein stärken?

3. Aufgabenstellung

Stellt die Aufgabe aus Sicht des Auszubildenden eine Herausforderung und keine Routineaufgabe dar?

Ja, aus Sicht des Auszubildenden stellt die Schadensmeldung eines Versicherungsfalles definitiv eine Herausforderung und keine reine Routinetätigkeit dar. Die Schadensmeldung ist für den Auszubildenden eine neue und komplexe Aufgabe. Er muss die Vertrags- und Versicherungsbedingungen verstehen und anwenden, die Schäden dokumentieren, die entsprechenden Unterlagen erstellen und mit dem Lieferanten und der Versicherungsgesellschaft das weitere Vorgehen abstimmen.

Können bei der Bearbeitung der Aufgabe Probleme und Konflikte bzw. veränderte Bedingungen auftreten, die eine flexible Reaktion des Auszubildenden erforderlich machen?

Ja, es kann z. B. zu Problemen oder Fehlern bei der Kommunikation mit der Versicherungsgesellschaft kommen. Oder es kann Missverständnisse aufgrund der Fremdsprache geben. Auch Unstimmigkeiten in der Schadensmeldung oder bei den eingereichten Unterlagen sind denkbar. Der Auszubildende muss in der Lage sein, diese Konflikte zu erkennen und zu lösen.

Ist zur Bearbeitung der Aufgabe eine Recherche und ggf. eine Vertiefung fachlicher Kenntnisse durch den Auszubildenden erforderlich?

Ja, der Auszubildende muss die entsprechenden Vertrags- und Versicherungsbedingungen recherchieren und sich mit den einzelnen Schritten der Schadensbearbeitung vertraut machen.

Erfordert die Umsetzung des Lösungsprozesses die Berücksichtigung verschiedener Schnittstellen und ggf. eine Abstimmung mit diesen?

Der Auszubildende muss sich mit verschiedenen Schnittstellen abstimmen:

- Vorgesetzter
- Lieferant aus Singapur
- Versicherungsgesellschaft
- usw.

4. Gestaltungsspielraum

Bietet die Aufgabe in Abstimmung mit Verantwortungsträgern oder Prozessverantwortlichen organisatorische Freiheitsgrade bzw. Verantwortungs- und Entscheidungsspielräume für den Auszubildenden?

Die Aufgabe bietet dem Auszubildenden gewisse organisatorische Freiheitsgrade und Entscheidungsspielräume. Er kann in Abstimmung mit dem Vorgesetzen die zur Schadensmeldung notwendigen Schritte relativ eigenständig durchführen. Er entscheidet selbst über die eingesetzten Kommunikationsmittel und agiert weitgehend frei mit dem Lieferanten und der Versicherungsgesellschaft.

Gibt es alternative Lösungswege und Vorgehensweisen, die der Auszubildende zur Bearbeitung der Aufgabe wählen bzw. selbstständig (in Absprache mit dem Ausbilder) entwickeln kann?

Bei dieser Aufgabe wären auch andere Lösungswege und ein anderes Vorgehen denkbar. Der Auszubildende hätte sich bspw. für andere Kommunikationswege oder eine alternative Vorgehensweise entscheiden können. Die Lösung ist daher völlig offen.

5. **Auswertbarkeit**

Ermöglichen die Ergebnisse der Aufgabe eine Bewertung, die der Auszubildende selbstständig vornehmen kann?

Der Auszubildende kann anhand des Feedbacks durch den Vorgesetzten selbstständig bewerten, dass er die Aufgabe erfüllt hat. Auch kann er anhand des Fehlens von Rückfragen vonseiten der Versicherung erkennen, dass er die Aufgabe erfolgreich gelöst hat.

Kann der Auszubildende reflektieren, inwieweit die Ziele der Aufgabe erreicht wurden und ggf. Verbesserungsvorschläge ableiten?

Der Auszubildende kann reflektieren, dass er die Ziele seiner Fachaufgabe erreicht hat. Es gibt keine Rückfragen der Versicherungsgesellschaft und der gemeldete Schaden wurde später reguliert. Auch entwickelt der Auszubildende in der Reflexionsphase den Verbesserungsvorschlag, eine Checkliste für die Bearbeitung zukünftiger Schadensfälle zu erstellen.

Ermöglicht die Aufgabe eine Reflexion der während der Aufgabenbearbeitung erzielten Lernerfolge durch den Auszubildenden?

Der Auszubildende kann seine methodische und strukturierte Arbeitsweise reflektieren und seine Kenntnisse der Vertragsbedingungen vertiefen. Er lernt, welche Schritte und Unterlagen zur Erstellung einer Versicherungsanzeige notwendig sind. Durch die Aufgabenbearbeitung konnte er eigenständig arbeiten und somit sein Selbstbewusstsein stärken. Auch nutzt er die Reflexionsphase, um in Zukunft seine Englischkenntnisse zu verbessern.

Was können die Prüferinnen und Prüfer zum Report fragen?

Fragen zur Planung des Vorgehens

- Warum haben Sie dieses Thema als betriebliche Fachaufgabe gewählt?
- Welche wesentlichen Prozessschritte waren bei der Planung Ihrer Fachaufgabe zu berücksichtigen?
- Warum haben Sie sich für diesen Lösungsweg entschieden?
- Welche alternativen Lösungen wären möglich gewesen?
- Warum haben Sie sich für dieses Vorgehen entschieden?
- Wie genau haben Sie die Vertrags- und Versicherungsbedingungen recherchiert?
- Welche weiteren Informationen mussten Sie einholen?

- Welche Überlegungen haben Sie bei der Kommunikation mit den beteiligten Parteien berücksichtigt?
- Wie haben Sie die Zeit für die Aufgabenbearbeitung strukturiert?

Fragen zur Durchführung der betrieblichen Fachaufgabe

- Wie genau wurden die einzelnen Prozessschritte umgesetzt?
- Was verlief nach Plan, was nicht?
- Gab es Probleme bei der Kommunikation mit dem Lieferanten oder mit der Versicherungsgesellschaft?
- Wie wurde der entstandene Schaden dokumentiert und geschätzt?
- Welche Unterlagen mussten Sie an die Versicherung senden?
- Wie haben Sie die erforderlichen Unterlagen für die Schadensabwicklung zusammengestellt und eingereicht?
- Was versteht man unter einer Versicherungsanzeige?
- Mussten Sie bei der Kommunikation mit dem Lieferanten aus Singapur kulturelle Besonderheiten beachten?
- Wie haben Sie den Fortschritt und den Erfolg der Schadensabwicklung überwacht?
- Wurden Maßnahmen zur Qualitätssicherung und Qualitätskontrolle durchgeführt?
- Wie erfolgte die Dokumentation der Fachaufgabe?

Fragen zur Berücksichtigung der Rahmenbedingungen

- Welche rechtlichen und vertraglichen Aspekte mussten Sie während der Schadensabwicklung berücksichtigen?
- Mit welchen Personen mussten Sie sich abstimmen?
- Was versteht man unter einer Transportversicherung?
- Was bedeutet die FOB-Klausel?
- Welche vor- und nachgelagerten Prozesse sind zu berücksichtigen?
- Gibt es spezifische Gesetze oder Vorschriften, die beachtet werden mussten?
- Gab es spezifische rechtliche Herausforderungen und wie sind Sie damit umgegangen?
- Welchen Zeithorizont haben Sie für die Bewältigung Ihrer Fachaufgabe benötigt?

Fragen zur Kontrolle und Bewertung der Ergebnisse

- Welche konkreten Ergebnisse wurden erzielt?
- Inwieweit wurden die zu Beginn der Fachaufgabe festgelegten Ziele erreicht?
- Sind unvorhergesehene Probleme und Schwierigkeiten aufgetreten?
- Konnten Sie eventuelle Probleme eigenständig lösen?

- Wie hat die Zusammenarbeit mit den verschiedenen Schnittstellen funktioniert?
- Was könnte zukünftig verbessert oder optimiert werden?
- Inwiefern konnten Ihre vorgeschlagenen Lösungen im Betrieb umgesetzt werden?
- Haben Sie vor der Durchführung Ihrer Aufgabe etwas nicht bedacht, was im Nachhinein wichtig gewesen wäre? (Wenn ja, was? Wie haben Sie darauf reagiert?)
- Wie können Sie die Überprüfbarkeit Ihrer Ergebnisse gewährleisten?
- Welche persönlichen und beruflichen Lernerfolge haben sich aus der Durchführung der Aufgabe für Sie ergeben?
- Welche Erkenntnisse können Sie für zukünftige ähnliche Projekte nutzen?

13. Wie läuft die mündliche Prüfung ab?

INFO

Wenn Du Fragen zur mündlichen Prüfung und zum Fachgespräch hast oder Unterstützung bei Deiner Prüfungsvorbereitung benötigst, wende Dich an **feedback@kiehl.de**.

13.1 Was solltest Du bei Deiner Zeitplanung berücksichtigen?

Bis Du Deine fertigen Reporte bei Deiner zuständigen Kammer einreichen kannst, gibt es einige Schritte zu planen und zu beachten. Schauen wir uns einmal die **Zeitplanung** in groben Punkten an:

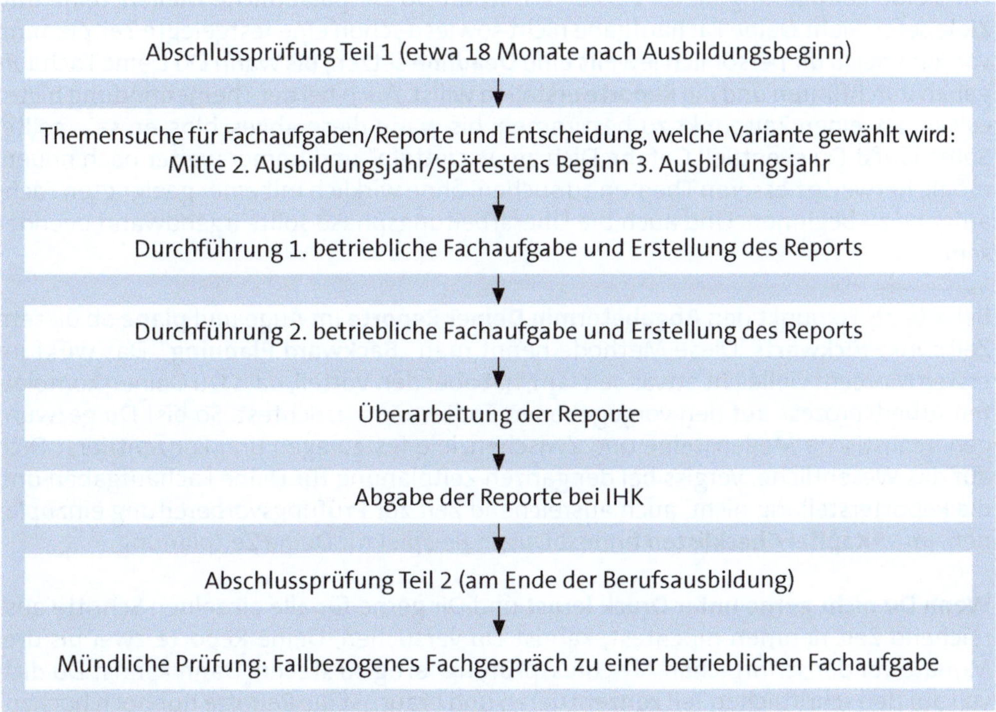

Abb. 4: Zeitplanung mündliche Prüfung

In der Mitte des 2. Ausbildungsjahres, spätestens jedoch am Anfang des 3. Ausbildungsjahres solltest Du beginnen zu überlegen, welche Prüfungsvariante für Dich infrage kommt. Die Entscheidung ist deswegen so wichtig, weil Du bei der Reportvariante unbedingt genügend Zeit für die Durchführung Deiner beiden Fachaufgaben und für die

Erstellung Deiner Reporte einplanen solltest. Halte also Augen und Ohren möglichst frühzeitig nach geeigneten Themen offen und beziehe Deinen Ausbildungsbetrieb gleich zu Beginn in Deine Überlegungen mit ein. Vielleicht benötigt auch Dein Ausbilder etwas Zeit, um geeignete Aufgaben im Betrieb zu finden. Eventuell muss auch Dein Ausbildungsplan bei Entscheidung für die Reportvariante noch angepasst oder umgestellt werden, damit Du geeignete Abteilungen und/oder Projekte durchlaufen kannst. In der Mitte der Ausbildung scheint es immer so, dass man noch massig Zeit bis zur Prüfung hat. Aber da kann man sich leicht verschätzen. Du solltest Dich schließlich sowohl auf die schriftliche als auch auf die mündliche Prüfung ausreichend vorbereiten können. Und gerade bei der Durchführung der betrieblichen Fachaufgaben hat man sich mit dem Zeithorizont schnell mal getäuscht. Manchmal stellt man mitten in der Aufgabe fest, dass sich das Thema aus irgendeinem Grund vielleicht doch nicht eignet und man schwenkt noch mal um. Deswegen plane bei der Reportvariante lieber ausreichend Zeit ein. Es ist deutlich angenehmer, mehr Zeit als ursprünglich vorgesehen zur Verfügung zu haben als am Ende „auf die Schnelle rumhetzen“ zu müssen.

Für Deine Zeitplanung bietet es sich an, wenn Du Dir **persönliche Meilensteine und Ziele** setzt. Sieht Deine Fachaufgabe nicht sowieso schon eine festgelegte Zeitplanung vor, kannst Du dir persönlich jeweils eine **Deadline** setzen, bis wann Du Deine Fachaufgaben durchführen und die Reporte erstellen willst. Auch bei der Themenfindung bietet es sich an, einen Zeitpunkt zu bestimmen, bis wann diese abgeschlossen sein sollte. Sonst läufst Du eventuell Gefahr, Dich zu „verzetteln“ und immer weiter nach neuen, möglicherweise besseren Themen zu suchen, ohne wirklich mit einer geeigneten Fachaufgabe zu beginnen. Und auch die Überarbeitungsphase sollte irgendwann beendet sein.

Behalte als Fixpunkt den **Abgabetermin Deiner Reporte** im Auge und **plane** ab diesem Zeitpunkt **rückwärts**. Diese Methode nennt man „**Backward Planning**“. Das wirkt im ersten Moment vielleicht etwas seltsam, hat aber den Vorteil, dass Du Deinen kompletten Arbeitsprozess auf den vorgegebenen Endtermin ausrichtest. So bist Du gezwungen, realistische Meilensteine und Zwischenziele festzulegen und konzentrierst Dich auf das Wesentliche. Vergiss bei der ganzen Zeitplanung für Deine Fachaufgaben und die Reporterstellung nicht, auch ausreichend Zeit zur Prüfungsvorbereitung einzuplanen. Im » **Kapitel Checklisten** findest Du ein Beispiel für Deine Zeitplanung.

Wenn Du nicht gerne unter Druck lernst und Dir gerne für alle einzelnen Schritte ausreichend Zeit nehmen möchtest, kannst Du versuchen, Deine Reporte zwei bis drei Monate vor der schriftlichen Abschlussprüfung fertig zu stellen. Dann kannst Du dich voll auf den schriftlichen Teil konzentrieren und brauchst die Reporte nur noch hochzuladen. Dann solltest Du allerdings auch Deine übrige Planung entsprechend anpassen. Dies setzt jedoch voraus, dass Du entsprechend früh Deine Themensuche abgeschlossen hast und mit den Fachaufgaben und der Reporterstellung beginnen kannst.

Arbeitest Du jedoch unter Druck gezielter und kannst Dich so besser motivieren, kannst Du auch einen kompakteren Zeitplan erstellen und eventuell gleichzeitig die Reporte schreiben und für die Abschlussprüfung Teil 2 lernen. Ob eine solche Planung überhaupt möglich ist, hängt von den Terminvorgaben der IHK ab, deswegen solltest Du diese vor Deiner Planung unbedingt erst recherchieren. Gleichzeitig an zwei „Baustellen" zu arbeiten kann jedoch zu erheblichem Stress, Zeitdruck und eventuell auch zu schlechteren Prüfungsergebnissen führen, deswegen solltest Du Dir ausreichend Zeit für Deine Planung nehmen und in Ruhe darüber nachdenken, wie Du die Dir zur Verfügung stehende Zeit am effektivsten nutzen kannst.

Wichtig ist, dass der Zeitplan zu Dir persönlich passt und Deinen eigenen Bedürfnissen gerecht wird. Bedenke immer, dass Deine persönlichen Ressourcen (Zeit, Motivation, Gesundheit usw.) nicht unbegrenzt sind. Also: Besser mehr Zeit einplanen als zu wenig!

„Die Verbindung von Zeitplanung und Selbstdisziplin ist der Schlüssel zum Erfolg."
(Unbekannt)

Ein weiterer wichtiger Meilenstein bei der Zeitplanung ist die **Anmeldung zur Abschlussprüfung bei der IHK**. Beachte, dass Dein Ausbildungsbetrieb **mit der Anmeldung für die Abschlussprüfung Teil 2** angeben muss, **welche Prüfungsvariante** Du wählst. Deine Themen müssen bei der Anmeldung nicht angegeben werden. Wann die schriftliche **Anmeldung zur Prüfung** bei der IHK erfolgen muss, **ist von Bundesland zu Bundesland verschieden**, deswegen ist dieser Punkt auch nicht in der obigen Abbildung enthalten. Ist die IHK-Anmeldung erfolgt, kannst Du die gewählte **Prüfungsvariante nicht mehr ändern**.

ACHTUNG

Du musst unbedingt beachten, dass **Deine Entscheidung** für eine Prüfungsvariante nach der Prüfungsanmeldung bei der IHK **nicht mehr geändert** werden kann! Die Anmeldezeitpunkte der IHK zur Abschlussprüfung und die Abgabetermine für die Reporte unterscheiden sich von Bundesland zu Bundesland. Deswegen unbedingt rechtzeitig informieren und beim Betrieb nachfragen! Auch können zu späte Prüfungsanmeldungen oft von der IHK nicht mehr berücksichtigt werden.

Es ist ratsam, die **Reporte zeitnah** zu der Durchführung der betrieblichen Fachaufgaben zu **verfassen**, weil dann Deine Eindrücke noch frisch sind und Dir die Formulierung i. d. R. leichter fällt. Bedenke, dass auch das Erstellen der Reporte ein Prozess ist, deswegen ist es sogar sinnvoll, auch hier noch einmal eine Phase für die Kontrolle, d. h. für die **Überarbeitung, einzuplanen**. Manche Dinge sieht man erst mit einem gewissen Abstand klarer oder urteilt dann vielleicht anders. Gelegentlich braucht man einfach ein paar Tage, um in Ruhe über die Ergebnisse der Fachaufgabe nachdenken und die eigenen Lernerfolge reflektieren zu können.

Diese Überarbeitungsphase kannst Du auch gut dazu nutzen, Dir den Report noch einmal ganz genau durchzulesen und auf **Tipp-, Rechtschreib- und Grammatikfehler** hin zu überprüfen. Hast Du die einzelnen Gliederungspunkte richtig und nachvollziehbar beschrieben? Hast Du auch vorhandene gesetzliche Rahmenbedingungen und betroffene Schnittstellen angegeben? Ist ein „roter Faden" erkennbar?

Vielleicht wirft auch Dein Ausbilder noch einen Blick auf den fertigen Report. Vier Augen sehen schließlich immer mehr als zwei. Und eine **zweite Meinung** ist nie verkehrt. So fallen nicht nur eventuell noch vorhandene Tippfehler auf, sondern logische Brüche oder ein fehlender roter Faden werden bemerkt. Man selbst sieht oft irgendwann den „Wald vor lauter Bäumen nicht mehr", deswegen kann das Korrekturlesen durch eine zweite, betriebsfremde Person (die selbst nicht unbedingt in dem Thema bewandert sein muss) ebenfalls sehr hilfreich sein. So siehst Du schnell, ob auch jemand den Report nachvollziehen kann, der Deine betriebliche Fachaufgabe und Deinen Ausbildungsbetrieb nicht kennt. Und Du kannst gleichzeitig üben, **Fragen zu beantworten**, die sich aus dem Report ergeben. Das ist eine sehr gute Möglichkeit, Dich auf Dein Fachgespräch vorzubereiten. Vielleicht überlegst Du auch gemeinsam mit Deinem Ausbilder und/oder einer anderen Person, welche Fragen die Prüfer stellen könnten.

Die fertigen Reporte stellst Du dann **termingerecht** im Onlineportal der IHK ein. Nähere Informationen zum Einreichen der Reporte erhältst Du i. d. R. zusammen mit der Einladung zur Prüfung oder auf der Internetseite Deiner zuständigen Kammer. Achte darauf, auch wirklich die richtige Endversion Deiner Reporte hochzuladen. Die Prüfer erhalten Deine Reporte bereits vor Deiner mündlichen Prüfung und haben so Zeit, diese zu lesen und sich auf Dein Fachgespräch vorzubereiten. Welches Thema bzw. welcher Report ausgewählt wird, erfährst Du erst bei Deiner mündlichen Prüfung.

ACHTUNG

Gib Deine Reporte unbedingt **rechtzeitig** bei der IHK ab. Es ist ratsam, auch bei der Abgabe einen zeitlichen Puffer einzuplanen, da es bei der Online-Übermittlung immer einmal zu technischen Problemen kommen kann. Informiere Dich rechtzeitig bei Deiner Kammer nach dem **für Dich relevanten Abgabetermin**! Achte auch auf eine Bestätigung, dass die Reporte wirklich bei der IHK angekommen sind. Diese erfolgt meist per Mail, dies kann aber je nach Kammer unterschiedlich sein. Wer seine Reporte **zu spät** abgibt, kann **von der mündlichen Prüfung ausgeschlossen** werden. Die **Prüfungsleistung** wird dann mit **null Punkten** bewertet.

13.2 Wie kannst Du Dich auf Dein Fachgespräch vorbereiten?

13.2.1 Erfolgstipps für eine effektive Prüfungsvorbereitung

Verglichen mit der „klassischen Variante" ist der Vorbereitungsaufwand bei der Reportvariante eher gering. Du hast Deine beiden Fachaufgaben im Betrieb selbst durchgeführt und die Reporte dazu erstellt. Du kennst also schon die möglichen Prüfungsthemen. Und du weißt selbst am besten, worüber Du in der Prüfung sprichst. Du kannst authentisch von Deinem Vorgehen und Deinen eigenen Erfahrungen berichten. Auch wenn Du vor der Prüfung noch nicht weißt, welcher Deiner beiden Reporte für das Prüfungsgespräch ausgewählt wird, kannst Du Dich doch sehr **gezielt** auf Deine mündliche Prüfung **vorbereiten**. Es ist sinnvoll, sich mit beiden Themen gleich gut auseinanderzusetzen. Vermeide „Ratespiele", für welche Deiner Fachaufgaben sich der Prüfungsausschuss entscheiden wird.

Zwischen schriftlicher und mündlicher Prüfung ist i. d. R. ausreichend Zeit, um sich gezielt auf das Fachgespräch vorbereiten zu können. So kannst Du Deine beiden Reporte immer wieder lesen und die **wichtigen Schritte Deiner Fachaufgabe** für Dich im Geist **wiederholen**. Das ist besonders wichtig, wenn schon etwas mehr Zeit zwischen der Reporterstellung und der mündlichen Prüfung liegt. Zwar musst Du den Report nicht frei vortragen, aber Du wirkst nicht so gut vorbereitet, wenn Du im Fachgespräch immer wieder auf Deinen ausgedruckten Report schauen musst. Es ist sinnvoll, **beide Reporte als Print** zur mündlichen Prüfung **mitzubringen**. Gerade wenn Du eher zu Nervosität vor Prüfungssituationen neigst, kann es beruhigend wirken, alle notwendigen Informationen griffbereit zu haben. So hast Du während Deiner Wartezeit auf Dein Prüfungsgespräch etwas in der Hand und kannst bei Bedarf noch einmal schnell hineinschauen.

Sehr hilfreich ist es auch, sich **mögliche Fragen der Prüfer** für das Fachgespräch zu **überlegen**. Versuche einmal, selbst die Rolle eines Prüfers oder einer Prüferin einzunehmen. Was könnte Dich jemand zu Deinem Report fragen, der die Fachaufgabe nicht selbst bearbeitet hat oder Dein Unternehmen nicht kennt? Welche Informationen sind besonders wichtig, um Deine Ausführungen nachvollziehen zu können? Welche Fragen könnten sich aus Deiner Vorbereitungs-, Durchführungs- und Kontrollphase noch ergeben? Welche besonderen rechtlichen Rahmenbedingungen musstest Du beachten? Wie hat die Zusammenarbeit mit den verschiedenen Schnittstellen funktioniert?

Hierfür kannst Du gut ein **Brainstorming** nutzen. Diese Kreativitätstechnik kann Dir helfen, Ideen zu einem bestimmten Thema zu sammeln. Du kannst diesen „Gedankensturm" gut zusammen mit Mitschülern, Freunden oder auch mit Deinem Ausbilder durchführen. Überlegt Euch gemeinsam, welche **möglichen Fragen** die Prüfer zu Deinen Reporten stellen könnten und schreibt die Ergebnisse auf. Sammelt möglichst viele Ideen. Beim Brainstorming geht Quantität vor Qualität. Ob sich die Vorschläge wirklich als mögliche Prüfungsfragen eignen, kannst Du anschließend klären. Am besten führst Du für beide Reporte ein separates Brainstorming durch.

Weiterhin ist es sehr hilfreich, das **Prüfungsgespräch** zusammen mit Deinem Ausbilder, Lehrer, Mitschülern oder Freunden **zu simulieren**. Eine Person übernimmt dabei die Rolle des Prüfers, Du bist der Prüfling. Als Zeitvorgabe kannst Du bspw. 20 Minuten vereinbaren. Auch das Thema kannst Du vor der Simulation bestimmen, das ist zu Beginn einfacher. Versuche, Dich bei der Simulation möglichst genau am realen Ablauf eines Prüfungsgesprächs zu orientieren:

- In der ca. 5-minütigen **Eröffnungsphase** begrüßt Du den Prüfer und stellst Dich, Deinen Ausbildungsbetrieb und Deine Fachaufgabe kurz vor.
- Anschließend leitet der Prüfer in das **Fachgespräch** über und erörtert mit Dir die verschiedenen Phasen, nach denen Du Deinen Report gegliedert hast.
- Um einen möglichst großen Lerneffekt zu haben, kann der Prüfer auch **gezielt Fragen stellen**, die in einem direkten Zusammenhang zu Deinem Kernthema stehen. So kann z. B. nach Definitionen, verwendeten Abkürzungen oder vor- und nachgelagerten Prozessen gefragt werden. Wie in der „richtigen" Prüfung können auch Themen angesprochen werden, die Du zwar nicht explizit in Deinem Report erwähnst, die sich aber trotzdem auf Deine Fachaufgabe beziehen.
- Zum Abschluss der Prüfungssimulation kannst Du Dir von Deinem Prüfer ein kurzes **Feedback** geben lassen und auch selbst Deinen Lernerfolg reflektieren. Konntest Du alle Fragen sicher beantworten? Bist Du zwischendurch ins Stocken gekommen? Wie hast Du Dich während der Simulation gefühlt? Warst Du nervös?

Welchen Nutzen bringt Dir eine Prüfungssimulation?

Eine Simulation des Prüfungsgespräches bietet Dir die Möglichkeit, das bevorstehende Fachgespräch zu üben und Dich optimal darauf vorzubereiten. So kannst Du z. B. trainieren, wie du Fragen beantworten und Informationen präsentieren und wiedergeben kannst. Auf diese Weise kannst Du Deine **Vortragstechnik verbessern**, Dein Selbstbewusstsein stärken und vor allem **Redepraxis gewinnen**. Denn auch Reden will gelernt sein. Es ist ein Unterschied, ob man sich über Alltagsdinge unterhält oder ein Fachthema darstellen soll. Auch hier macht Übung wieder den Meister. Zudem kannst Du während der Prüfungssimulation trainieren, besser mit Stress, Nervosität, einer vielleicht unangenehmen Situation und unerwarteten Fragen umzugehen. Durch die Diskussion Deiner Fachaufgabe vertiefst Du Deine Kenntnisse und kannst sie so besser verinnerlichen. Das führt auch zu einem tieferen Verständnis der Thematik. So kannst Du Dein Wissen in der Prüfungssituation leichter abrufen. Weiterhin hilft Dir das Feedback Deines Simulationspartners, Deine Stärken zu erkennen, eventuell vorhandene Wissenslücken zu schließen und gezielt an möglichen Schwachpunkten zu arbeiten. Konstruktive Rückmeldungen ermöglichen es Dir, Deine eigenen Fähigkeiten und Deine persönliche Leistung besser einzuschätzen. Auch kannst Du so Ideen und Vorschläge erhalten, um Dich persönlich weiterzuentwickeln. Denn Sprachgewandtheit und Ausdrucksvermögen spielen auch im Berufsleben eine immer größere Rolle.

Außerdem kannst Du einer **fachfremden Person** Deine Fachaufgabe erklären. Auch wenn die Prüfer aus dem gleichen Arbeitsumfeld kommen wie Du und i. d. R. einen guten Überblick über die möglichen Fachthemen haben, kann es sehr hilfreich sein, das eigene Wissen und die eigenen kommunikativen Fähigkeiten an einem „Laien zu erproben“. Denn es ist gar nicht so leicht, komplexe Sachverhalte klar, präzise und für andere verständlich zu erklären. Können auch fachliche „Laien“ Deinen Ausführungen folgen, Deine Fachaufgabe und die einzelnen Prozessphasen nachvollziehen, kannst Du Dein Thema plausibel vermitteln. Bitte Dein Publikum, bei Unklarheiten nachzufragen und versuche, notwendige Fachbegriffe mit einfachen Worten zu erklären. Auch bei dieser Methode förderst Du im Gespräch wieder Dein eigenes Wissen, ein tieferes Verständnis für vielschichtige Zusammenhänge und Deine sprachliche Kompetenz.

Schaue auch noch einmal in Deine **Schulbücher** und in Deine Unterlagen von der Berufsschule und lies Dir die Abschnitte oder Kapitel, die Deine beiden Fachaufgaben betreffen könnten, durch. So kannst Du Dich auf mögliche Fragen der Prüfer vorbereiten, die sich zwar auf Deine Themen, nicht jedoch ausdrücklich auf Deine Reporte beziehen. Definitionen, Beispiele, Vor- und Nachteile oder vor- und nachgelagerte Prozesse könnten mögliche Prüfungsfragen sein.

13.2.2 Was tun bei Lampenfieber und Prüfungsangst?

Zunächst die gute Nachricht: Lampenfieber und Prüfungsangst sind **normale Reaktionen auf Stresssituationen**, die viele Menschen erleben. Ob in Schule, Studium oder Beruf – die meisten Menschen empfinden Prüfungssituationen als „unangenehm“ oder sogar als „beängstigend“. Du bist damit nicht allein. Auch das Sprechen vor Publikum kann zu Lampenfieber führen. Wer kennt die typischen Symptome nicht: feuchte Hände, weiche Knie, flauer Magen. All dies sind Reaktionen unseres Körpers auf Angst und Stress. Angst ist ein Urinstinkt des Menschen auf unbekannte Situationen.

In der Steinzeit war Angst lebensnotwendig. Machen wir ein kleines **Gedankenexperiment**: Stell Dir vor, Du würdest als Neandertaler einem Säbelzahntiger gegenüberstehen. In Deinem Kopf schrillen die Alarmglocken. Dein Körper beginnt, Stresshormone, darunter Adrenalin und Cortisol, auszuschütten. Dadurch steigen Dein Blutdruck und Deine Herzfrequenz. Durch diese Hormone bist Du wachsamer und kannst schneller reagieren. Du hast jetzt zwei Möglichkeiten: Kämpfen oder Fliehen. Wie immer Du Dich in dieser Situation auch entscheiden würdest, die Stresshormone sorgen dafür, dass Dein Körper für eine bestimmte Zeit leistungsfähiger wird, Du zusätzliche Energie erhältst und Du so z. B. schneller und länger laufen kannst.

Neben dem oben beschriebenen allgemeinen Beispiel können Prüfungsangst und Lampenfieber auch noch eine ganze Reihe anderer Ursachen haben. Angst vor Bewertung oder vor einem Versagen, der soziale Druck und die Erwartungen von anderen, ein ausgeprägter Perfektionismus, negative Erfahrungen mit Prüfungssituationen in der Vergangenheit oder mangelnde Vorbereitung sind nur einige mögliche Ursachen. Wenn

Du das Gefühl hast, dass Deine Prüfungsangst und der damit verbundene Leidensdruck „über ein normales Maß hinaus gehen", sich negativ auf Deine Leistungen auswirken und Dich erheblich beeinträchtigen, solltest Du einen Arzt, Psychologen oder Psychotherapeuten um Hilfe bitten. Angst kann zu seelischen und körperlichen Krankheiten führen, deswegen solltest Du im Zweifel immer professionelle Hilfe in Anspruch nehmen und mit einem Fachmann über Deine Symptome und Deine persönliche Situation sprechen.

Jetzt aber zurück zu unserer Prüfungssituation. Ein mittleres Angst- oder Erregungsniveau kann in der Prüfung durchaus hilfreich sein. Die Angst (oder Anspannung) kann sogar aktivierend wirken und Dich zu einer höheren Leistung antreiben. Wird die Angst jedoch übermächtig, kann es zu einem Leistungseinbruch, zu Denkblockaden und dem gefürchteten Blackout kommen[17]. In der heutigen Zeit empfinden wir diesen Urinstinkt, unsere körperlichen Reaktionen und die damit verbundenen Emotionen oft als hinderlich. Viel lieber würden wir völlig entspannt und ohne negative Gedanken in die Prüfung gehen. Auch das kannst Du trainieren.

Mach Dir zunächst klar, dass ein bestimmtes Maß an Angst und Lampenfieber völlig normal ist. Schließlich befindest Du Dich nicht jeden Tag in einer Prüfungssituation. Du weißt nicht genau, was auf Dich zukommt, wie alles abläuft und wie Du in dieser unbekannten Situation am besten reagieren sollst. Damit Dein Prüfungsgespräch einen Großteil seines Schreckens verliert, kannst Du verschiedene **Denkansätze und Strategien** nutzen, um Dich dieser Herausforderung zu stellen.

1. **Du kennst schon die möglichen Prüfungsthemen!**

   Gerade bei der Reportvariante kennst Du ja genau die zwei möglichen Themen, um die sich Dein Fachgespräch drehen kann. Du weißt also, worüber Du redest. Du hast die beiden Fachaufgaben selbst durchgeführt und die dazugehörigen Reporte erstellt. Du bist also Fachfrau oder Fachmann für Dein Prüfungsthema, da Du selbst am besten weißt, wie genau Du bei der Bearbeitung Deiner Fachaufgaben vorgegangen bist und welche möglichen Schwierigkeiten und Hindernisse es gab. Diese Sichtweise kann Dir einen Großteil der Unsicherheit nehmen.

2. **Die meisten Prüflinge erreichen im Fachgespräch gute Noten.**

   Wenn man sich die IHK-Prüfungsstatistik anschaut, fällt auf, dass im Fachgespräch durchschnittlich meist deutlich mehr Punkte erreicht werden als in den schriftlichen Prüfungsbereichen. Das ist doch eine gute Nachricht! Bist Du mit Deinem Ergebnis der schriftlichen Prüfung nicht ganz zufrieden, hast Du immer noch die Möglichkeit, durch eine gute Leistung in der mündlichen Prüfung Deine Gesamtnote zu verbessern. Das Ergebnis des fallbezogenen Fachgesprächs fließt mit einer Gewichtung von 20 % in die Endnote ein.

[17] Vgl. *https://blog.univie.ac.at/studium/pruefungsangst/*

Prüfungsstatistik der Industrie- und Handelskammer Abschlussprüfung Sommer 2023 Kaufmann/Kauffrau für Groß- und Außenhandelsmanagement Fachrichtung: Großhandel							
		bundesweit		**Bayern**		**Nordrhein-Westfalen**	
Anzahl Teilnehmer		6720		1096		1695	
davon bestanden		6223		1000		1581	
Bestehensquote		92,6 %		91,2 %		93,3 %	
Durchschnitt der Gesamtpunktzahl		70		69		71	
Notenverteilung der Teilnehmer	Note 1	146	(2,2 %)	15	(1,4 %)	42	(2,5 %)
	Note 2	1284	(19,1 %)	162	(14,8 %)	357	(21,1 %)
	Note 3	2970	(44,2 %)	489	(44,6 %)	748	(44,1 %)
	Note 4	2027	(30,2 %)	378	(34,5 %)	485	(28,6 %)
	Note 5	260	(3,9 %)	50	(4,6 %)	56	(3,3 %)
	Note 6	33	(0,5 %)	2	(0,2 %)	7	(0,4 %)
	Teil 1 der Abschlussprüfung						
Durchschnitt der Punktzahl je Prüfungsbereich	Organisieren des Warensortiments und von Dienstleistungen	74		74		76	
	Teil 2 der Abschlussprüfung						
	Kaufmännische Steuerung von Geschäftsprozessen	63		63		64	
	Prozessorientierte Organisation von Großhandelsgeschäften	64		61		64	
	Fallbezogenes Fachgespräch zu einer betrieblichen Fachaufgabe im Großhandel	77		77		77	
	Wirtschafts- und Sozialkunde	70		69		72	

100 - 92 Punkte	unter 92 - 81 Punkte	unter 81 - 67 Punkte	unter 67 - 50 Punkte	unter 50 - 30 Punkte	unter 30 Punkte
Note 1 = sehr gut	Note 2 = gut	Note 3 = befriedigend	Note 4 = ausreichend	Note 5 = mangelhaft	Note 6 = ungenügend

Abb. 5: IHK-Prüfungsstatistik Abschlussprüfung Sommer 2023

Quelle: angelehnt an: *https://pes.ihk.de/Berufsauswertung%20PDF.cfm?pdf=702501000000&pm1=999&pm2=9&pm3=5*

Dieser Trend trifft auf fast alle Berufsbilder zu. Möchtest Du Dir die Prüfungsergebnisse der vergangenen Abschlussprüfungen anschauen, kannst Du die IHK-Prüfungsstatistik unter folgender Internet-Adresse finden: *https://pes.ihk.de/*. Achte jedoch auf die richtige Bezeichnung des Berufsbilds und die korrekte Fachrichtung, da zurzeit auch noch Prüfungen unter der alten Ausbildungsordnung für „Kaufleute im Groß- und Außenhandel" durchgeführt werden.

3. **Auch Prüfer kennen Prüfungsangst und Lampenfieber.**

   Als Lehrer oder Ausbilder verfügen IHK-Prüfer über ein ausgeprägtes pädagogisches Gespür und Einfühlungsvermögen. Schließlich haben auch Prüfer selbst schon viele Prüfungssituationen (auch selbst in der Rolle des Prüflings) erlebt und kennen Prüfungsangst, Stress und Lampenfieber meist auch aus eigener Erfahrung. Viele Teilnehmer sind in Prüfungen nervös, gestresst und ängstlich, das ist für Prüfer nicht ungewöhnlich. Bist Du sehr aufgeregt, kannst Du das auch gerne direkt ansprechen. Die Prüfer werden darauf eingehen und Verständnis für Deine Situation haben. Und es ist kein Beinbruch, wenn Du „stecken bleibst", den „Faden verlierst" oder eine Frage nicht verstehst. Dann kannst Du z. B. sagen: *„Ich habe gerade den Faden verloren. Könnten Sie die Frage bitte wiederholen?"*

4. **Bereite Dich gründlich auf Dein Fachgespräch vor.**

   „Gut vorbereitet ist schon halb bestanden!" Dieser Spruch gilt auch für die mündliche Prüfung. Durch Deine betrieblichen Fachaufgaben und die Erstellung Deiner Reporte bist du schon gut auf die mündliche Prüfung vorbereitet. Möchtest Du Dich noch ein bisschen sicherer fühlen, kannst Du gerne die im >>**Kapitel 13.2.1** beschriebenen Tipps ausprobieren. Wenn Du Prüfungen als unangenehm empfindest und zu Prüfungsangst und Lampenfieber neigst, kann es sehr hilfreich sein, die Prüfung öfter zu simulieren und das Fachgespräch nachzustellen. So gewöhnst Du Dich ein Stück weit an die Prüfungssituation und lernst, auch mit einer ungewohnten Situation oder unerwarteten Fragen klarzukommen. Das gibt Dir Selbstsicherheit und stärkt Dein Selbstbewusstsein. Auch hier gilt wieder: Übung macht den Meister.

5. **Stelle Dir vor, wie Du Dein Fachgespräch und die Prüfung erfolgreich bestehst.**

   Visualisierung ist eine psychologische Technik, die von vielen Sportlern und Künstlern vor Wettkämpfen oder Auftritten angewendet wird. Mit dieser mentalen Übung stellst Du Dir in Deinen Gedanken bewusst Bilder von positiven Situationen vor. Sieh Dich selbst vor Deinem geistigen Auge, wie Du ruhig und konzentriert Deine Fachaufgabe und die einzelnen Prozessphasen erläuterst und die Fragen der Prüfer souverän beantwortest. Erlebe Deinen Erfolg und fühle die Zufriedenheit und das Selbstvertrauen, wie Du den Prüfungsraum mit einem guten Ergebnis verlässt. Durch diese positive Imagination kannst Du bewusst Stress und Prüfungsangst reduzieren, Deine Konzentration verbessern und eine optimistische Einstellung mit der Prüfungssituation verbinden.

6. **Führe Positive Selbstgespräche.**[18]

   Versuche, negative Gedanken durch positive Gedanken und bestätigende Selbstgespräche zu ersetzen. Zugegeben, das hört sich zunächst etwas seltsam an. Der Ansatz stammt jedoch aus der angewandten Psychologie und hat nichts mit einer geistigen Krankheit zu tun. Wir führen oft Gespräche mit uns selbst, ohne uns dessen bewusst zu sein. Hier mal ein Beispiel: *„Ich muss unbedingt noch die Hausaufgaben erledigen."* Oder: *„Das war knapp. Fast hätte ich den Bus verpasst."* Dieser innere Dialog kommentiert unsere Handlungen, kann unsere Gedanken aber auch negativ beeinflussen. Aussagen wie: *„Das schaffe ich nie!"* oder *„Ich war bei Prüfun-*

[18] Vgl. *https://www.uni-siegen.de/sport/blog/963724.html*

gen schon immer schlecht." untergraben unser Selbstvertrauen und setzen uns unter Druck. Das erinnert auch an die **Selbsterfüllende Prophezeiung**. „*Eine Selbsterfüllende Prophezeiung ist eine Annahme über die Zukunft, die dazu führt, dass der Träger sein Erleben und Verhalten so ändert, dass diese Annahme tatsächlich real wird.*"[19] Wenn Du Dir also immer wieder vorsagst, dass die Prüfung schlecht läuft und Du vielleicht sogar scheitern wirst, können sich Deine Ängste und Deine Nervosität tatsächlich erheblich steigern und Dich so beeinflussen, dass Du wirklich schlechter in der Prüfung abschneidest. Um dies zu verhindern, solltest Du negative Gedanken sofort stoppen und durch positive Formulierungen ersetzen. Du kannst Dir z. B. sagen: „*Ich bin gut auf meine mündliche Prüfung vorbereitet. Ich werde mein Fachgespräch erfolgreich und souverän meistern.*" Sage Dir solche Sätze immer wieder vor, wenn Du in die Negativ-Gedankenspirale verfällst. Denn auch für positive Formulierungen gilt die Selbsterfüllende Prophezeiung!

7. **Teile Deine Sorgen und Ängste mit anderen.**

   Spreche mit Deinen Eltern, Freunden, Mitschülern, Lehrern, Ausbildern und Kollegen über die Dinge, die Dich bedrücken und Dir Stress verursachen. Manchmal kann das Reden über die eigenen Probleme schon Erleichterung bringen und die Anspannung deutlich reduzieren. Du wirst sehen, dass Du mit Deiner Angst nicht allein bist. Die meisten Menschen haben in ihrem Leben selbst ähnliche Situationen erlebt, vergleichbare Erfahrungen gemacht und können Deine Besorgnis nachvollziehen.

8. **Probiere verschiedene Entspannungstechniken aus.**

   Gerade vor wichtigen Terminen oder Prüfungen steigt oft unser Stresslevel. Stress und Ängste können sich auf ganz unterschiedliche Weise bemerkbar machen. Negative Gedanken oder Schlafstörungen sind nur ein Beispiel. Um Stress abzubauen und mehr Entspannung in die heiße Phase der Prüfungsvorbereitung zu bringen, kannst Du verschiedene Entspannungstechniken anwenden. Autogenes Training, Progressive Muskelentspannung, Meditation, Yoga, Tai-Chi, Pilates oder klassische Atemübungen sind die bekanntesten. Durch die regelmäßige Anwendung dieser Übungen kannst Du Deine Konzentrations- und Merkfähigkeit verbessern, Deine Kreativität steigern und zu innerer Ruhe und Ausgeglichenheit finden. Welche dieser Techniken für Dich persönlich geeignet ist, musst Du selbst herausfinden. Im Internet findest Du zu allen Methoden viele Videos, Beispiele und Beschreibungen. Also, probiere es einfach mal aus!

9. **Nutze grundlegende Lerntipps.**

   Wenn Du in Büchern oder im Internet schaust, wie Du Deinen Lernprozess optimieren kannst, wirst Du immer wieder klassische Tipps für einen strukturierten Tagesablauf und eine störungsfreie Lernumgebung finden. **Pausen und Erholung, ausreichend Bewegung und eine gesunde Ernährung** sind einfach wichtig für unsere körperliche und seelische Gesundheit und für unser Wohlbefinden. Das gilt ebenso für ausgedehnte Lernphasen, bei der Prüfungsvorbereitung als auch im „normalen" Alltag. Spätestens dann, wenn Du das Gefühl hast, nichts mehr in den Kopf zu bekommen oder Dich in negativen Gedanken zu verlieren, ist es Zeit für eine Pause

[19] Vgl. *https://wpgs.de/fachtexte/selbsterfuellende-prophezeiung/*

und für eine Runde an der frischen Luft. Bewegung in der freien Natur ist nicht nur gesund, sondern kann Dich auch erden und Dir bewusst machen, dass das Leben nicht nur aus der nächsten Prüfung besteht. Auch können diese altbekannten Empfehlungen dazu beitragen, Deine Lernfähigkeit und Lernleistung nachhaltig zu verbessern. Und auch die **eigene Gesundheit** sollten wir durch unsere Lebensweise und unsere Gewohnheiten möglichst lange erhalten und nachhaltig fördern, um bis ins hohe Alter ein erfülltes und aktives Leben führen zu können.

10. Setze Dir realistische Ziele.

Niemand ist perfekt. Auch Du musst in Deiner mündlichen Prüfung nicht perfekt sein. Das erwartet auch niemand. Dein fallbezogenes Fachgespräch dient dazu, die einzelnen Prozessphasen Deiner betrieblichen Fachaufgabe zu diskutieren und Dein Wissen in Bezug auf Dein gewähltes Thema zu überprüfen. Es geht nicht darum, Deinen persönlichen Wert zu beweisen. Definiere Dich als Person nicht über Deine Prüfungsleistung. Die Aussagekraft von Prüfungen ist auch nicht unumstritten.[20] Prüfungsergebnisse hängen immer von einer ganzen Reihe von Faktoren ab. Die eigene Tagesform, das Prüfungsformat oder die Prüfungsumgebung sind nur einige dieser Faktoren. Und auch für potenzielle Arbeitgeber ist die Abschlussnote nicht alles. Bei der Einstellung spielen auch das Ausbildungszeugnis, das Bewerbungsschreiben und das Vorstellungsgespräch eine wichtige Rolle.

11. Vermeide unnötigen Stress am Prüfungstag.

Um nicht total abgehetzt und auf die letzte Minute zur Prüfung zu erscheinen, kann es hilfreich sein, bereits am Abend vor der Prüfung alle notwendigen Dinge bereitzulegen. Packe Deinen Personalausweis, die Prüfungseinladung, Deinen Führerschein oder die Fahrkarte, ggf. Deinen Ausbildungsnachweis, die ausgedruckten Reporte und eventuell einen kleinen Glücksbringer, etwas zu trinken (bitte keine Energy-Drinks) und eventuell einen Müsliriegel oder Schokolade (wenn etwas Süßes Deine Nerven beruhigt) in Deine Tasche. Schau noch einmal genau nach, wo die Prüfung stattfindet und versichere Dich, dass Du den Weg dorthin genau kennst. Plane auch genügend Zeit für die Anreise ein. Gerade morgens können Stau und Berufsverkehr zu Verzögerungen führen. Lege auch am Vortag bereits die Kleidung bereit, die Du bei der Prüfung tragen möchtest. Hierzu erfährst Du gleich noch mehr. Stehe am Prüfungstag rechtzeitig auf und nimm Dir die Zeit für Dein übliches Morgenritual und für ein ausgewogenes Frühstück. Hunger und Durst behindern die Konzentration. Mit diesen kleinen Vorbereitungen kannst Du wenigstens die äußeren Stressfaktoren reduzieren.

12. Reflektiere nach der Prüfung, wie es war.

Warst Du sehr nervös und ängstlich oder konntest Du schon etwas entspannter an die ganze Sache herangehen? Gibt es bestimmte Methoden oder Tricks, die Dir geholfen haben? Was würdest Du bei der nächsten Prüfung oder Klausur genauso machen? Was würdest Du anders machen? Bist Du mit Deiner Leistung in der mündlichen Prüfung zufrieden? Was ist gut gelaufen? Bei welchen Themen warst Du Dir sicher oder unsicher? Konntest Du frei und flüssig sprechen? Gibt es etwas, was Du in Zukunft noch verbessern könntest? Deine Erkenntnisse aus diesen und

[20] Vgl. *https://www.bwp-zeitschrift.de/de/bwp.php/de/publication/download/528*

ähnlichen Fragen helfen Dir, Dich in Zukunft noch besser auf weitere mögliche Prüfungen vorzubereiten. Denn hier gilt das Motto: Nach der Prüfung ist vor der Prüfung und die nächste Prüfung (oder eine ähnliche Situation) kommt bestimmt!

13.2.3 Was kannst Du zur Prüfung anziehen?

Die Kleidung ist ein Thema, das häufig neben den eigentlichen Prüfungsthemen gerade bei der mündlichen Prüfung oft diskutiert wird. Was kannst Du anziehen? Welche Kleidungsstücke solltest Du vielleicht besser vermeiden? Es gibt **keine offizielle Regel oder Empfehlung** für den „richtigen" Dresscode am Prüfungstag.

Generell solltest Du Dich für eine Kleidung entscheiden, die dem **Anlass der Prüfung angemessen** ist und in der Du Dich gleichzeitig **wohlfühlst**. Du solltest weder total overdressed (z. B. im Businesskostüm oder im Anzug, dann wirkst Du unter Umständen wie „verkleidet" oder „fehl am Platz") noch im totalen Freizeitlook (Jogginganzug, „Schlabberlook" oder Ähnliches, das wirkt i. d. R. nicht sehr seriös) zur Prüfung erscheinen. Das sind zwei Extreme, die Du besser vermeiden solltest. Versuche, einen **angemessenen Mittelweg** zu finden. Mit einer normalen Jeans, Stoffhose oder knielangem Rock, T-Shirt, Hemd oder Bluse kannst Du eigentlich nichts falsch machen. Sehr sommerliche Kleidung wie Flipflops, Miniröcke, tiefe Ausschnitte, durchscheinende Kleidungsstücke oder auch Kopfbedeckungen wie Kappen oder Ähnliches solltest Du besser ausschließen. Auch wenn Dein Fachgespräch im Sommer stattfindet und es draußen sehr heiß ist, solltest Du der Prüfung nicht den Touch einer „Strandparty" verleihen. Das kommt erfahrungsgemäß nicht so gut an. **Grundsätzlich gilt:** Vermeide ein sehr auffallendes und extravagantes Outfit. Es sei denn, Du möchtest mit Deiner Kleidung ein bestimmtes Statement abgeben oder unterstreichen.

Achte auch darauf, dass Deine Kleidung sauber und ordentlich ist. Immerhin vermittelt Dein äußeres Erscheinungsbild auch einen **ersten Eindruck von Dir als Person**. Und da ist es in der mündlichen Prüfung so ähnlich wie im Vorstellungsgespräch: Der erste Eindruck entsteht innerhalb von Sekunden. Auch Prüfer sind nur Menschen und bilden sich einen ersten Eindruck, sobald Du den Raum betrittst. Und dieser wird maßgeblich durch Dein Auftreten und Dein Äußeres bestimmt und trägt zur unbewussten Wahrnehmung und Einschätzung Deiner Person bei. Ein positiver und professioneller erster Eindruck signalisiert den Prüfern: Du bist Dir der Bedeutung der Situation bewusst, nimmst die Prüfung ernst und hast Dich angemessen darauf vorbereitet. So kann der erste Eindruck Deine Überzeugungskraft und Deine Glaubwürdigkeit stärken, noch bevor Du die erste Frage beantwortet hast. Zudem ist ein negativer erster Eindruck oft nur schwer zu korrigieren, da negative Eindrücke oft länger haften bleiben als positive.

Aber nicht nur die Kleidung wirkt sich auf Dein Erscheinungsbild aus. Zu einem **gepflegten Äußeren** gehören auch eine ordentliche Frisur oder ein sauberer Haarschnitt. Make-up solltest Du eher dezent benutzen. Herren sollten auf eine gründliche Rasur achten oder den Bart entsprechend pflegen. Zu viel Schmuck oder zu viele Accessoires solltest Du ebenfalls vermeiden.

Bist Du Dir noch unsicher, frage doch einfach Deine Eltern oder Arbeitskollegen um Rat. Im Zweifelsfall entscheidest Du Dich für einen eher „konventionellen Look", damit liegst Du i. d. R. immer richtig.

Überlege nicht erst in letzter Minute, was Du zur Prüfung anziehen möchtest. Das führt nur zu unnötiger Hektik und Stress. Das muss nicht sein, der Prüfungstag ist schon aufregend genug. Deswegen solltest Du Deine Kleidung bereits ein paar Tage vor der Prüfung aussuchen. Vielleicht musst Du noch etwas waschen oder anprobieren. Lege die Kleidung, für die Du Dich entschieden hast, am Vortag bereit, sodass Du Dich am Prüfungstag direkt anziehen kannst und keinen Gedanken mehr an die passende Kleidung verschwenden musst.

13.2.4 Was solltest Du vor und während der mündlichen Prüfung beachten?

Die mündliche Prüfung findet als fallbezogenes Fachgespräch statt. Das bedeutet, Du musst Deine Fachaufgabe nicht im eigentlichen Sinne „präsentieren", sondern der Prüfungsausschuss führt mit Dir im Rahmen der Prüfung ein Gespräch, das maximal 30 Minuten dauert. Aber auch in einem Gespräch ist es hilfreich, wenn Du die Fragen der Prüfer frei beantworten kannst und ein paar Tipps zu Deinem Auftreten berücksichtigst.

Bitte erscheine **pünktlich** zum Fachgespräch. Verspätungen vermitteln einen schlechten Eindruck und können den Prüfungsablauf stören.

Ein höflicher, respektvoller und **sachlicher Umgangston** sollte selbstverständlich sein. Grobe Späße, Respektlosigkeiten oder unnötige Diskussionen gehören nicht in die Prüfung.

Bitte schalte auch unbedingt Dein **Handy aus** oder stelle es zumindest auf lautlos. Klingeltöne oder lautes Vibrieren stören nicht nur das Prüfungsgeschehen, sondern können auch Dich selbst aus dem Konzept bringen.

Informiere Dich bei Deiner zuständigen Kammer, ob Du Deinen **Ausbildungsnachweis** (Berichtsheft) zur mündlichen Prüfung mitbringen musst. Achte jedoch unbedingt darauf, Deinen Ausbildungsnachweis ordnungsgemäß zu führen. Denn dieser ist **Voraussetzung für die Zulassung zur Abschlussprüfung**. Mittlerweile kann der Ausbildungsnachweis auch elektronisch geführt werden.[21] Nähere Informationen zum Führen des Ausbildungsnachweises erhältst Du bei Deiner zuständigen IHK.

Es ist durchaus hilfreich, sich kurz vor der eigentlichen Prüfung **positiv** auf die Situation **einzustimmen.** Das „positive Selbstgespräch" hatten wir schon im vorangegangenen Kapitel. Auch kurz vor oder sogar während der Prüfung kannst Du diese Technik gut anwenden. Gerade, wenn die Nervosität droht, Überhand zu gewinnen und Du wieder in negative Denkmuster verfällst. Besonders während des Wartens auf den eigenen

[21] Vgl. *https://www.ihk.de/blueprint/servlet/resource/blob/4058974/9bae3cc30d11475095a386f670544437/informationen-zum-ausbildungsnachweis-data.pdf*

„Auftritt" ist es leicht, sich selbst verrückt zu machen oder sich von anderen Prüflingen negativ beeinflussen zu lassen. Sage Dir dann positive Sätze vor wie: *„Ich schaffe das. Ich bin gut vorbereitet und werde im Prüfungsgespräch eine gute Note erreichen."* Stell Dir auch wieder vor, wie Du glücklich und erleichtert den Prüfungsraum verlässt und Dich über Deine gute Leistung freust. Nimm diese positive Grundstimmung mit in den Prüfungsraum.

Atme noch ein paar Mal tief durch, bevor Du den Prüfungsraum betrittst. Auch ein **Lächeln** hilft, Dich zu entspannen und optimistisch auf die kommende Prüfung zu schauen. Denn Lächeln erinnert uns an positive Gefühle und Erfahrungen. Und natürlich wirkt ein Lächeln immer sympathisch, auch beim Eintritt in den Prüfungsraum!

Grüße die Prüfer freundlich beim Eintreten in den Prüfungsraum und schaue jedem kurz in die Augen. Wenn es die Corona-Situation erlaubt, darfst Du auch gerne jedem Prüfer die Hand geben und Dich mit Namen vorstellen. Das Händeschütteln ist aber kein Muss.

Versuche, **laut und deutlich zu sprechen**. Die meisten Prüfungsräume sind Klassenräume und entsprechend groß. Sprichst Du zu leise oder undeutlich, können Dich die Prüfer nicht gut verstehen und müssen ständig nachfragen. Das stört den Gesprächsfluss.

Stelle Dich kurz vor. Nenne Deinen Namen (wenn Du das noch nicht beim Eintreten gemacht hast) und erzähle, für welche Fachrichtung Du Dich entschieden hast und wo Du Deine Ausbildung machst.

Gerne kannst Du auch eine solche „Einleitung" zu Hause oder in einer Prüfungssimulation üben. Gerade der Einstieg in das Prüfungsgespräch fällt vielen Prüflingen schwer. Da kann es hilfreich sein, wenn Du schon ein paar Sätze vorbereitet hast und direkt loslegen kannst, ohne lange zu überlegen. Das gibt Sicherheit und reduziert die Aufregung. Wie der Ablauf im Fachgespräch weitergehen könnte, erfährst Du im nächsten Kapitel.

Höre aufmerksam (aktiv) zu und achte auf die gestellten Fragen. Schließlich sollen Deine Antworten ja auch zu den Fragen passen.

Bist Du Dir unsicher, ob Du eine Frage richtig verstanden hast, kannst Du z. B. sagen: *„Ich habe Ihre Frage nicht richtig verstanden. Meinten Sie ..."* Oder: *„Könnten Sie Ihre Frage bitte noch einmal wiederholen?"*

Formuliere Deine Antworten klar und prägnant. Vermeide lange Schachtelsätze und benutze nur Fremdwörter oder Abkürzungen, wenn Du diese auch erklären kannst.

Verwende ein **angemessenes Sprechtempo**. **Vermeide unnötige Füllwörter** wie „äh" oder „ähm", auch wenn das nicht immer leicht ist. Auch hier kann das Üben des Prüfungsgespräches helfen.

Nimm Dir Zeit zum Überlegen. Auch die Prüfer erwarten nicht, dass Du „wie aus der Pistole geschossen" antwortest.

Vergiss nicht zu atmen! Gerade bei Nervosität neigen wir dazu, eher flach zu atmen oder uns bleibt sogar ganz die Luft weg. Die richtige Atemtechnik wirkt sich jedoch entscheidend auf unsere Konzentration und Leistungsfähigkeit aus. Versuche deswegen, bewusst tief in den Bauch und somit auch in das Zwerchfell zu atmen. Diese Atemtechnik wird deshalb auch **Bauch- oder Zwerchfellatmung** genannt. Wenn Du richtig tief einatmest, wölbt sich Dein Bauch dabei nach außen, weil sich das Zwerchfell in den Bauchraum zieht.[22] Diese Atemtechnik kannst Du gut bereits während der Prüfungsvorbereitung üben.

Eine **gute Ausdrucksweise** zeugt von Professionalität und Fachkompetenz. Lege Wert auf eine angemessene Wortwahl und korrekte Aussprache.

Kommst Du ins **Stocken oder bist total aus dem Konzept**, ist das auch kein Beinbruch. Nimm Dir ruhig einen Moment Zeit, um innerlich zur Ruhe zu kommen. Versuche, auch in solchen Momenten nicht panisch zu werden, sondern Dich innerlich zu sammeln. Atme ruhig ein paar Mal tief durch. Auch Prüfer kennen solche Situationen. Erkläre Deine Situation, indem Du z. B. sagst: *„Ich stehe gerade total auf dem Schlauch. Wie war nochmal die Frage?"* Oder: *„Ich habe gerade den Faden verloren. Ich war eben bei ..."*

Tritt **selbstbewusst** auf, auch wenn Du nervös bist. Eine **aufrechte Körperhaltung** (mit zurückgezogenen Schultern und erhobenem Kopf) strahlt Selbstsicherheit und Souveränität aus. Du kannst dann tiefer in den Bauch atmen und vergrößerst den Resonanzkörper für Deine Stimme. Achte darauf, angemessenen **Blickkontakt** zu den Prüfern zu halten.

Achte bewusst auf Deine Körpersprache. Viele Gesten benutzen wir im Alltag unbewusst. Verschränkte Arme könnten von Deinem Gegenüber schnell mit Ablehnung oder Verschlossenheit verbunden werden. Auch gehören die Hände nicht in die Hosentasche. Das kann schnell als Unsicherheit oder gar als Desinteresse wahrgenommen werden. Schaue auch nicht auf den Boden oder aus dem Fenster, sondern suche immer wieder Blickkontakt. Bei jedem anderen Gespräch schaust Du Deinem Gesprächspartner ja auch direkt in die Augen.

Sei im Prüfungsgespräch Du selbst und berichte authentisch über Deine Fachaufgabe. Schließlich bist Du der Experte Deines eigenen Themas!

---

[22] *https://www.barmer.de/gesundheit-verstehen/psyche/psychische-gesundheit/richtig-atmen-1055858*

13.3 Wie läuft Dein fallbezogenes Fachgespräch grundsätzlich ab?

ACHTUNG

Es gibt nicht DAS EINE Fach- oder Prüfungsgespräch. Der Ablauf ist meist unterschiedlich. Auch die Herangehensweise der Prüfer an das Gespräch kann unterschiedlich sein.

Es ist so weit. Der große Tag ist da und Dein „Auftritt" steht unmittelbar bevor. Um unnötigen Stress zu vermeiden, solltest Du unbedingt rechtzeitig zur Prüfung erscheinen. Sei lieber ein paar Minuten früher vor Ort als zu spät. Die meisten Prüfungen finden in einer Berufsschule statt. Oft gibt es einen separaten Raum, in dem Du warten kannst. Ist das aus organisatorischen Gründen nicht möglich, solltest Du Dich in der Nähe des eigentlichen Prüfungsraums aufhalten. Atme noch einmal tief durch. Vielleicht trinkst Du noch einen Schluck Wasser, das hilft gegen einen trockenen Hals. Nutze die Wartezeit, um Dich positiv auf die Prüfung einzustimmen. Sieh Dein Fachgespräch als Chance, Dein Wissen zu zeigen und über Deine interessante Fachaufgabe berichten zu können.

Der **Ablauf der Prüfung** kann i. d. R. in folgende Teile gegliedert werden:

1. Vorstellung
2. Klärung der Formalien, Frage nach der „Prüfungsfähigkeit"
3. Mitteilung über die gewählte betriebliche Fachaufgabe
4. Beginn der eigentlichen Prüfung
   4.1. Kurzvorstellung der gewählten Fachaufgabe als Monolog (etwa 5 Minuten)
   4.2. Fallbezogenes Fachgespräch als Dialog mit dem Prüfungsausschuss
5. Ende des Fachgesprächs (nach maximal 30 Minuten)
   5.1. Beratung des Prüfungsausschusses zur Notenfindung
   5.2. Mitteilung über Prüfungsergebnis und über Bestehen der Abschlussprüfung

Wie setzt sich ein IHK-Prüfungsausschuss zusammen?

Der Prüfungsausschuss besteht i. d. R. aus drei Personen: Ein Lehrer, ein Arbeitgeber- und ein Arbeitnehmervertreter. Es können aber auch mehr Prüfer bei der Prüfung anwesend sein. Ein Prüfer hat den Vorsitz über den Prüfungsausschuss. Üblicherweise stellen sich alle Prüfer vor Beginn der Prüfung kurz mit Namen vor. Es kann sein, dass Du nur mit einem Prüfer Dein Fachgespräch führst. Alle Prüfer haben jedoch die Möglichkeit, Fragen zu stellen. Lass Dich nicht irritieren, dass die Prüfer sich Notizen machen. So muss z. B. während der Prüfung ein Protokoll geführt oder Formulare ausgefüllt werden. Auch notieren sich manche Prüfer gerne Fragen zu Deiner Fachaufgabe, um diese im weiteren Gespräch stellen zu können.

Schauen wir uns die einzelnen **Teile der Prüfung im Detail** an:

1. Vorstellung

Ein Prüfer oder Lehrer wird Dich im Vorbereitungsraum oder vor dem Prüfungsraum abholen und in den Raum begleiten. Grüße freundlich und stelle bereits beim Eintreten Blickkontakt mit den Prüfungsausschussmitgliedern her. Wenn möglich, versuche zu lächeln. Ein Lächeln wirkt sympathisch und entspannt. Gerne kannst du bereits jetzt Deinen Namen nennen. Auch die Prüfer werden sich nun namentlich vorstellen. Du entscheidest, ob Du zur Begrüßung jedem Prüfer die Hand geben möchtest. Das kannst Du auch gerne von der jeweiligen Situation und Deinem persönlichen Eindruck abhängig machen. Du hast i. d. R. die Möglichkeit, Deine Jacke, Tasche usw. abzulegen und selbst zu entscheiden, ob Du sitzen oder stehen möchtest. Achte darauf, dein Handy vor Betreten des Prüfungsraums unbedingt auszuschalten oder auf lautlos zu stellen! Klingeltöne oder lautes Vibrieren, die das Prüfungsgeschehen unterbrechen, kommen nicht gut an.

2. Klärung der Formalien, Frage nach der „Prüfungsfähigkeit"

Nach der Vorstellung kann es sein, dass noch kurz einige Formalien geklärt werden müssen. Halte Deinen Ausweis und Deine Prüfungseinladung für diesen Fall sicherheitshalber griffbereit. Eventuell wird Dir auch noch kurz der Ablauf der Prüfung erläutert. Hast Du etwas nicht verstanden oder bist Du Dir über den Ablauf unsicher, kannst Du jetzt nachfragen. Bevor es so richtig mit der Prüfung losgeht, wird der Ausschuss noch fragen, ob Du Dich gesundheitlich in der Lage fühlst, die Prüfung anzutreten. Bist Du sehr aufgeregt, kannst Du das jetzt sagen. Ein gewisses Maß an Aufregung ist normal. Schließlich führst Du nicht jeden Tag ein Prüfungsgespräch. Der Prüfungsausschuss wird Dich in dem Fall beruhigen und auf Deine Nervosität Rücksicht nehmen. Verneinst Du jedoch die Frage nach der „Prüfungsfähigkeit", wird die Prüfung nicht fortgeführt. Erkundige Dich in diesem Fall unbedingt, welche weiteren Schritte Du dann unternehmen musst. Für gewöhnlich benötigt die Kammer dann ein ärztliches Attest über Deine Prüfungsunfähigkeit.

3. Mitteilung über die gewählte Fachaufgabe

Jetzt ist es so weit: Der Prüfungsausschuss teilt Dir mit, für welche Deiner beiden Fachaufgaben er sich entschieden hat. Diese Entscheidung trifft allein der Ausschuss. Das kannst Du leider nicht beeinflussen. Deswegen ist es umso wichtiger, für beide Fachaufgaben gerüstet zu sein.

4. Beginn der eigentlichen Prüfung

4.1. Kurzvorstellung der gewählten Fachaufgabe als Monolog

Jetzt geht es richtig los: Du bist dran! Du hast etwa **fünf Minuten Zeit**, um die ausgewählte Fachaufgabe vorzustellen. Erzähle kurz, in welchem **Unternehmen** Du Deine Ausbildung machst, wie genau die **Aufgabenstellung** Deiner Fachaufgabe aussieht und welche **Ziele** Du damit verfolgst. Weiterhin solltest Du dem Prüfungsausschuss einen groben Überblick über **den Ablauf Deiner Fachaufgabe** geben und auf **wichtige Entscheidungen** oder Probleme hinweisen. Zum Schluss kannst Du noch eine **kurze Bewertung** Deiner Ergebnisse vornehmen.

Es ist gar nicht so leicht, alle diese Informationen in nur fünf Minuten zu vermitteln. Da bietet es sich an, wenn Du Dir schon vor dem eigentlichen Prüfungsgespräch die passenden Sätze überlegst. Setze Dich einmal in einer ruhigen Minute hin und **schreibe die wichtigsten Punkte Deiner betrieblichen Fachaufgabe auf**. Was müssen die Prüfer unbedingt wissen, um Deine Aufgabe nachvollziehen zu können? In welche einzelnen Prozessschritte hast Du Deine Aufgabe zerlegt? Wie konntest Du das Aufgabenergebnis messen und bewerten? Formuliere ganze Sätze und probiere aus, ob Du die grobe Zeitvorgabe von fünf Minuten einhalten kannst. Viel länger solltest Du nicht reden, da das Fachgespräch keine Präsentation sein soll. Deine „**Einleitung**" kannst Du dann auswendig lernen und zu Hause vor dem Spiegel oder auch in einer Prüfungssimulation **üben**. Für viele Prüflinge ist es beruhigend, wenn sie eine Struktur haben, an der sie sich orientieren können. Du musst aber den Text auch nicht auswendig lernen. Natürlich kannst Du auch improvisieren. Probiere einfach aus, mit welcher Methode Du Dich wohler fühlst.

4.2. Fallbezogenes Fachgespräch als Dialog mit dem Prüfungsausschuss

Nach dieser kurzen „Aufwärmphase" leitet der Prüfungsausschuss in das eigentliche Prüfungsgespräch über, das **maximal 30 Minuten** dauert. Jetzt werden in einem Dialog die **einzelnen Gliederungspunkte Deines Reportes** erörtert. Zwar darfst Du Deine beiden Reporte in ausgedruckter Form zum Fachgespräch mitbringen, allerdings wirkt es nicht sehr professionell, wenn Du bei jeder Frage im Ausdruck blättern musst. Du darfst auch keine Präsentationsmedien benutzen oder Anlagen (wie bspw. Screenshots, Formulare oder selbsterstelle Checklisten) mitbringen.

Versuche, **frei auf die Fragen der Prüfer zu antworten** und einen angemessenen Blickkontakt zu halten. Die Fragen der Prüfer beziehen sich i. d. R. auf die einzelnen **Prozessphasen Deiner Aufgabe**. So kannst Du z. B. gefragt werden, warum Du Dich gerade für diese oder jene Fachaufgabe entschieden hast, welche wesentlichen Prozessschritte geplant und durchgeführt werden mussten, mit welchen Schnittstellen Du dich abstimmen musstest, welche rechtlichen Rahmenbedingungen zu berücksichtigen waren und wie Du die Ergebnisse Deiner Fachaufgabe protokolliert und gemessen hast. Nähere Beispiele für **mögliche Fragen findest Du in den Beispielreporten** oder in den **Checklisten**.

Die Prüfer möchten Dein **Vorgehen und Deine Entscheidungen möglichst genau nachvollziehen** können. Deswegen wirst Du im Gespräch öfters gebeten, Dinge zu erläutern, zu beschreiben oder zu begründen. Versuche, möglichst ausführlich auf die Fragen zu antworten. Reicht den Prüfern Deine Antwort nicht aus, werden sie nochmals nachfragen. Stelle Dich auch auf **unerwartete Fragen** ein, die in direktem Zusammenhang zu Deiner Fachaufgabe stehen. Ein Prüfer kann auch eine **allgemeine Definition** eines Fachbegriffs verlangen oder nach weiteren Beispielen oder **vor- und nachgelagerten Prozessen** fragen, die Du nicht explizit in Deinem Report erwähnt hast. Ebenfalls kann es sein, dass ein **Prüfer bewusst eine gegenteilige Meinung einnimmt** und Deiner Argumentation widerspricht. So möchte er vielleicht feststellen, ob Du Dir Deiner Sache auch wirklich sicher bist. Ein solcher „Widerspruch" muss also nicht unbedingt bedeuten, dass Du etwas Falsches gesagt hast. Lass Dich nicht irritieren. Überlege noch einmal in Ruhe, wie Du die gegenteilige Argumentation widerlegen kannst oder ob Du zuvor wirklich eine falsche Antwort gegeben hast. Auch solche Fragen gehören zu einer Prüfung dazu. Aber auch diese Situationen kannst Du sehr gut in einer Prüfungssimulation trainieren. Nach spätestens 30 Minuten wird der Prüfungsausschuss das Fachgespräch beenden.

5. Ende des Fachgesprächs

5.1. Beratung des Prüfungsausschusses zur Notenfindung

Am Ende des Prüfungsgespräches werden Dich die Prüfer üblicherweise bitten, kurz den Prüfungsraum zu verlassen, um über das Fachgespräch und Deine Note zu beraten und um das Ergebnis Deiner Abschlussprüfung festzustellen. Üblicherweise dauert diese Beratung nicht lange. Je eindeutiger die Prüfungsleistung ist, desto schneller ist die Beratung beendet. Meist wirst Du schon kurz darauf wieder in den Raum gebeten, damit Dir der Prüfungsausschuss seine Entscheidung mitteilen kann.

5.2. Mitteilung über Prüfungsergebnis und über Bestehen der Abschlussprüfung

Wieder zurück im Prüfungsraum ist der große Moment gekommen: Der Prüfungsausschuss teilt Dir i. d. R. direkt die erreichte Punktzahl bzw. Note im Fachgespräch mit und informiert Dich darüber, ob Du die Abschlussprüfung bestanden hast. Als Nachweis erhältst Du eine vorläufige Bescheinigung über das Bestehen (oder Nichtbestehen) der Abschlussprüfung. Jetzt kannst Du Dich, hoffentlich glücklich und erleichtert, von den Prüfern verabschieden und den Raum verlassen. Du hast es geschafft! Die mündliche Prüfung ist überstanden! Vergiss nicht, Deinen Ausbildungsbetrieb unverzüglich über das Bestehen (oder Nichtbestehen) Deiner Abschlussprüfung zu informieren, da Dein Berufsausbildungsverhältnis mit dem Bestehen der Abschlussprüfung automatisch endet. Jetzt ist Zeit, sich ausgiebig über den eigenen Erfolg zu freuen und die gute Nachricht Familie und Freunden mitzuteilen. Bis Du Dein IHK-Zeugnis stolz in den Händen halten kannst, werden aber noch ein paar Wochen vergehen.

14. Welche Bewertungskriterien sind möglich?

ACHTUNG

Auch die Bewertungskriterien im Fachgespräch können von Kammer zu Kammer unterschiedlich sein. Deswegen können die hier vorgestellten Kriterien auch nur als Beispiel dienen.

- Inwieweit wurden die bei der Planung relevanten Arbeitsschritte umfassend und nachvollziehbar erläutert?
- Inwieweit konnte der Auszubildende im Gespräch seine berufliche Handlungskompetenz unter Beweis stellen?
- Wurden auftretende Probleme eigenständig erkannt und konnte der Auszubildende flexibel und geeignet darauf reagieren?
- Wurden für die Recherche der für die Fachaufgabe notwendigen Informationen plausible Quellen benutzt und diese ausreichend erläutert?
- Wurde sowohl die Fachaufgabe als auch die zur Aufgabe gehörenden Geschäftsgespräche kunden-, service- und prozessorientiert durchgeführt und protokolliert?
- Wurden die beteiligten Schnittstellen benannt und der eventuell notwendige Abstimmungsprozess mit diesen erläutert?
- Inwieweit wurde der gewählte Lösungsweg nachvollziehbar und logisch begründet?
- Inwieweit konnte der Auszubildende seine Waren-, Dienstleistungs- und Fachkenntnisse sicher anwenden und an passender Stelle in die Aufgabe einbeziehen?
- Inwieweit wurden die notwendigen Rahmenbedingungen ausreichend berücksichtigt?
- Konnte der Auszubildende die Fachaufgabe in den Gesamtzusammenhang einordnen und die vor- und nachgelagerten Prozesse und Arbeitsschritte richtig durchführen und beschreiben?
- Inwieweit wurde der Lösungsprozess nachvollziehbar reflektiert und eventuelle Verbesserungsvorschläge umfassend abgeleitet?
- Inwieweit wurden die Ergebnisse der Fachaufgabe plausibel und umfassend ausgewertet, z. B. anhand der Wirtschaftlichkeit oder des Kundennutzens?
- Konnte der Auszubildende seine während der Aufgabenbearbeitung erzielten Lernerfolge darstellen?

15. Wann ist die Abschlussprüfung bestanden?

Laut § 15 Abs. 2 und § 23 Abs. 2 der Ausbildungsordnung ist *die Abschlussprüfung bestanden, wenn die Prüfungsleistungen – auch unter Berücksichtigung einer mündlichen Ergänzungsprüfung nach § 16 und § 24 – wie folgt bewertet worden sind:*

1. *im Gesamtergebnis von Teil 1 und Teil 2 mit mindestens „ausreichend",*
2. *im Ergebnis von Teil 2 mit mindestens „ausreichend",*
3. *in mindestens drei Prüfungsbereichen von Teil 2 mit mindestens „ausreichend" und*
4. *in keinem Prüfungsbereich von Teil 2 mit „ungenügend".*

Dabei sind die einzelnen Prüfungsbereiche wie folgt zu gewichten:

1. *Organisieren des Warensortiments und von Dienstleistungen mit 25 Prozent*
2. *Kaufmännische Steuerung von Geschäftsprozessen mit 15 Prozent*
3. *Prozessorientierte Organisation von Groß- bzw. Außenhandelsgeschäften mit 30 Prozent,*
4. *Fallbezogenes Fachgespräch zu einer betrieblichen Fachaufgabe im Groß- bzw. Außenhandel mit 20 Prozent sowie*
5. *Wirtschafts- und Sozialkunde mit 10 Prozent.*

Schauen wir uns die Bestehensregel einmal an zwei Beispielen an:[23]

Beispiele

Beispiel 1:

	Prüfungsbereich	**Punkte**	**Gew.**	**Gew. Pkt.**
Teil 1	Organisieren des Warensortiments und von Dienstleistungen	64	25 %	16
Teil 2	Kaufmännische Steuerung von Geschäftsprozessen	60	15 %	9
	Prozessorientierte Organisation von Groß- bzw. Außenhandelsgeschäften	30	30 %	9
	Wirtschafts- und Sozialkunde	50	10 %	5
	Fallbezogenes Fachgespräch	50	20 %	10
	Gesamtergebnis		**100 %**	**49**

In diesem Beispiel erreicht der Prüfling nur 49 Punkte im Gesamtergebnis. Zwar hat der Prüfling kein „ungenügend" und in drei Prüfungsbereichen von Teil 2 mindestens „ausreichende" Leistungen erzielt, jedoch muss er im Gesamtergebnis auch mindestens ein

[23] Vgl. *https://www.ihk.de/blueprint/servlet/resource/blob/4820378/e9364ccf9d3742c59827c3d9518237e7/novellierter-beruf-kfl-grosshandelsmanagement-data.pdf*

„ausreichend“ erreichen. Da die Leistung erst ab 50 Punkten mit „ausreichend“ bewertet werden kann, hat der Prüfling die Abschlussprüfung in diesem Beispiel leider **nicht bestanden**.

Beispiel 2:

	Prüfungsbereich	**Punkte**	**Gew.**	**Gew. Pkt.**
Teil 1	Organisieren des Warensortiments und von Dienstleistungen	0	25 %	0
Teil 2	Kaufmännische Steuerung von Geschäftsprozessen	60	15 %	9
	Prozessorientierte Organisation von Groß- bzw. Außenhandelsgeschäften	80	30 %	24
	Wirtschafts- und Sozialkunde	40	10 %	4
	Fallbezogenes Fachgespräch	70	20 %	14
	Gesamtergebnis		**100 %**	**51**

In diesem Beispiel hat der Prüfling kein „ungenügend“ und in drei Prüfungsbereichen von Teil 2 mindestens „ausreichende“ Leistungen erzielt, jedoch muss er im Gesamtergebnis auch mindestens ein „ausreichend“ erreichen. Da der Prüfling 51 Punkte im Gesamtergebnis erreicht hat, hat er dort „ausreichende“ Leistungen erzielt und somit die Abschlussprüfung **bestanden**.

16. Anregungen für Ausbilder und Prüfer

Liebe Ausbilder:innen,
liebe Prüfer:innen,

mit der **Neuordnung** des Berufsbildes **Kaufleute für Groß- und Außenhandelsmanagement** sollen nicht nur die Ausbildungsinhalte aktualisiert, sondern auch die berufliche Handlungskompetenz der Auszubildenden gestärkt werden. Dies spiegelt auch die Einführung der „Reportvariante" im fallbezogenen Fachgespräch wider. Bereits bei anderen Berufsbildern wird diese Wahlmöglichkeit schon seit längerem erfolgreich in der Abschlussprüfung eingesetzt.

Für uns als Ausbilder und Prüfer bedeutet dies, uns nicht nur mit einem relativ neuen Prüfungskonzept vertraut zu machen, sondern auch, uns die Frage zu stellen, welchen Mehrwert diese Prüfungsvariante sowohl unseren Auszubildenden als auch unserem Unternehmen bieten kann.

Wenn Sie sich für die Möglichkeit entscheiden, Ihre Auszubildenden bei der Bearbeitung der beiden betrieblichen Fachaufgaben in Ihrem Unternehmen zu begleiten und zu unterstützen, geben Sie jungen Menschen aktiv die Gelegenheit, ihre berufliche Handlungskompetenz zu steigern und ihre persönlichen Fähigkeiten zu erweitern. Sie unterstützen somit nicht nur ein **Lernen durch Handeln**, sondern Sie fördern ganzheitliche und nachhaltige Lernprozesse, die Ihren Auszubildenden wertvolle Erfahrungen ermöglichen. Zudem unterstützen Sie Ihre Auszubildenden dabei, nicht nur ihre Fachkompetenzen zu erweitern, sondern auch die für das heutige Berufsleben so wichtigen Schlüsselkompetenzen wie Selbstkompetenz, Lern-, Team- und Problemlösefähigkeit usw. zu verbessern und das individuelle Selbstvertrauen zu stärken. Durch diese Kompetenzentwicklung profitieren nicht nur die Auszubildenden selbst.

Sie als Ausbilder können diese situationsbezogene und praxisorientierte Ausbildungsmethode nutzen, um Ihre Auszubildenden dazu zu befähigen, *„im Laufe der Ausbildung immer mehr Verantwortung zu übernehmen und selbständiger und eigenverantwortlicher zu lernen und zu handeln."*[24] Auch wenn die Themensuche, die Unterstützung bei der Durchführung der betrieblichen Fachaufgaben und eventuelle Hilfe bei der Reporterstellung zunächst mit einem Mehraufwand für Sie als Ausbilder verbunden sein kann, kann sich dieser langfristig gesehen jedoch durchaus für Sie selbst und für Ihr Unternehmen auszahlen. Auf Dauer werden Sie von kompetenten Auszubildenden profitieren, deren Motivation durch den Erfolg, eine komplexe Arbeitsaufgabe in festgelegtem Rahmen eigenständig bearbeitet zu haben, nachhaltig steigt. Somit übernehmen Sie bei diesem Ansatz immer mehr die Rolle des **Lernbegleiters** und haben maßgeblichen Anteil daran, für Ihr Unternehmen hoch qualifizierte zukünftige Mitarbeiter auszubilden, die genau den individuellen Anforderungen Ihres Betriebes entsprechen.

---

[24] Vgl. *https://www.bibb.de/dienst/berufesuche/de/index_berufesuche.php/practice_examples/sonstiges/ag_Flachglas_kap.2.2.2_Handlungsorientierte%20Ausbildungsmethoden.pdf*

Ich hoffe, dieses Buch kann Ihnen, liebe Ausbilder:innen, einige Informationen und Anregungen für die neue Prüfungsvariante bieten und Sie bei der Begleitung Ihrer Auszubildenden aktiv unterstützen.

Sie, liebe Prüfer:innen, haben die wichtige Aufgabe, die Reporte der Auszubildenden zu lesen, die Herangehensweise der angehenden Kaufleute für Groß- und Außenhandelsmanagement an die Fachaufgaben nachzuvollziehen und diese im fallbezogenen Fachgespräch zusammen mit den Prüflingen zu diskutieren und anschließend zu bewerten. Ich hoffe, dass Ihnen die Reporte und die daraus resultierenden Fragen bei Ihrer Prüfertätigkeit weiterhelfen.

17. Checklisten

17.1 Zeitplanung

Hier findest Du ein Beispiel, wie Deine Checkliste bzw. Dein „Fahrplan“ bis zum Abschluss Deiner Ausbildung aussehen könnte. Wenn Du die Methode des „Backward Plannings“ anwenden möchtest, planst Du die Daten rückwärts von unten nach oben in der Tabelle. Das bedeutet, Du trägst zuerst den Abgabetermin für Deine Reporte ein und überlegst dann, wie viel Zeit Du für die einzelnen Arbeitsschritte dazwischen einplanen möchtest. Das Datum der AP 1 kennzeichnet in dem Beispiel den frühestmöglichen Beginn Deiner Arbeit, Du kannst aber natürlich auch zu einem späteren Zeitpunkt beginnen, spätestens jedoch Anfang des 3. Ausbildungsjahres. Ich habe bewusst nur den ersten und den letzten Arbeitsschritt nummeriert, damit Du für Dich auch eine andere Reihenfolge festlegen kannst. In der Praxis hat sich das vorliegende Muster als sinnvoll erwiesen. Die von der IHK vorgegebenen Termine sind fett markiert.

ACHTUNG

Beachte bei Deiner Planung unbedingt die Termine Deiner zuständigen IHK!

Checkliste Zeitplanung mündliche Prüfung			
Nr.	**Arbeitsschritte**	**Zu erledigen bis Datum**	**Erledigt (abhaken)**
1.	**Schriftliche Abschlussprüfung Teil 1**	Bearbeitung ↓ / Planung ↑	☐
	Themensuche Fachaufgaben im Betrieb		☐
	Festlegung der Themen und Entscheidung für Reportvariante		☐
	Durchführung 1. betriebliche Fachaufgabe und Reporterstellung		☐
	Durchführung 2. betriebliche Fachaufgabe und Reporterstellung		☐
	Prüfungsanmeldung IHK und verbindliche Entscheidung der Prüfungsvariante		☐
	Prüfungsvorbereitung AP 2 schriftlicher Teil		☐
	Abgabe Reporte IHK		☐
	Schriftliche Abschlussprüfung Teil 2		☐
	Prüfungsvorbereitung Fachgespräch		☐
11.	**Mündliche Abschlussprüfung**		

17.2 Checkliste IHK

Welche Daten oder Informationen benötigst Du oder solltest Du noch mit Deiner zuständigen IHK abklären?

Hier findest Du eine Sammlung von Fragen bzw. Themen, die bei der Bearbeitung der Fachaufgaben oder bei der Erstellung der Reporte eine Rolle spielen.

Recherchiere auf der entsprechenden Homepage (unter *www.ihk.de* kannst Du Deine entsprechende Kammer suchen) oder wende Dich telefonisch an Deinen IHK-Ansprechpartner.

Bei vielen Fragen kann Dir auch Dein zuständiger Ausbilder oder Dein Lehrer in der Berufsschule weiterhelfen.

Thema	Bemerkungen	Erledigt?
Wann muss die Prüfungsanmeldung zur Abschlussprüfung Teil 1 und Teil 2 durch den Ausbildungsbetrieb erfolgen?		☐
Ist die richtige Prüfungsvariante auf der Anmeldung zur AP 2 angegeben? Sind die richtigen Gebiete und Themen genannt? Stimmt die Fachrichtung?		☐
Wann finden die schriftlichen Abschlussprüfungen Teil 1 und Teil 2 statt?		☐
Wann findet das mündliche Fachgespräch statt?		☐
Habe ich meinen Ausbildungsnachweis ordnungsgemäß geführt und unterschreiben bzw. genehmigen lassen?		☐
Soll ich den Ausbildungsnachweis zur schriftlichen oder mündlichen Prüfung mitbringen?		☐
Kenne ich die inhaltlichen und formellen Vorgaben meiner zuständigen IHK für die betriebliche Fachaufgabe und für die Reporterstellung?		☐
Bis wann muss ich meine Reporte spätestens (online) bei der IHK einreichen?		☐
Habe ich schon die Zugangsdaten für das Online-Ausbildungsportal erhalten?		☐
Muss ich eine persönliche Erklärung zur betrieblichen Fachaufgabe ausfüllen, unterschreiben und mit den Reporten einreichen?		☐
Habe ich eine schriftliche Prüfungseinladung erhalten?		☐

17.3 Themenfindung

Es ist oft gar nicht so leicht, geeignete Themen für die beiden betrieblichen Fachaufgaben zu finden. Damit Dir die Themenfindung etwas leichter fällt, kannst Du Dir folgende **Fragen stellen:**

1. Welche Aufgaben und Tätigkeiten machen mir im Unternehmen besonders Spaß?
2. In welchen Abteilungen und Unternehmensbereichen war ist bisher eingesetzt?
3. Welche weiteren Abteilungen sind in meinem Ausbildungsplan für die letzte Hälfte meiner Ausbildung vorgesehen?
4. Wo liegen meine persönlichen Interessen, Fähigkeiten und Stärken?
5. Welche Geschäftsprozesse interessieren mich besonders?
6. Habe ich bereits an Projekten mitgearbeitet oder ist dies für meine weitere Ausbildung vorgesehen?
7. Habe ich schon Veranstaltungen geplant oder werde ich eine solche Aufgabe zukünftig übernehmen?
8. Gibt es eine aktuelle betriebliche Problemstellung oder Neuerung, die sich als Thema für eine Fachaufgabe eignen könnte?

   → Frage auch bei Deinem Ausbilder, Vorgesetzten oder anderen Kollegen nach.
9. Können bestehende Geschäftsprozesse durch eine betriebliche Fachaufgabe verbessert oder optimiert werden?
10. Finde ich in meinen Schulbüchern oder in meinen Unterlagen aus der Berufsschule geeignete Themen?

Weiterhin kannst Du folgende **Schritte unternehmen**:

1. Recherchiere im Unternehmen, ob Du im Gespräch mit Kollegen, Kunden oder Lieferanten ein geeignetes Thema finden kannst.
2. Tausche Dich mit Lehrern oder anderen Azubis aus, um so vielleicht geeignete Ideen zu finden.
3. Zeige selbst Initiative und schlage Deinem Ausbilder oder Vorgesetzten geeignete Themen oder Aufgaben vor.
4. Schaue in den Ausbildungsrahmenplan (gerne auch mit Deinem Ausbilder gemeinsam), ob sich aus den dort zu vermittelnden Fertigkeiten, Kenntnissen und Fähigkeiten vielleicht eine Aufgabe ergibt, die zum Unternehmen passt.
5. Führe ein Brainstorming mit Deinem Ausbilder oder auch mit anderen Azubis oder Kollegen in Deinem Betrieb durch, um möglichst viele Ideen zu sammeln. Im zweiten Schritt könnt ihr dann gemeinsam überlegen, welche Themen passen könnten.

17.4 Prüfung der Eignung Deiner Fachaufgabe

Die Checkliste orientiert sich am *Leitfaden der IHK zur Erstellung von Reporten im Ausbildungsberuf Kaufmann/-frau für Groß- und Außenhandelsmanagement.*[25]

Checkliste zur Prüfung der Eignung Deiner Fachaufgabe	Ja	Nein
1. Berufs- und Betriebsbezug		
a) Kannst Du Deine Fachaufgabe in eines der vorgeschriebenen **Gebiete** für Deine Fachrichtung einordnen? → siehe » **Kapitel 3.1**	☐	☐
b) Hat Deine Aufgabe einen konkreten Bezug zu den **Ausbildungsinhalten** im Rahmenplan?	☐	☐
c) Entspricht Deine Aufgabe **mindestens einem Lernziel** im Rahmenplan? → siehe Spalten 2 und 3 des Plans.	☐	☐
d) Bezieht sich Deine Aufgabe auf Lerninhalte, die vorwiegend in der **2. Hälfte Deiner Ausbildung** vermittelt werden?	☐	☐
e) Bildet die Aufgabe **mindestens einen Teilprozess eines realen Geschäftsprozesses** ab?	☐	☐
2. Abbildung einer vollständigen beruflichen Handlung		
a) Kannst Du die gesamte Aufgabe in einzelne Prozessschritte zerlegen und umfasst Deine Aufgabe somit **eine Planungs-, Durchführungs- und Vorbereitungsphase** und einen **Lösungsprozess**?	☐	☐
b) Kannst Du durch die Bearbeitung Deiner Fachaufgabe Deine **berufliche Handlungskompetenz** (Fach-, Methoden-, Sozial- und Selbstkompetenz) unter Beweis stellen?	☐	☐
3. Aufgabenstellung		
a) Stellt die Fachaufgabe aus Deiner Sicht eine **berufliche Herausforderung** für Dich dar? (Es darf sich um **keine Routineaufgabe** handeln!)	☐	☐
b) Können bei der Bearbeitung Deiner Aufgabe **Probleme und Konflikte** (z. B. bei der Kommunikation mit Schnittstellen) **oder veränderte Bedingungen** (z. B. bei der Zeit- oder Budgetplanung) auftreten, auf die Du **flexibel** reagieren musst?	☐	☐
c) Ist für die Erledigung Deiner Fachaufgabe eine **Informationsrecherche** erforderlich?	☐	☐
d) Kannst Du durch die Bearbeitung der Fachaufgabe Deine **fachlichen Kenntnisse vertiefen und verbessern**?	☐	☐
e) Musst Du bei der Umsetzung Deiner Fachaufgabe **verschiedene Schnittstellen** (z. B. andere Abteilungen, Kollegen, Kunden, Lieferanten usw.) **berücksichtigen**, mit diesen **interagieren** und Dich eventuell mit diesen **abstimmen**?	☐	☐

[25] Vgl. *https://www.ihk.de/blueprint/servlet/resource/blob/5137036/d61fecb994b-ca94cb3b892379d3d7269/kaufleute-fuer-gross-und-aussenhandelsmanagement-leitfaden-zur-erstellung-eines-reportes-data.pdf*

4. Gestaltungsspielraum		
a) Besitzt Du bei der Bearbeitung Deiner Fachaufgabe in Abstimmung mit Deinem Ausbilder **gewisse organisatorische Freiheitsgrade bzw. Verantwortungs- und Entscheidungsspielräume,** z. B. hinsichtlich Deines Vorgehens, der gewählten Kommunikationsmittel, Terminen oder des Budgets?	☐	☐
b) Gibt es **alternative Lösungswege und Vorgehensweisen**, die Du zur Bearbeitung der Aufgabe wählen bzw. selbstständig (in Absprache mit Deinem Ausbilder) entwickeln kannst?	☐	☐
5. Auswertbarkeit		
a) Kannst Du die **Ergebnisse Deiner Aufgabe bewerten**, z. B. hinsichtlich der Wirtschaftlichkeit oder des Nutzens für Deinen Betrieb oder Deine Kunden?	☐	☐
b) Kannst Du **reflektieren**, inwieweit Du die Ziele Deiner Fachaufgabe erreicht hast und ggf. Verbesserungsvorschläge ableiten?	☐	☐
c) Kannst Du reflektieren, welche **Lernerfolge** Du während der Bearbeitung Deiner Fachaufgabe erzielt hast?	☐	☐

Checkliste Fachrichtung Außenhandel	Ja	Nein
Für die Fachrichtung **Außenhandel** sollten im Gebiet **„Internationaler Handel und Auslandsgeschäfte“** noch zusätzlich folgende Fragen geprüft werden. **Hinweis:** Nicht alle Fragen müssen mit „Ja“ beantwortet werden, aber der internationale Bezug der gewählten Fachaufgabe sollte deutlich werden.		
a) Kannst Du international **gebräuchliche Handelsklauseln**, insbesondere die **Incoterms**, bei Handelsgeschäften anwenden?	☐	☐
b) Musst Du **Transportmittel und -wege** im internationalen Warenverkehr bestimmen und dabei ökologische und ökonomische Kriterien berücksichtigen?	☐	☐
c) Kannst Du **Fracht-, Speditions-, Lager- und Logistikverträge** abschließen?	☐	☐
d) Musst Du **Außenhandelsrisiken** berücksichtigen und geeignete Maßnahmen zum **Risikomanagement** auswählen?	☐	☐
e) Kannst Du **Finanzierungsmöglichkeiten** und **Zahlungsbedingungen**, z. B. **Akkreditive**, anwenden?	☐	☐
f) Musst Du **Import- oder Exportbestimmungen** berücksichtigen?	☐	☐
g) Kannst Du **Zollbestimmungen und Zollverfahren** anwenden?	☐	☐
h) Musst Du **staatenspezifische Rahmenbedingungen und rechtliche Anforderungen** bei der internationalen Kooperation und Kommunikation beachten?	☐	☐
i) Kannst Du in Gesprächssituationen **kulturelle Besonderheiten und Verhaltensweisen berücksichtigen** und **interkulturelle Kompetenz** anwenden?	☐	☐
j) Musst Du in einer **Fremdsprache kommunizieren**?	☐	☐

17.5 Abbilden einer vollständigen beruflichen Handlung

Checkliste zum Abbilden einer vollständigen beruflichen Handlung[26]	Ja	Nein
1. Informieren		
a) Habe ich eine konkrete Aufgabenstellung für meine betriebliche Fachaufgabe definiert, die auch zu einem Gebiet in meiner Fachrichtung passt?	☐	☐
b) Kann ich für meine Fachaufgabe ein konkretes Ziel festlegen? (Es können auch mehrere Ziele oder Teilziele möglich sein.)	☐	☐
c) Sind mehrere Arbeits- oder Prozessschritte zur Bearbeitung meiner Fachaufgabe notwendig?	☐	☐
d) Habe ich die Aufgabenstellung und Zielsetzung meiner Fachaufgabe mit meinem Ausbildungsbetrieb abgestimmt?	☐	☐
e) Muss ich Informationen recherchieren, um meine Aufgabe erledigen zu können?	☐	☐
f) Muss ich rechtliche, wirtschaftliche und/oder ökologische Rahmenbedingungen berücksichtigen?	☐	☐
g) Sind vor- oder nachgelagerte Prozesse an meiner Aufgabe beteiligt?	☐	☐
h) Muss ich weitere interne und/oder externe Schnittstellen berücksichtigen?	☐	☐
2. Planen		
a) Muss ich einen festgelegten Zeitplan einhalten?	☐	☐
b) Gibt es ein vorgeschriebenes Budget?	☐	☐
c) Muss ich die Zusammenarbeit mit anderen Personen, Abteilungen oder weiteren Schnittstellen planen?	☐	☐
d) Muss ich mich mit anderen abstimmen?	☐	☐
e) Kann ich bereits jetzt schon Kontrollkriterien für meine Aufgabe einplanen?	☐	☐
f) Muss ich bestimmte Gesetzte und Vorschriften, z. B. über den Datenschutz, einplanen und/oder die Compliance beachten?	☐	☐
3. Entscheiden		
a) Gibt es verschiedene Vorgehensweisen oder Lösungsalternativen, zwischen denen ich mich entscheiden muss?	☐	☐
b) Kann ich mich nachvollziehbar für eine bestimmte Lösung oder Vorgehensweise entscheiden?	☐	☐
c) Gibt es noch offene Fragen oder Unstimmigkeiten, die ich vor meiner Entscheidung und vor der Durchführung klären muss?	☐	☐
d) Habe ich meine Entscheidung mit meiner Ausbilderin/meinem Ausbilder abgesprochen und ein Feedback dazu eingeholt?	☐	☐

[26] In Anlehnung an *www.ihk.de/blueprint/servlet/resource/blob/5137036/d61fecb994bca94cb3b892379d3d7269/kaufleute-fuer-gross-und-aussenhandelsmanagement-leitfaden-zur-erstellung-eines-reportes-data.pdf*

Checkliste zum Abbilden einer vollständigen beruflichen Handlung	Ja	Nein
4. Ausführen		
a) Kann ich meine geplanten Arbeitsschritte umsetzen oder muss ich meine Planung anpassen?	☐	☐
b) Gibt es Schwierigkeiten oder Konflikte, auf die ich flexibel reagieren muss?	☐	☐
c) Sind weitere Abstimmungen mit Beteiligten erforderlich?	☐	☐
d) Kann ich mein Arbeitsergebnis oder meine Zielerreichung zwischendurch kontrollieren? (Wenn ja, wie mache ich das?)	☐	☐
e) Kann ich meine Zeit- und/oder Budgetvorgaben einhalten oder muss ich meine Planung anpassen?	☐	☐
f) Kann ich meine Fachkompetenz bei der Bearbeitung der Arbeitsaufgabe unter Beweis stellen?	☐	☐
g) Kann ich zeigen, dass ich strukturiert und eigenständig arbeite?	☐	☐
h) Kann ich organisatorische Freiheitsgrade nutzen?	☐	☐
i) Kann ich die Durchführung meiner Fachaufgabe dokumentieren?	☐	☐
5. Kontrollieren		
a) Habe ich das Ziel meiner Arbeitsaufgabe vollständig oder teilweise erreicht?	☐	☐
b) Wenn nicht, kann ich entsprechende Gründe nennen?	☐	☐
c) Habe ich bereits bei der Planung Kontrollkriterien definiert, die ich jetzt vergleichen kann?	☐	☐
d) Kann ich Checklisten, Kennzahlen oder einen Soll-Ist-Vergleich verwenden, um mein Ergebnis zu kontrollieren?	☐	☐
6. Bewerten		
a) Verlief etwas nicht nach Plan?	☐	☐
b) Konnte ich meine Zeit- und/oder Budgetplanung einhalten?	☐	☐
c) Konnten eventuell von mir geplante Maßnahmen im Unternehmen umgesetzt werden?	☐	☐
d) Gibt es Verbesserungsvorschläge?	☐	☐
e) Würde ich beim nächsten Mal etwas anders machen?	☐	☐
f) Konnte ich persönliche Lernerfolge reflektieren?	☐	☐
g) Konnte ich meine berufliche Handlungskompetenz (Fach-, Methoden-, Sozial- und Selbstkompetenz) erweitern?	☐	☐

17.6 Gesprächsführung und Kommunikation

Gespräche mit Kollegen, Kunden, Lieferanten, Deinem Ausbilder oder weiteren beteiligten Personen gehören zum Arbeitsalltag dazu. Manchmal dienen Gespräche jedoch einem bestimmten Zweck oder Du möchtest durch das Gespräch etwas Bestimmtes erreichen. Vielleicht musst Du auch für Deine betriebliche Fachaufgabe mehrere wichtige Gespräche führen. Damit Dir das etwas leichter fällt, findest Du im Folgenden eine Checkliste für Deine Gesprächsführung und Kommunikation.

1. **Vorbereitung**
   - Was ist der Anlass oder Grund des Gesprächs?
   - Was ist das Ziel des Gesprächs? Was möchte ich durch das Gespräch erreichen?
   - Wer ist mein Gesprächspartner? Wie heißt er oder sie?
   - Was weiß ich über meinen Gesprächspartner? (Name, Firma, Funktion, Aufgabengebiet usw.)
   - Welche Punkte möchte ich besprechen?

     → schriftliche Agenda oder Themenliste erstellen
   - Benötige ich weitere Informationen von meinem Gesprächspartner oder Unterstützung bei meiner Fachaufgabe?
   - Wie kann mir mein Gesprächspartner weiterhelfen?
   - Welche Kontaktmöglichkeiten und Kommunikationsmittel möchte ich nutzen?

     → persönliches Gespräch, Telefongespräch, E-Mail oder Videokonferenz?
   - Wann, wie und wo soll das Gespräch stattfinden?

     → Ort, Zeit und Raum für das Gespräch bestimmen und eventuell das Gespräch ankündigen oder den Gesprächspartner einladen
   - Wie lange wird das Gespräch vermutlich dauern?

     → ausreichend Zeit für das Gespräch einplanen und angemessene Gesprächsdauer festlegen
   - Störungen (Telefonklingeln, Lärm, Hektik usw.) nach Möglichkeit vermeiden.
2. **Gesprächseinstieg**
   - Begrüßung und Vorstellung (kannst Du auch vor dem Gespräch schon üben)
   - Schaffe eine angenehme Gesprächsatmosphäre

     → Lächle auch am Telefon, dadurch bekommt Deine Stimme einen angenehmen und positiven Klang und sitze aufrecht, dadurch wirkst Du selbstbewusster und kannst besser atmen
   - Kläre mit Deinem Gesprächspartner das Gesprächsziel und binde Deinen Gesprächspartner direkt in das Gespräch ein.

3. **Während des Gesprächs**
   - Höre aktiv und aufmerksam zu
   - Vermeide Unterbrechungen und lass Deinen Gesprächspartner ausreden
   - Sende ICH-Botschaften
   - Verwende offene Fragen (W-Fragen)
   - Versuche, auch bei schwierigen Gesprächen stets freundlich, kunden- und serviceorientiert zu bleiben
   - Versichere Dich während des Gesprächs, dass Du alles richtig verstehst und stelle Rückfragen, um Missverständnisse zu vermeiden.
4. **Abschluss des Gesprächs**
   - Fasse die wichtigsten Punkte noch einmal zusammen
   - Vereinbare die nächsten Schritte und klare Folgemaßnahmen
   - Schließe das Gespräch positiv ab
   - Bedanke und verabschiede Dich.
5. **Nachbereitung**
   - Notizen machen und die wichtigsten Informationen festhalten, Gesprächsprotokoll schreiben
   - Gespräch reflektieren:
     - Wie habe ich mich während des Gesprächs gefühlt?
     - Wie fühle ich mich jetzt?
     - Wie hätte ich mich anstelle des Gesprächspartners gefühlt?
     - Wie habe ich die Gesprächsatmosphäre empfunden?
     - Konnte ich das Ziel oder die Ziele meines Gespräches erreichen?
     - Konnte ich alle geplanten Punkte besprechen?
     - Sind noch Fragen oder Punkte offen geblieben? Wie gehe ich damit um?
     - Hat die geplante Gesprächszeit ausgereicht?
     - Habe ich etwas versprochen oder zugesagt, was ich eventuell nicht einhalten kann?
     - Muss ich weitere Schritte oder Folgemaßnahmen mit meinem Vorgesetzen abstimmen?

TIPP

Erstelle nach dem Gespräch ein **Gesprächsprotokoll**, um die wichtigsten Punkte oder Ergebnisse Deines Gesprächs noch einmal zusammenzufassen und festzuhalten.

Das Protokoll kannst Du Deinem Gesprächspartner bzw. Deinen Gesprächspartnern dann per E-Mail schicken. So können alle Gesprächspartner die wesentlichen Inhalte des Gesprächs noch einmal nachlesen. Ein Protokoll erhöht die Verbindlichkeit der besprochenen Punkte, da im stressigen Alltag Informationen mitunter auch einmal verloren gehen können. Zudem werden eventuelle Unklarheiten beseitigt, Aufgaben und Folgemaßnahmen präzise vereinbart und Zuständigkeiten klar geregelt. Du kannst Dich dabei gut an den W-Fragen orientieren: Wer macht was bis wann? Zudem hast Du so immer einen Gesprächsnachweis als Dokumentation für Deine Unterlagen.

Möglicher Inhalt und Aufbau des Protokolls:

- Thema der Besprechung
- Datum
- Uhrzeit: Beginn/Ende
- Teilnehmer
- Punkt 1: Ergebnis, Aufgaben, Termine
- Punkt 2: Ergebnis, Aufgaben, Termine
- Punkt 3: Ergebnis, Aufgaben, Termine.

17.7 Probleme und Konfliktsituationen lösen

Konflikte und Probleme gehören zu unserem Leben dazu und machen auch vor der Arbeit nicht halt. Gerade bei der Bearbeitung der betrieblichen Fachaufgaben ist es normal, dass ab und zu nicht alles „rund läuft" und es Fragen oder Unsicherheiten gibt. Manchmal können Probleme mit der Aufgabenstellung, der Vorgehensweise oder sogar Konflikte mit beteiligten Personen auftreten. Aber auch das muss kein Grund zur Sorge sein. Im Gegenteil, solche Schwierigkeiten bieten Dir eine gute Möglichkeit, Deine Problemlösefähigkeiten bei Deiner Praxisaufgabe anzuwenden und auftretenden Konflikten sachlich und konstruktiv zu begegnen. Im Folgenden findest Du ein paar Fragen, die Dich bei der Erarbeitung von Problemlösungen unterstützen können.

Fragen und Tipps für den Umgang mit Problemen bei der betrieblichen Fachaufgabe

1. **Verstehe das Problem**
   - Hast Du die Aufgabenstellung richtig verstanden?
   - Hast Du ein Zeit- oder Budgetproblem?
   - Gibt es Probleme mit der Vorgehensweise oder Durchführung der Aufgabe?
   - Hast Du Schwierigkeiten, das Ergebnis Deiner Aufgabe zu bewerten und Deine Zielerreichung zu kontrollieren?
   - Haben sich die Rahmenbedingungen der Aufgabe verändert?
   - Hast Du Probleme mit internen oder externen Schnittstellen?

- Oder hast Du ein konkretes Problem mit einer beteiligten Person?
- Worin genau liegen die Schwierigkeiten?
- Kläre Deine Gedanken und versuche, das Problem möglichst genau zu beschreiben. Das geht schriftlich oft am besten.

2. **Finde eine Lösung**
    - Was genau sind die Ursachen des Problems?
    - Kannst Du durch Dein eigenes Verhalten das Problem lösen?
    - Welche Möglichkeiten gibt es, um das Problem zu lösen?
    - Kannst Du Lösungsmöglichkeiten im Internet, in Fachbüchern oder im Gespräch mit Kollegen recherchieren?
    - Führe ein Brainstorming durch, um offen für neue Lösungsansätze zu sein.
    - Kannst Du allein eine oder mehrere Lösungsmöglichkeiten finden?
    - Wenn nicht, wende Dich an Deinen Ausbilder, Vorgesetzten oder an Kollegen aus Deinem Team oder Deiner Abteilung.
    - Sprich mit Deinem Ausbilder oder Vorgesetzten offen über das Problem und bitte um Unterstützung. Teile auch Deine Überlegungen und eventuelle Lösungsvorschläge mit.
    - Suche gemeinsam mit Deinem Ausbilder oder Vorgesetzten nach geeigneten Lösungen und sei offen für neue Ideen und Vorschläge. Manchmal kann schon eine andere Sichtweise neue Erkenntnisse bringen.
3. **Setze die Lösung um**
    - Setze die erarbeitete Lösung Schritt für Schritt um.
    - Sei bereit, Dein Vorgehen immer wieder an Veränderungen anzupassen.
    - Überprüfe, ob die Lösung funktioniert.
    - Dokumentiere den gesamten Lösungsprozess.
    - Lerne aus Deinem Vorgehen und nutze die gewonnenen Erkenntnisse für zukünftige Problemstellungen.
    - Beziehe die Problemsituation und Deine Lösung auch in die Reflexionsphase Deiner Fachaufgabe ein und erwähne sie im Report.

Tipps für den Umgang mit Konflikten

Probleme und Konflikte haben einige Gemeinsamkeiten. Manchmal ist die Trennung gar nicht so einfach. Probleme hängen meistens, wie oben bereits beschrieben, direkt mit der Fachaufgabe zusammen. Wohingegen Konflikte sich eher auf Personen innerhalb und außerhalb des Unternehmens beziehen können, die an der betrieblichen Fachaufgabe beteiligt sind. Sowohl Probleme als auch Konflikte können auf der Arbeit Spannungen hervorrufen, das Arbeitsklima negativ beeinflussen, werden oft als belastend empfunden und brauchen eine geeignete Lösung. Folgende Lösungsansätze können zur Konfliktlösung beitragen:

1. **Mache Dir den Konflikt bewusst**
   - Mit welcher Person bzw. mit welchen Personen besteht der Konflikt?
   - In welchem Verhalten, in welchen Äußerungen usw. zeigt sich der Konflikt?
   - Wie genau nehme ich persönlich den Konflikt wahr?
   - Was bewirkt der Konflikt bei mir persönlich?
   - Was sind mögliche Konfliktursachen?

     Beispiele: mangelnde Kommunikation, Missverständnisse, Stress und Druck, unklare Verantwortungsbereiche, Beziehungs- und Rollenkonflikte usw.
2. **Suche das Gespräch**
   - Um Konflikte aus der Welt zu schaffen, bietet sich ein Vier-Augen-Gespräch an.
   - Auch ist hier wieder Aktives Zuhören ein Schlüssel zum Erfolg.
   - Versuche, Schuldzuweisungen zu vermeiden und formuliere besser ICH-Botschaften
   - Kontrolliere Deine Emotionen und bleibe konstruktiv.
3. **Finde gemeinsame Lösungen mit dem Konfliktpartner**
   - Identifiziere gemeinsame Interessen und Ziele, um eine Lösung zu finden, die für beide Seiten tragfähig ist.
   - Eine Win-Win-Strategie bringt beiden Seiten Vorteile.
   - Sei kompromissbereit und denke lösungsorientiert.
   - Gib konstruktives Feedback und nimm selbst die Rückmeldungen Deines Gegenübers an, um mögliche Lösungen zu finden.
   - Respektiere die Meinung des anderen.
   - Versuche, auch selbst einmal den Standpunkt Deines Gegenübers einzunehmen und so seine Sichtweise zu verstehen.
   - Sei offen und flexibel für mögliche Lösungsvorschläge des anderen.
   - Gib Dir selbst und Deinem Konfliktpartner Zeit und Raum, um über den Konflikt und eine geeignete Lösung in Ruhe nachzudenken.
   - Wenn nötig, wende Dich an Deinen Ausbilder, Vorgesetzen oder an eine andere Vertrauensperson, die Dich bei der Konfliktlösung unterstützen kann.
4. **Lerne aus dem Konflikt**
   - Sieh Konflikte als Chance, um Dich persönlich weiterzuentwickeln
   - Auch Konflikte haben einen Nutzen:

     Missverständnisse können geklärt und neue Ideen entwickelt werden, somit können Konflikte also auch produktiv sein!
   - Konfliktäre Sichtweisen ermöglichen den Blick über den eigenen Tellerrand.
   - Konflikte und deren Lösung stärken das eigene Selbstbewusstsein.

- Lerne aus Deinem Vorgehen und nutze die gewonnen Erkenntnisse für zukünftige Konflikte.
- Beziehe den Konflikt und Deine Lösung auch in die Reflexionsphase Deiner Fachaufgabe ein und erwähne sie im Report.
- Ein permanentes Vermeiden von Konflikten ist auch keine Lösung und führt nur zu Unzufriedenheit und Demotivation.

Fazit

Probleme und Konflikte sind bei der Bearbeitung der betrieblichen Fachaufgaben und auch generell im Leben unvermeidlich. Der Umgang mit solchen schwierigen Situationen bietet Dir jedoch jede Menge Möglichkeiten, Deine Problemlöse- und Konfliktfähigkeiten zu trainieren und geeignete Lösungsstrategien zu entwickeln. Zudem lernst Du, flexibel auf verschiedene Situationen zu reagieren und Dich von Hindernissen nicht von Deinem Weg abbringen zu lassen.

17.8 Ergebnisse bewerten und kontrollieren

Folgende Fragen können Dir bei der **Bewertung und Kontrolle Deiner Fachaufgabe** helfen:

- Habe ich das Ziel meiner Arbeitsaufgabe vollständig oder teilweise erreicht?
- Wenn nicht, kann ich entsprechende Gründe nennen?
- Habe ich bereits bei der Planung Kontrollkriterien definiert, die ich jetzt vergleichen kann?
- Kann ich Instrumente wie Checklisten, Kennzahlen oder einen Soll-Ist-Vergleich verwenden, um mein Ergebnis zu kontrollieren?
- Konnte ich meine Zeit- und/oder Budgetplanung einhalten?
- Kann ich meine Ergebnisse messen, z. B. Umsatzsteigerungen oder Kosteneinsparungen? Und lassen sich diese Ergebnisse auf meine Fachaufgabe zurückführen?
- Wie hat sich die Fachaufgabe auf die Effizienz und Qualität von Prozessen innerhalb des Projekts oder Unternehmens ausgewirkt?
- Welche Maßnahmen habe ich ergriffen, um mögliche Probleme oder Hindernisse während der Durchführung der Fachaufgabe zu überwinden?
- Inwieweit habe ich Kundenfeedback berücksichtigt, und wie hat sich die Kundenzufriedenheit durch die Fachaufgabe entwickelt?
- In welchem Maße habe ich die im Verlauf der Fachaufgabe gesammelten Erkenntnisse und Erfahrungen dokumentiert?
- Wie bewerte ich die Zusammenarbeit mit den unterschiedlichen Schnittstellen, und welche Verbesserungen könnten vorgenommen werden?
- Wie beurteile ich die Kommunikation im Verlauf der Fachaufgabe?
- Gab es unerwartete positive oder negative Auswirkungen der Fachaufgabe, die nicht vorhersehbar waren? Wie habe ich darauf reagiert?
- Inwiefern wurden Ressourcen effizient eingesetzt, und wie steht es mit dem Kosten-Nutzen-Verhältnis der Fachaufgabe?

Folgende Fragen können Dir ebenfalls helfen, Deinen **Lernerfolg zu reflektieren**:

- Welche konkreten Ziele hatte ich für die Fachaufgabe, und inwieweit habe ich sie erreicht?
- Welche Herausforderungen sind während der Durchführung der Fachaufgabe aufgetreten, und wie habe ich darauf reagiert?
- Welche neuen Fähigkeiten oder Kenntnisse habe ich während der Bearbeitung der Fachaufgabe erworben?
- Wie gut habe ich mit anderen Beteiligten zusammengearbeitet, und welche Aspekte könnte ich in der Zusammenarbeit verbessern?
- Inwiefern habe ich Kritik oder Feedback von anderen berücksichtigt und umgesetzt?
- Welche Entscheidungen habe ich getroffen, und welche Auswirkungen hatten sie auf den Verlauf der Fachaufgabe?
- Wie gut konnte ich meine Zeit während der Durchführung der Fachaufgabe organisieren und kann ich mein Zeitmanagement in Zukunft verbessern?
- Welche Aspekte der Fachaufgabe haben mir besonders Freude bzw. besondere Schwierigkeiten bereitet?
- Welche persönlichen Stärken konnte ich bei der Bearbeitung der Fachaufgabe anwenden? Wie könnte ich an meinen Schwächen arbeiten, um diese in Zukunft besser zu bewältigen?
- Inwiefern hat die Fachaufgabe mein Verständnis für berufliche Anforderungen und Abläufe in meinem Bereich erweitert?
- Verlief etwas nicht nach Plan? Wenn ja, was und warum?
- Konnten eventuell von mir geplante Maßnahmen im Unternehmen umgesetzt werden?
- Habe ich konkrete Verbesserungsvorschläge? Wenn ja, welche?
- Würde ich beim nächsten Mal etwas anders machen?
- Konnte ich persönliche Lernerfolge reflektieren?
- Konnte ich meine berufliche Handlungskompetenz (Fach-, Methoden-, Sozial- und Selbstkompetenz) erweitern?
- Konnte ich durch die Fachaufgabe mein Selbstbewusstsein stärken?
- Bin ich bei der Bewältigung meiner Fachaufgabe strukturiert und methodisch vorgegangen?
- Welche Erkenntnisse kann ich für zukünftige Projekte und Aufgaben nutzen?

17.9 Prüfung Report vor Abgabe

Hast Du ...

- Dich an die formalen Kriterien Deiner Kammer gehalten, z. B. Seitenzahl, Schriftart, Schriftgröße, Zeilenabstand, Seitenränder usw.?
- Dich an die von der Kammer vorgegebene Gliederung gehalten?

- durchgängig eine einheitliche Formulierung benutzt, z. B. „*Meine Aufgabe war es ...*" oder „*Ich habe die Aufgabe xyz bearbeitet ...*"?
- außergewöhnliche Begriffe oder Abkürzungen benutzt und diese dann erklärt?
- auf klare und verständliche Formulierungen geachtet?
- die Rechtschreibprüfung am PC genutzt und den Text auf Fehler überprüft?
- den Text noch einmal Korrektur gelesen und/oder von einer anderen Person Korrektur lesen lassen?
- auf den „roten Faden", logischen Aufbau und einen passenden Stil geachtet?
- den Datenschutz beachtet und keine personenbezogenen oder betriebsinternen Daten in Deinen Reporten verwendet?
- falls von der Kammer gewünscht, die persönliche Erklärung ausgefüllt, unterschrieben, Deinem Ausbilder zur Unterschrift vorgelegt und dem Report beigefügt?
- das Abgabedatum für die beiden Reporte im Blick?
- bereits die Anmeldedaten für den Upload im Ausbildungsportal erhalten, falls Du Deine Reporte online abgeben sollst?

17.10 Mögliche Fragen im Fachgespräch

Was können die Prüferinnen und Prüfer zum Report fragen?

Fragen zur Planung des Vorgehens

- Warum haben Sie dieses Thema als betriebliche Fachaufgabe gewählt?
- Welche wesentlichen Prozessschritte waren bei der Planung Ihrer Fachaufgabe zu berücksichtigen?
- Warum haben Sie sich für diesen Lösungsweg entschieden?
- Welche alternativen Lösungen wären möglich gewesen?
- Warum haben Sie sich für dieses Vorgehen/diese Herangehensweise entschieden?
- Wie genau sind Sie bei der Informationsrecherche vorgegangen?
- Welche Quellen haben Sie für die Informationsrecherche genutzt?
- Welche Ressourcen wurden für die Durchführung Ihrer Fachaufgabe benötigt?
- Wie haben Sie die Zeit für die Aufgabenbearbeitung strukturiert?

Fragen zur Durchführung der betrieblichen Fachaufgabe

- Wie genau wurden die einzelnen Prozessschritte umgesetzt?
- Was verlief nach Plan, was nicht?
- Können Sie ein Beispiel für eine Problemlösungssituation während der Bearbeitung der Aufgabe geben? Und wie haben Sie diese gelöst?
- Mit welchen beteiligten Personen oder Schnittstellen mussten Sie zusammenarbeiten oder sich abstimmen?

- Gab es Probleme bei der Zusammenarbeit oder Kommunikation?
- Mussten Sie kulturelle Besonderheiten bei Ihrer Fachaufgabe beachten?
- Haben Sie in einer Fremdsprache kommuniziert?
- Wie genau haben Sie die erforderlichen Informationen recherchiert?
- Wurden Maßnahmen zur Qualitätssicherung und Qualitätskontrolle durchgeführt?
- Wie erfolgte die Dokumentation der Fachaufgabe?

Fragen zur Berücksichtigung der Rahmenbedingungen

- Welche rechtlichen und wirtschaftlichen Vorgaben und Kriterien waren zu berücksichtigen?
- Mussten Sie auch ökologische Aspekte berücksichtigen?
- Mit welchen Personen mussten Sie sich abstimmen?
- Welche vor- und nachgelagerten Prozesse sind zu berücksichtigen?
- Gibt es spezifische Gesetze oder Vorschriften, die beachtet werden müssen?
- Konnten Sie Ihre Zeit- und/oder Budgetvorgaben einhalten?

Fragen zur Kontrolle und Bewertung der Ergebnisse

- Welche konkreten Ergebnisse wurden erzielt?
- Inwieweit wurden die zu Beginn der Fachaufgabe festgelegten Ziele erreicht?
- Sind unvorhergesehene Probleme und Schwierigkeiten aufgetreten?
- Konnten Sie eventuelle Probleme eigenständig lösen?
- Wie hat die Zusammenarbeit mit den verschiedenen Schnittstellen funktioniert?
- Was könnte zukünftig verbessert oder optimiert werden?
- Inwiefern konnten Ihre vorgeschlagenen Lösungen im Betrieb umgesetzt werden?
- Wie wurde die Wirksamkeit der Maßnahmen überwacht und bewertet?
- Welche Checklisten, Soll-Ist-Vergleiche, Kennzahlen oder Messgrößen wurden verwendet, um den Erfolg der Aufgabe zu bewerten?
- Haben Sie vor der Durchführung Ihrer Aufgabe etwas nicht bedacht, was im Nachhinein wichtig gewesen wäre? (Wenn ja, was? Wie haben Sie darauf reagiert?)
- Wie können Sie die Überprüfbarkeit Ihrer Ergebnisse gewährleisten?
- Welche persönlichen und beruflichen Lernerfolge haben sich aus der Durchführung der Aufgabe für Sie ergeben?
- Welche Erkenntnisse können Sie für zukünftige ähnliche Projekte nutzen?

A

B

C

D

F

H

I